Journalistische Praxis

Gründungsherausgeber

Walther von La Roche, Deutsche Gesellschaft für Publizistik- und
Kommunikationswissenschaft, (1936-2010), München, Deutschland

Reihe herausgegeben von

Gabriele Hooffacker , Institut für Digitales Lehren und Lernen (IDLL),
HTWK Leipzig, Leipzig, Deutschland

Der Name ist Programm: Die Reihe Journalistische Praxis bietet ausschließlich praxisorientierte Lehrbücher für Berufe rund um Journalismus und Medien. Praktiker aus Redaktionen und aus der Journalistenausbildung zeigen, wie's geht, geben Tipps und Ratschläge. Alle Bände sind Leitfäden für die Praxis - keine Bücher über ein Medium, sondern für die Arbeit in und mit einem Medium. Walther von La Roche begründete die Reihe 1975 mit der „Einführung in den praktischen Journalismus" (heute: „La Roches Einführung in den praktischen Journalismus"). Seit 2013 erscheinen die Bücher bei SpringerVS.

Die gelben Bücher mit ihren Webauftritten geben allen, die journalistisch tätig sind oder sein wollen, ein realistisches Bild von den Anforderungen redaktionellen Arbeitens und zeigen, wie man sie bewältigt. Lehrbücher wie "Recherchieren", „Informantenschutz", "Frei sprechen" oder „Interviews führen" konzentrieren sich auf Tätigkeiten, die in mehreren journalistischen Berufsfeldern gefordert sind. Andere Bände führen in das professionelle Arbeiten bei einem Medium ein (die Klassiker zu Radio-, Fernseh- oder Online-Journalismus). Es gibt Bücher zu journalistischen Techniken („VR-Journalismus", „Mobiler Journalismus" oder „Social Media für Journalisten"), und zu Berufsfeldern wie Pressearbeit und Corporate Media („Pressearbeit praktisch") oder redaktionellem Arbeiten für Unternehmen oder Institutionen („Gebrauchstexte schreiben").

Jeden Band zeichnet ein gründliches Lektorat und sorgfältige Überprüfung der Inhalte, Themen und Ratschläge aus. Sie werden regelmäßig überarbeitet und aktualisiert, oft in weiten Teilen neu geschrieben, um der rasanten Entwicklung in Journalismus und Medien Rechnung zu tragen. Viele Bände liegen inzwischen in der dritten, vierten, achten oder noch höheren Auflagen vor wie La Roches "Einführung" selbst. Allen Bänden gemeinsam ist der gelbe Einband. Deshalb ist die Reihe unter Lehrenden, Studierenden und angehenden Journalistinnen und Journalisten auch als „Gelbe Reihe" bekannt.

Stefan Primbs

Social Media im Journalismus

Redaktionell arbeiten mit Sozialen Netzwerken

2., überarbeitete aktualisierte Auflage

 Springer VS

Stefan Primbs
München, Deutschland

ISSN 2524-3128   ISSN 2524-3136 (electronic)
Journalistische Praxis
ISBN 978-3-658-48484-2   ISBN 978-3-658-48485-9 (eBook)
https://doi.org/10.1007/978-3-658-48485-9

Die Deutsche Nationalbibliothek verzeichnet diese Publikation in der Deutschen Nationalbibliografie; detaillierte bibliografische Daten sind im Internet über https://portal.dnb.de abrufbar.

Planung/Lektorat: Barbara Emig-Roller
Springer VS ist ein Imprint der eingetragenen Gesellschaft Springer Fachmedien Wiesbaden GmbH und ist ein Teil von Springer Nature.
Die Anschrift der Gesellschaft ist: Abraham-Lincoln-Str. 46, 65189 Wiesbaden, Germany

Wenn Sie dieses Produkt entsorgen, geben Sie das Papier bitte zum Recycling.

Inhaltsverzeichnis

Einleitung: Social Media – was ist neu?

1

Zusammenfassung

Zehn Jahre sind ins Land gegangen seit Erscheinen der ersten Auflage dieses Buches – und die Social-Media-Welt ist eine gänzlich andere. Damals die große Offenheit im Netz. Die Welt – ein Dorf, in dem gefühlt jeder von jedem alles weiß – und alle tolerant damit umgehen. Heute der Rückzug ins Private und in Dark Social – die geschlossenen Foren und Chaträume für Gleichgesinnte. Damals die Vorstellung, dass wir unter Mitwirkung der Bürger einen völlig neuen, besseren Journalismus bekommen – heute der Frust über Fakenews und Hass in den Kommentarspalten. Damals eine Social-Media-Euphorie, die geprägt war von der Vorstellung, dass Social Media demokratisierend wirkt und auch den Marginalisierten eine Stimme verleiht. Heute die Erfahrung, dass die Mechanismen der Empörung auch von Populisten und Hetzern genutzt werden können, sodass viele die Demokratie gefährdet sehen. Ein Rezensent hat damals über die erste Auflage angemerkt, dass dessen Autor offenbar nicht zu den Euphorikern gehöre und doch recht nüchtern auf den Gegenstand des Buches blicke. Stimmt. Ebenso wenig wie ich damals in Social Media das Heil und die Lösung aller Probleme für den Journalismus sah, ebenso wenig stimme ich heute in den Chor derer ein, die Social Media am liebsten wieder loswerden wollten und nur das Negative darin sehen – und die positiven Seiten, das Partizipative, das doch auch Emanzipative von Social Media völlig verdrängt haben. Davon abgesehen wird Social Media sowieso nicht verschwinden, selbst wenn man es wollte. Machen wir also das Beste aus Social Media. Dieses Buch soll Ihnen dabei helfen.

© Der/die Herausgeber bzw. der/die Autor(en), exklusiv lizenziert an Springer Fachmedien Wiesbaden GmbH, ein Teil von Springer Nature 2025
S. Primbs, *Social Media im Journalismus*, Journalistische Praxis,
https://doi.org/10.1007/978-3-658-48485-9_1

1

1.1   Für wen ist dieses Buch gedacht?

Nach wie vor richtet sich das Buch an alle Menschen, die „irgendwas mit Medien"
machen oder lernen, an Studierende, Volos und gestandene Redakteurinnen und
Redakteure. Nur, dass heute keiner mehr von diesen ein absoluter Social-Media-
Neuling ist. Social Media ist zu einem festen Teil der medialen Umwelt fast aller
Menschen geworden. Das Buch muss keinem mehr erklären, was ein Tweet ist
(oder heißt das jetzt Xeet?) oder was man unter Sharen versteht.

Das Buch soll vielmehr dabei helfen, Strategien, Konzepte und Inhalte zu erstellen, um erfolgreiche Social-Media-Kanäle zu betreiben und eine Community
zu managen. Es soll Ihnen helfen, ein redaktionelles Team dafür aufzustellen und
einzuarbeiten. Und es soll Ihnen selbst beim Start helfen, wenn Sie von einer privaten Social-Media-Nutzung kommend plötzlich professionell mit Social Media
arbeiten sollen. Sei es als Quereinsteiger:in in den Journalismus, oder wenn Sie
bisher klassischen Journalismus gemacht haben, und sich jetzt in Richtung Social
Media bewegen wollen oder müssen, weil der Job es einfach erfordert.

Und vielleicht bietet das Buch neben den Anleitungen für Neulinge auch erfahrenen Kolleginnen und Kollegen die eine oder andere Inspiration für besseren
Content, bessere Kommentarantworten oder neue Kanäle.

1.2   Wie nutzt man dieses Buch?

Dieses Buch versucht, ein tieferes Verständnis von Social Media zu vermitteln –
nicht nur (aber auch) handwerkliche Techniken. Wenn Sie also etwas Muße haben –
lesen Sie es einfach von vorn bis hinten durch. Das ist jedenfalls ein Nutzungs-
szenario, für das es geschrieben wurde. Sie können es aber auch als erste Anleitung
verstehen für die Erstellung einer Social-Media-Strategie oder für die Entwicklung
von Content oder für Ihr Community-Management. Dann können Sie direkt in die
entsprechenden Kapitel springen.

Wenn Sie schon Social-Media-Kanäle betreiben, aber vielleicht darin sicherer
werden wollen, empfehle ich Ihnen das kleine Gesamtpaket: die Kapitel über Strategie, Content, Community-Management und Krisenkommunikation (als Community-
Management im Extremfall). Und wenn Sie Social Media als journalistische Quelle
für Content nutzen wollen – obwohl Sie vielleicht selbst gar keinen Account betreiben, dann sind vor allem die Kapitel über Kuratieren, Recherche, Crowdsourcing und Rechtliches für Sie interessant.

Man kann die Kapitel auch einzeln online erwerben. Daher wurde darauf geachtet, dass sie in sich verständlich sind. Dass dem aufmerksam alles Lesenden dadurch hie und da Redundanzen auffallen werden, ließ sich nicht vermeiden. Womit Sie in jedem Fall beginnen können, ist das Glossar. Obwohl es bei weitem nicht alle Fach- und Slangbegriffe aufführt, zeigt es doch, wie vielfältig, ausdifferenziert und komplex die Social-Media-Welt geworden ist. Dieses Glossar wird übrigens auch online gestellt, sodass sie es verteilen können – und es wird dort ständig ergänzt. Für Hinweise auf Lemmata, die ich ergänzen soll, bin ich dankbar.

1.3   Wie entwickelt sich Social Media weiter?

Social Networks werden weiter Teil unserer medialen Umwelt sein, auch wenn sie „weniger social" sein werden als in den vergangenen Jahren. Was ist mit „weniger social" gemeint? Immer weniger privater und halb-privater Content (z. B. von Familienfeiern, Urlauben) werden auf Social Media geteilt werden. Die Influencer:innen und semiprofessionellen Creator:innen gewinnen wieder die Oberhand – in Netzwerken wie TikTok spielt der Content von absoluten Laien kaum eine Rolle. Öffentlicher sozialer Austausch des Publikums untereinander findet auf Social-Video-Plattformen wie YouTube oder TikTok wieder nur noch im Unterdeck statt, in den Kommentarspalten.

Ein zweiter Aspekt von „weniger social" seit der Erstauflage ist die Veränderung der Algorithmen. Der Content Graph löst als Verbreitungsfaktor den Social Graph ab. Das Bekanntschaftsnetzwerk des Einzelnen spielt eine immer geringere Rolle. Wichtig ist künftig, was man gestern angeschaut hat und was andere schauen, die dasselbe gestern angeschaut haben. Welche Auswirkungen das auf Phänomene wie Filterbubble und Filterclash hat (und damit auf die Debattenkultur in den Kommentaren), bleibt abzuwarten.

Last but not least: Künstliche Intelligenz wird bei der Erstellung von Inhalten, Moderation und Beantwortung von Kommentaren, beim Steuern von Diskussionen und bei der Analyse von Social-Media-Accounts eine immer stärkere Rolle spielen.

1.4   Kritik an Social Media

Beim Durchsehen der alten Auflage ist mir aufgefallen, wie dominant Twitter in den 2010er-Jahren für den Journalismus war. Hier fand der brancheninterne Austausch statt; hier publizierten Unternehmen und Verbände ihre Botschaften und

Meldungen; hier gab es erste Informationen zu Recherchen und Breaking News. Kurz: Twitter war ein universelles Echtzeit-CMS für den Nachrichtenjournalismus und der Ort für die politische Tagesdebatte einer medialen Elite. Spätestens mit der Übernahme der Plattform durch Elon Musk und seinem politischen Engagement für Rechtspopulisten und Donald Trump ist das vorbei. X/Twitter ist (Stand 2025) zwar noch nicht bedeutungslos, aber die Plattform hat doch gewaltig an Reputation und Relevanz verloren. Es wird sich zeigen, ob andere Kurznachrichtendienste (Microblog-Systeme) wie Bluesky oder Mastodon X ersetzen können, oder LinkedIn diese Rolle übernimmt.

Die Kritik an Social Media erfasst aber alle Netzwerke: Algorithmen, die Interaktion belohnen, belohnen immer auch emotionale, polarisierende Inhalte. Das treibt die Spaltung der Gesellschaft voran. Die Moderation dieser Netzwerke durch eigene oder angestellte Agenturen wird wahlweise begrüßt oder als Zensur wahrgenommen. Aus dieser Debatte ziehen die USA (wo Meta, X und Google sitzen) ganz andere Schlüsse als die EU. Hier mehr „Redefreiheit" auch für Hater und Hetzer – dort eher der Ruf nach mehr Kontrolle dessen, was da gepostet und kommentiert wird. Auch das eine Zerreißprobe. Und jenseits der US-Plattformen schaut man auf TikTok mit seinen Verbindungen zur kommunistischen Diktatur in China und seinen nicht weniger toxischen Algorithmen ebenso kritisch, ein Verbot in den USA stand im Raum (was US-Investoren auf den Plan rief). Bringt das Fediverse mit Mastodon und dezentral gehosteten Netzwerken eine befriedigende Lösung? Alles ist offen.

1.5   Danke!

Genug der Vorrede. Bleibt zu denken allen jenen, von und mit denen ich im Arbeitsalltag alles über Social Media gelernt habe: den vielen Kolleginnen und Kollegen aus BR, ARD, BBC, ZDF und privatrechtlichen Medienhäusern, die mich an ihren Experimenten und Projekten teilhaben ließen, die ihre Erkenntnisse mit mir teilten – privat oder in größeren Runden, deren Artikel ich gelesen, deren Vorträge ich auf Kongressen und Tagungen gehört habe, deren Konzepte ich studieren und mit deren Redaktionen ich in vielfältiger Weise zusammenarbeiten durfte.

Ein besonderer Dank gilt meinem Team beim Bayerischen Rundfunk mit Expertisen in allen relevanten Sozialen Netzwerken, mit dem ich täglich im Austausch bin: Benedikt Angermeier, Lisa Dimmerling, Stefanie Gentner, Ulrike Herm, Katrin Klaus, Kathrin Martin, Tanja Putz, Eva Römpage – und meiner Chefin Manuela Baldauf sowie Kathrin Buchner, mit der ich intensiv Konzepte fürs Community-Management entwickeln durfte. Außerdem sind da die Kolleginnen und Kollegen, die Social Media für Nachrichten, Sport, Kultur, Unterhaltung und viele weitere Ressorts und Themen machen sowie der rege Austausch mit digitaler Formatentwicklung, Strategie/Portfolio, Medienforschung, Rechtsabteilung, Distribution, Marketing und Mediengestaltung. Einige dieser inspirierenden Menschen begleiten mich schon seit der ersten Auflage. Danke! Was an diesem Buch gut ist, habe ich von und mit diesen und vielen anderen gelernt – was an Fehlern und Unzulänglichkeiten enthalten ist, geht ganz auf mein Konto.

Zu danken ist ebenso all denen, die mir die Druckerlaubnis für Grafiken und Bilder überlassen haben oder mit einem Blick aufs Gemeinwohl Inhalte unter eine Creative-Commons-Lizenz gestellt haben.

Last but not least danke ich der Herausgeberin, Prof. Gabriele Hooffacker, dass sie mich zum Verfassen der Neuauflage motiviert hat, für ihren fachlichen Input und dass sie wohlwollend meine Entwürfe gegengelesen hat sowie den Mitarbeiterinnen und Mitarbeitern des Springer-Verlags für ihre Mühe mit dem Buch – sowie allen, die zum Entstehen und Erfolg der ersten Auflage beigetragen hatten, inklusive denen, die die Übersetzung ins Ukrainische besorgten.

1.6   Hinweis zu geschlechtergerechter Sprache

Der Autor ist sich der Bedeutung geschlechtergerechter Sprache bewusst. Um dem gerecht zu werden und zugleich die Handhabbarkeit zu erhalten, geht das Buch einen undogmatischen Weg: In vielen Fällen wird (mit Binnen-Doppelpunkt) gegendert, allerdings nicht in Wortzusammensetzungen, vielfach wird auch das Partizip Präsens substantiviert, häufig werden männliche und weibliche Form genutzt oder bei Aufzählungen männliche und weibliche Formen abwechselnd verwendet. Dass das auch als Inkonsequenz empfunden und kritisiert werden kann, ist ein Nachteil, der mit der Hoffnung auf bessere Lesbarkeit in Kauf genommen wurde.

Was ist und wie funktioniert Social Media?

2

Zusammenfassung

Was ist das Besondere an Social Media? Wie bringt man die Nutzer dazu, Inhalte zu teilen? Warum sind Social Networks und ist die öffentliche Konversation darin so wichtig? Journalisten und ihre Medienhäuser können Massenwirkung erzielen, wenn sie verstehen, wie Social Media und deren Nutzer ticken. Dazu braucht es Informationsmanagement, Identitätsmanagement und Beziehungsmanagement, Wissen über die Algorithmen – und einen Schuss Witz …

Schlüsselwörter

Social Media · Social-Media-Strategie · Web 2.0 · Social Networks · Beziehungsmanagement · Identitätsmanagement · Informationsmanagement

2.1 Definition

Was ist überhaupt Social Media? In den vielfältigen Diskussionen wird der Begriff recht schwammig gebraucht, mengt sich zu anderen Begriffen wie Web 2.0/Web 3.0, Leserreporter, Rückkanal, Influencerinnen- oder Bloggerszene. Für dieses Buch gilt eine offene Definition:

„Social Media" bezeichnet Online-Dienste, die den Nutzern helfen, Inhalte, Meinungen und Informationen auszutauschen oder gemeinsam zu erarbeiten. Die Definition folgt weitgehend derjenigen von Wikipedia. Beispiele für Social Media sind Facebook, Instagram, TikTok, X, Twitch oder YouTube, aber auch Blogs, Foren und Wikis (also auch die Wikipedia selbst) oder Hinweis-Plattformen wie Pinterest oder Foto-Communitys wie Flickr. Online-Dienste in diesem Sinne müssen nicht unbedingt Webseiten/-Portale sein, sondern können auch Apps oder andere softwarebasierte Angebote sein.

Social Media ist auf Konversation und andere soziale Aktivitäten ausgelegt – das ist mehr als Feedback, mehr als Interaktion des „Empfängers" mit dem „Sender". Der Begriff „Media" enthält außerdem den Aspekt, dass die Konversation öffentlich (oder zumindest für eine Teilöffentlichkeit) stattfindet, und nicht nur eine Eins-zu-Eins-Kommunikation darstellt. Es gibt ein mitlesendes (rezipierendes) „Publikum".

Plattformen wie Telegram oder WhatsApp erfüllen das teilweise auch – und zwar in ihren Gruppen oder Broadcast-Funktionen. Die Interaktionen dort sind dann (wie auch in einer Facebook-Gruppe) zwar nur für einen begrenzten Kreis (eine „closed Community") öffentlich – aber immerhin innerhalb einer Menge von Menschen. Diese nur für ein begrenztes Publikum öffentlichen Gruppen-Chats und Diskussionen können nicht von außen beobachtet, nicht mit Suchmaschinen durchsucht oder von der Forschung ausgewertet werden.

Deshalb spricht man in diesem Fall von „Dark Social". Diese „geschlossenen Gruppen" kommen einerseits dem Bedürfnis nach Privatsphäre entgegen; andererseits sind geschlossene Gruppen von Gleichgesinnten auch oft der Ort, an dem sich Menschen gegenseitig aufstacheln und radikalisieren – ohne dass die Öffentlichkeit oder die Behörden das beobachten kann.

2.2   Web 2.0 und die Social-Media-Geschichte

Anfang bis Mitte der 0-er Jahre wurde für viele Veränderungen, die heute auch „Social Media" kennzeichnen, der Begriff „Web 2.0" verwendet. Der Begriff „Social Media" oder allgemeiner „Social Web" ist aber nicht nur ein neues Mode- oder Buzzwort, sondern bezeichnet tatsächlich eine wesentliche Veränderung zu „Web 2.0".

Wer „Web 2.0" sagte, meinte primär: Das Internet gibt dem Nutzer mit neuen Tools die Möglichkeiten an die Hand, auf einfache Art selbst zu publizieren. Jeder konnte jetzt Sender sein, nicht nur Empfänger. Pressefreiheit galt nicht nur für die Verleger und Medienkonzerne, sondern für jedermann. Die Mittel für diese Möglichkeiten waren die ersten simplen Content-Management-Systeme (CMS) und Publishing-Dienste für Blogs, Videos (YouTube) und Audios (Podcasts) sowie Fotos (Flickr, Picasa). Das „Social Web" setzt dies alles voraus, und tatsächlich ist ein Teil des Web 2.0 auch Social Media; aber der Begriff „Web 2.0" betont weniger das Miteinander, sondern eher das „ich auch". Denn es konnten zwar alle bloggen, aber praktisch taten das nur wenige.

Ein Blick in die Geschichte des Internets lohnt sich an dieser Stelle. Schon vor dem Web 2.0 hatte es Soziale Netzwerke der ersten Generation gegeben: Newsgroups und Mailinglisten sowie Chatrooms. Das Cluetrain-Manifesto (s. Glossar) von 1999 oder Godwin's Law über die rhetorische Radikalisierung von Diskussionen von 1990 (s. Glossar) lesen sich schon wie eine Beschreibung der Entwicklungen in der Gegenwart. Als Netzwerke der zweiten Generation danach, des Web 2.0, können Online-Foren oder Inhalte-getriebene Dienste wie Flickr, YouTube oder Myspace gelten.

In der Wirklichkeit war es allerdings zunächst nur eine kleine Minderheit, die diese neuen Möglichkeiten auch zur Publikation eigener Inhalte nutzte. Das änderte sich erst durch den Siegeszug der Sozialen Netzwerke der dritten Generation in der Nachfolge von Myspace: Facebook, Twitter (X) und Instagram – verbunden mit dem Smartphone, das gleichzeitig aufkam. Nun war Publizieren zum Massenphänomen geworden. Jeder und jede konnte jederzeit etwas veröffentlichen ohne technische und berufsspezifische Kenntnisse und auch ohne Anstrengung, ohne den Anspruch, Medium zu sein, ohne Begrenzung auf ein bestimmtes Thema oder Business – und sehr, sehr viele tun das auch.

Und auch wenn die Anfänge solcher Netzwerke in die frühen 1990er-Jahre, die Pionierzeit des Webs, zurückreichen und eine Linie über Dienste wie Myspace und Plattformen wie AOL sich bis heute durchzieht: Der „Social Turn" des gesellschaftlichen Diskurses erfolgte erst durch die massenhafte Nutzung dieser Sozialen Netzwerke auch jenseits einer als nerdig empfundenen „Netzgemeinde" oder der rein privaten Nutzung in Partnerbörsen und geschlossenen Diensten wie AOL.

Ein Weiteres kam mit den Sozialen Netzwerken hinzu (im Unterschied zur „Blogosphäre"): Das persönliche Soziogramm und das Nutzungsverhalten jedes einzelnen und damit das Soziogramm einer Gesellschaft wurde zum bestimmenden Faktor, wo vorher für die Rezeption von Nachrichten vor allem sachliches Interesse derer vorherrschte, die ein Blog besuchten oder als RSS-Feed abonnierten. Doch auch dieser „Social Graph" ist schon fast Geschichte. Er sollte bald ergänzt oder abgelöst werden durch neue Algorithmen, die mithilfe von KI weitere Signale für die Bedürfnisse der Nutzenden erkennen und für die Ausspielung von Inhalten nutzen konnten: durch den sogenannten Content Graph (s. unten).

▶ **Netzgemeinde** Unter Netzgemeinde verstand man bis etwa 2010 eine Gruppe von Internet-Begeisterten, die durch ihre eigenen Aktivitäten das Internet inhaltlich weiterentwickelte; zur Netzgemeinde in Deutschland zählten Blogger und Bloggerinnen, Podcaster: innen Gründer und Intellektuelle, die sich mit dem (und vor allem im) Internet austauschten. Zum zentralen Kongress der Netzgemeinde wurde die Berliner Konferenz re:publica – ein sprechender Name, der auch etwas über das Selbstverständnis der Netzgemeinde aussagt. Ihr erster politischer „Arm" war die Piratenpartei. Mittlerweile ist der Begriff „Netzgemeinde" zum Anachronismus geworden, da ein Großteil der Bevölkerung dank Sozialer Netzwerke im Internet aktiv ist. Allenfalls wird Netzgemeinde noch als Selbstbeschreibung einer sich als digitale Elite verstehender, aber nicht klar umgrenzen Gruppe von Online-Enthusiasten verwendet, einer „Hobby-Lobby für das freie, offene und sichere Internet", wie es eine der Führungsfiguren dieser Netzgemeinde, Sascha Lobo, definierte.

2.3   Social Networks/Soziale Netzwerke

Die Sozialen Netzwerke wie Facebook, Instagram, Twitch, TikTok oder X sind also zentral für die Veränderungen, die das Zeitalter des Social Web ausmachen. In dieser Kommerzialisierung liegt eine gewisse Ironie: Während die Theorie im Web 2.0 erwartete, dass nun jeder publizieren würde, unabhängig von großen Firmen oder Verlegern, haben erst die Social Networks und ihre Simplizität daraus ein Massenphänomen gemacht – zu dem Preis, dass nun wieder große Firmen Inhalte und Personen kontrollieren und den Profit abschöpfen…

Doch was zeichnet Soziale Netzwerke aus? Zeit für eine weitere Definition: Soziale Netzwerke sind Social-Media-Angebote, die sich durch eine eigene, durch Mitgliedschaft/Beitritt definierte Community auszeichnen. Das Profil der User und die Algorithmen der Plattformen spielen dabei meist eine wichtige Rolle. Nur wer sich als Mitglied einloggt, kann die zentralen, aktiven Funktionen (Publizieren, Kommentieren, Weiterverbreiten) der Sozialen Netzwerke aktiv nutzen. Beispiele: Facebook, Instagram, X, TikTok, YouTube, LinkedIn. Sie sind Social Media, weil sie als Medium öffentlich wirken, und sie sind Social Networks, weil sie Interaktionen, Diskussionen und/oder engere Verbindungen (Gruppenbildung, Freundschaften etc.) mit anderen ermöglichen.

2.4   Warum sind Soziale Netzwerke so wichtig?

Trotz einer gewissen Social-Media-Ernüchterung seit Mitte der 2010er-Jahre bleiben Soziale Netzwerke ein unersetzliches Distributionstool und Publikationsort für Nachrichten – und ein wichtiger (wenn auch oft ungemütlicher) Ort für die politische Diskussion (Abb. 2.1). Klassische Medien können hier Bekanntheit und Aufmerksamkeit für ihre Recherchen und Geschichten erreichen. Auch mit dem Ziel, das eigene Web-/App-Angebot bekannt zu machen und Leute dorthin zu bewegen – bis hin zur Werbung für Zeitungs- oder Online-Abos.

Junge Deutsche informieren sich auf YouTube und Instagram

Anteil der Befragten, die folgende soziale Netzwerke für Nachrichten nutzen, nach Alter (in %)*

	18-24	25-34	35-44	45-54	55+
Facebook	7	20	15	15	16
YouTube	24	27	25	20	18
WhatsApp	10	22	13	11	16
X/Twitter	8	9	5	5	3
Instagram	27	22	12	7	4
Snapchat	5	3	3	1	0
Telegram	5	9	6	3	3
TikTok	13	8	8	4	2

* Lesen, Ansehen, Teilen von und Diskutieren über Nachrichten. Nutzung in der Woche vor Befragung
Basis: 2.012 Befragte (ab 18 Jahre) in Deutschland; Mehrfachantwort möglich; 10.-28. Jan 2024
Quelle: Reuters Digital News Report 2024 | Hans-Bredow-Institut

Abb. 2.1 Die Grafik zeigt, wie wichtig die Nutzung der einzelnen Netzwerke für die Information innerhalb der einzelnen Altersgruppen ist. (Lizenz: CC-BY-ND Quelle: https://de.statista.com/infografik/18354/nutzung-von-sozialen-medien-fuer-den-nachrichtenkonsum-nach-alter/)

Parteien (und auch politische Extremisten) nutzen diesen Marktplatz der Meinungen exzessiv – um ungefiltert durch journalistische Schwerpunktsetzung und Einordnung ihre Botschaft/Propaganda an die Leute zu bringen. Zieht sich der Journalismus aus diesen öffentlichen Räumen zurück, kommt er seiner ureigensten Aufgabe nicht nach, nämlich den politischen Willensbildungsprozess zu bereichern mit: Fakten, Einordnung, geprüfter Information und investigativer Recherche auch gegen den Willen und die Interessen von Parteien, Behörden und Geschäftemachern.

Ein paar Zahlen und Argumente

- Mehr als 60 % der deutschsprachigen Bevölkerung ab 14 Jahren nutzen Soziale Netzwerke regelmäßig (ARD-ZDF-Medienstudie 2024). Dies zeigt, dass ein großer Teil der allgemeinen Mediennutzungszeit in diesen Plattformen verbracht wird.
- Je jünger, desto mehr Social-Media-Nutzung: Bei den 16–25-jährigen sind es 85 %, die regelmäßig Soziale Netzwerke nutzen.
- Spezifisch zu News: 64 % der Generation Z nutzen an einem Durchschnittstag Social Media als Infoquelle zu aktuellen Themen. Damit sind Soziale Netzwerke die am häufigsten genutzte Quelle für Nachrichten, noch vor allgemeinen Internetangeboten in dieser Generation. (Mediengewichtungsstudie der Medienanstalten 2023).
- Insbesondere jüngere Zielgruppen nutzen die Medien nicht nur häufig, sie schätzen Netzwerke wie Instagram, YouTube und TikTok auch als wichtigste, primäre Nachrichtenquellen für sich ein (rund 30 % der Gen Z geben das an, Quelle Mediengewichtungsstudie).
- Umgekehrt kann die Relevanz von Nachrichten (mit Abstrichen) auch daran gemessen werden, wie intensiv sie in sozialen Netzwerken diskutiert werden. Obwohl Rankings nach Interaktionen in den vergangenen Jahren durch die Sperrung von Datenzugängen und manipulierende Trollarmeen an Relevanz verloren haben.
- Erstkontakt und Nutzerbindung bei Medienmarken erfolgen häufig über Soziale Netzwerke.
- Soziale Netzwerke und Dienste wie WhatsApp (und andere Messengerdienste mit Gruppenfunktionen) sind wichtige Traffic-Bringer für Webseiten und andere eigene Portale und Apps. Social Media ist damit auch ein wichtiger Distributionskanal.

Social Media gibt darüber hinaus jeder Redaktion die Chance, sich mit ihrem Publikum, ihren Lesern, Zuschauerinnen, der „Fangemeinde" auszutauschen und die Menschen ins Programm mit einzubeziehen. Wer Nachrichten, Medien macht, ist nicht mehr allein am Computer, um für ein imaginäres Publikum zu schreiben. Er kann den Rezipienten – oder zumindest einige davon – nun kennenlernen.

Tatsächlich gehört das Entdecken neuer Protagonisten und Geschichten mittlerweile zu den wichtigsten Pluspunkten, die eine Community auf Social Media einer Redaktion bringen kann. Die Community ist gewissermaßen eine Erweiterung der Redaktion, die mitdenkt, Blattkritik abgibt, Ideen liefert, und sowohl Geschichten als auch Helden für Geschichten beisteuert.

Zudem haben User eine Expertise, die man wertschätzen und nutzen sollte, um das eigene Produkt besser zu machen. Bedenken Sie: Unter 10.000 Leserinnen oder Zuschauern ist garantiert einer, der im Thema tiefer drin ist als der Autor oder die Autorin der Geschichte – weil sie eben eine Expertin, Anwohnerin, ein Betroffener oder in anderer Weise bestens informiert ist. Soziale Netzwerke enthalten darüber hinaus viele Inhalte, Themen und Informationen, die anderweitig nicht zu recherchieren oder zu bekommen wären, etwa Fotos oder Videos. Und zusammen mit der Community können Redaktionen auch recherchieren, Daten sammeln und so auf eine neue, investigative Art Inhalte generieren, Stichwort: Crowdsourcing (siehe unten).

Wer sich als Profi in die Sozialen Netzwerke begibt, sollte allerdings ihre Eigenschaften kennen und sich entsprechend verhalten. Denn nur dann wird man dort Freude und Erfolg haben. Besonders wichtig: Wer einen Beitrag in Sozialen Netzwerken veröffentlicht, muss sich im Klaren sein: Mit der Abgabe/Veröffentlichung ist nicht „Schluss". Erst jetzt beginnt der Beitrag zu leben und wirken, steht in der Diskussion – die zu führen Teil des Angebots, des Beitrags ist. Gerade bei kritischen oder polarisierenden Inhalten ist die Arbeit im Community-Management auch vom Umfang her ein wesentlicher Teil des journalistischen Beitrags, der von Anfang an mitbedacht, mitgeplant werden muss.

Soziale Netzwerke und ihre Communitys

- sind auf Dialog/Diskurs in Augenhöhe angelegt,
- funktionieren in Echtzeit,
- bevorzugen Multimedialität,
- sind mobil und immer dabei (Smartphone),
- schlafen nie, sind immer eingeschaltet,
- liefern Input, der beachtet werden muss,
- begünstigen virale Effekte: das Schneeballsystem (virales Marketing/Verbreitung, negativ: Shitstorm).

2.5   Der Algorithmus als Reichweiten-Treiber

Entscheidend für Ihren Erfolg in Sozialen Netzwerken ist zunächst einmal, dass Ihre Inhalte von möglichst vielen Leuten gesehen werden. Wichtig dabei: So gut wie niemand schaut auf Ihren Social-Media-Account selbst und checkt, was Sie denn gerade Neuestes veröffentlicht haben. Im Idealfall sind ihre Inhalte sofort zu sehen, wenn jemand seine App öffnet oder das Soziale Netzwerk am Desktop besucht. Also auf der Startseite jeder einzelnen Person, die Sie erreichen möchten. Sie wird auch „For-You-Seite" genannt. Wie kommt der Inhalt dorthin? Und welche anderen Reichweiten-Hebel gibt es noch? Darauf gibt es – je nach Nutzungssituation und Netzwerk – vier Antworten. Zwei traditionelle, und zwei, die ganz typisch für Soziale Netzwerke sind. Diese vier Reichweitentreiber sind a) Abo, b) Suche, c) Social Graph und d) der Content Graph. Wobei der Content Graph immer mehr zum wichtigsten Reichweitentreiber wird.

Das Abo-Modell ist ganz klassisch und braucht auch keinen Algorithmus: Wer bestimmte Inhalte abonniert, bekommt – so die Vorstellung – alle Inhalte der abonnierten Quellen ausgespielt. Leider funktioniert das bei der Vielzahl von Inhalten in Netzwerken wie Instagram oder X oder auch YouTube nicht wirklich gut – bei oft Hunderten Quellen, die man so im Laufe der Zeit abonniert, wäre das ein absoluter Überfluss an Content. Manche Plattformen bieten dennoch einen sogenannten Abo-Feed an; genutzt wird er tatsächlich relativ wenig.

Allerdings spielt das Abo in Sozialen Netzwerken trotzdem eine Rolle. Erstens bieten einige Plattformen neben dem Abo noch die Möglichkeit an, sich benachrichtigen zu lassen, wenn ein bestimmter Absender (Medium, Creator) etwas Neues publiziert. Bei YouTube z. B. muss man dazu „die Glocke drücken" (ein Glockensymbol auf dem Account des Anbieters). Wer das nutzt, will definitiv nichts verpassen, was hier publiziert wird, und wird auf dem Smartphone benachrichtigt.

Zweitens ist das Abo ein Signal unter vielen anderen Signalen, die der allgemeine Distributionsalgorithmus der Plattform nutzt, wenn er entscheidet, was einer Person angezeigt wird. Es bedeutet, dass der Abonnent zumindest potenziell die Inhalte haben möchte. Ein Abo erhöht deshalb auf den meisten Plattformen die Wahrscheinlichkeit, dass der Abonnent den Content sieht; sicher ist das nicht.

Die Suche ist ein zweiter, geradezu altmodischer Vertriebsweg für Social-Media-Inhalte. Neben der allgemeinen Web-Suche (z. B. über Google), die auch viele Netzwerke durchkämmt, sind damit Suchfunktionen in den Sozialen Netzwerken selbst gemeint. YouTube galt lange Zeit zum Beispiel als zweitgrößte Suchmaschine neben Google. Und auch bei TikTok oder X spielt die Suche eine wichtige Rolle. Wer sich z. B. auf Schul-Nachhilfe-Inhalte, Reparaturanleitungen, vielleicht auch Rezepte etc. spezialisiert, wird auf den Videoplattformen (z. B. Tik-Tok und YouTube) wesentliche Zugriffszahlen auch über die Suche erhalten. Auf News-getriebenen Microbloggingdiensten wie X (und ähnlichen) sind es aktuelle Bilder und Nachrichten zu bestimmten Themen, die gesucht werden.

Anders als das Abo-Modell ist die Suche Algorithmen-basiert. Wer auf die Suche als Traffic-Bringer angewiesen ist, sollte auch in den Sozialen Netzwerken SEO (Suchmaschinenoptimierung) für seine Inhalte betreiben.

Der Social Graph war der Marktvorteil, als Facebook und Instagram ihren Siegeszug antraten. Der Social Graph schaut sich an, was Ihre Freunde und Freundinnen auf der Plattform tun – um zu entscheiden, was er Ihnen anzeigt. Das wichtigste Signal des Social Graphs ist, was Ihre Freunde publiziert haben oder teilen. Aber auch deren Likes und Emojis, Kommentare und allein die reine Mediennutzung erhöhen die Wahrscheinlichkeit, dass auch Ihnen die entsprechenden Inhalte angezeigt werden. Denn der Social Graph geht – mit einer gewissen Berechtigung – davon aus, dass Sie ähnlich ticken wie Ihre Freunde und sich für Ähnliches interessieren.

Dieser Social-Graph hat die Distribution von Inhalten in den 2010er-Jahren revolutioniert, weil er den Plattformen Facebook und Instagram ermöglichte, im Wust von Millionen von Inhalten automatisiert ein interessantes Programm für Sie zusammenzustellen. Und zwar mit neuen Inhalten von neuen Anbietern, die Sie nicht abonniert haben – nur aufgrund dessen, dass Ihre Freunde diese Inhalte mochten. Nach und nach wurde der Social Graph aber immer mehr abgelöst von einer neuen Technologie, die noch besser darin war, selbst zu erkennen, was jemand gerade vorgesetzt bekommen möchte.

Der Content Graph war die vielleicht wichtigste Neuerung, die TikTok in den Social-Media-Kosmos einbrachte – und umgekehrt war der gut funktionierende Content Graph mit entscheidend für den weltweiten Durchbruch der Plattform – neben den innovativen, typischen Contentformen (dazu mehr im Kapitel über TikTok).

Der Content Graph entscheidet aufgrund des zuletzt geschauten/konsumierten Contents, was Ihnen angezeigt wird. Es ist meist etwas, was dem zuvor Geschauten ähnelt. Signale/Faktoren, die der Content Graph für diese Entscheidung verwendet, sind neben ihrem Nutzungsverhalten, ihrer User-Journey, auch das Verhalten von anderen, die denselben Content genutzt haben. Die Urform des Content-Graphs ist aus der Verkaufsplattform Amazon bekannt. Dort wird einem angezeigt: Wer Produkt A angeschaut oder gekauft hat, hat auch Produkt B angeschaut oder gekauft. Dass diese Art der Content-Vorauswahl nun auch mit Medien funktioniert, hat auch mit der KI hinter dem Algorithmus zu tun. Sie sammelt alle möglichen Nutzungssignale und wertet Ähnlichkeiten zwischen verschiedenen Videos sowie das Nutzungsverhalten von ähnlichen Usern aus – und bestimmt so, was dem Einzelnen auf der Startseite angezeigt wird.

Moderne Algorithmen mit großem Einfluss des Content Graphs nach dem Vorbild von TikTok werden mittlerweile von allen typischen Sozialen Netzwerken genutzt. Meist lassen sie aber auch Elemente des Social Graphs oder des Abomodells mit in ihre Content-Auswahl einfließen. Im Auswahlverfahren für den Inhalte-Korb, der angezeigt wird, steckt also eine Kombination an Methoden – und noch hat da jede Plattform ihr eigenes Rezept. Auf Facebook bestimmen vielleicht noch mehr Social Signals die Distribution, auf YouTube spielt ein kleines bisschen Abomodell hinein etc.

Wichtig dabei: Die Algorithmen werten nicht nur positive, sondern auch negative Signale aus. Werden Videos früh abgebrochen/weggewischt oder verlassen Leute die Plattform nach dem Konsum eines Contents, können das negative Signale sein, die eine Distribution bremsen. Denn am Ende sollen Algorithmen aus Sicht der Plattformen nicht nur die Nutzenden zufriedenstellen, auf dass sie immer wieder kommen. Algorithmen mit ihrer ganz spezifischen Content-Auswahl dienen primär den kommerziellen und medienpolitischen/-strategischen Interessen der Plattformen (nicht unbedingt der Medienhäuser und Creators).

2.6   Was bringt Erfolg in Social Media?

Kommen wir zum Faktor Mensch: Warum nutzen so viele Menschen Soziale Netzwerke? Ganz oberflächlich könnte man sagen: Social Networks sind extrem unterhaltsam. Und prinzipiell gilt: Wer mit seinem Content die Leute gut unterhalten kann, wird auf Social Media zweifellos erfolgreich sein. Soziale Netzwerke können außerdem soziale Nähe erzeugen oder simulieren. Die Literatur über „parasoziale Beziehungen", deren Illusion mithilfe von Social Networks erzeugt wird, füllt Regalmeter. Viele Creators leben im Grunde davon, dass sie ihrem Publikum wie gut befreundete Bekannte erscheinen (eine Nahbarkeit, die auch gefährlich werden kann).

Für Journalisten lohnt sich ein Blick auf drei Grundbedürfnisse, die Social Media befriedigt oder bei deren Erfüllung Social Media hilft. Denn wer in diesen Netzwerken erfolgreich sein will, muss mit seiner Strategie auf diese abzielen. Diese drei Grundbedürfnisse der Nutzer sind:

- **Beziehungsmanagement:** Das alte Versprechen „wir bleiben in Verbindung", das jeder vom letzten Klassentreffen kennt – Facebook war lange das Netzwerk für diesen Zweck; das Netzwerk lebt noch, aber WhatsApp und andere Messengerdienste haben große Teile dieser Funktionalität im privaten Bereich übernommen; das berufliche Beziehungsmanagement findet auf Microblogging-Diensten (X und andere) sowie vor allem auf LinkedIn statt.
- **Informationsmanagement:** Auf Social Media erfahre ich, was für mich, meine Freunde, meine Kolleginnen interessant ist. Ich muss News und aktuelle Infos, Trends und Gossip nicht aktiv suchen, sie erreichen mich dort über meinen Bekanntenkreis oder Abos.
- **Identitätsmanagement:** Mit meinen Postings erschaffe ich ein (besseres) Bild von mir (oder meiner Marke, meiner Publikation), und verschaffe mir ein Image, eine Reputation.

Grundlegendes über die entsprechenden Forschungen kann man unter anderem nachlesen in: Zerfaß, Ansgar; Martin Welker; Jan Schmidt (Hrsg.) (2008): Kommunikation, Partizipation und Wirkungen im Social Web. Zwei Bände. Köln: Van Halem Verlag.

Was heißt das für Social-Media-Strategien von Journalisten und Medienhäusern? Fangen wir mit dem vermeintlich Leichteren an: Informationsmanagement, so könnte man meinen, wäre eine Sache, wo wir Journalisten stark sind. Und doch versagen wir häufig dabei.

Schauen wir ein paar Jahre zurück: Schon vor Social Media war aus einer einst vielfältigen Zeitungslandschaft eine Konzentration des Publikums beim News-Konsum auf nur sehr wenige Online-Portale deutlich geworden. Eine Regionalzeitung kann bei überregionalen News halt oft nicht mit den großen Redaktionen der überregionalen Medien mithalten oder liefert am Ende nur dpa-Doubletten.

Die Algorithmen konzentrieren sich nur auf wenige Posts zu einem Thema, die gut distribuiert werden. Die Auswahl auf einer Plattform erfolgt dabei nicht aufgrund journalistischer Qualität, Exklusivität (Publikationszeitpunkt) oder aufgrund der Reputation der Quelle. Es sind, wie zuvor erwähnt, KI-gesteuerte Algorithmen, die die Auswahl treffen, welcher Post einem bestimmten Individuum angezeigt wird. Entscheidend sind andere Faktoren und Signale (s. oben): Früheres eigenes Nutzungsverhalten, Nutzungsverhalten von Freunden, Interaktionsraten eines Inhalts, Watchtime (Sehdauer) von Videos etc.

Wir bekommen also angezeigt, von dem der Algorithmus annimmt: Das interessiert uns und andere Leute, die so ticken wie wir. Das mag dem unkritischen User als gutes Informationsmanagement erscheinen. Doch wenn wir uns nur auf diese Algorithmen verlassen, gelangen wir unweigerlich in eine Art „Filterblase", wo wir immer nur Inhalte konsumieren, die unser Weltbild widerspiegeln, selbst wenn wir das nicht wollen. Auf das Thema Filterblase und Filterclash und die Auswirkungen auf den öffentlichen Diskurs wird unten noch ausführlicher eingegangen. Aus der Journalisten-Sicht ist zunächst wichtig: Wie gelangen unsere News und Infos nun bei diesen Rahmenbedingungen in diese Filterblasen? Und – frei nach Luther: Wie schaffen wir uns einen gnädigen Algorithmus?

Darauf gibt es zwei Antworten: Erstens auf Plattformen und Dienste setzen, die klassische Abo-Modelle (z. B. WhatsApp-Kanäle und Newsletter) favorisieren bzw. wo Abo-Distribution noch eine zumindest gewisse Rolle spielt (z. B. You-Tube). Zweitens: Mit bewusstem Handeln auf der Klaviatur des Algorithmus „spielen", sich seine Mechanismen zunutze machen. Das Abo-Modell ist dabei relativ klar.

Aber wie reagiert man aber nun auf die Algorithmen? Erstens: ihre Inhalte müssen „plattformgerecht" sein – also den allgemeinen Faktoren des Algorithmus entgegenkommen. Bei YouTube z. B. laufen längere Videos (über 10 min) besser als kürzere (unter 5 min). Bei TikTok sind vertical Videos gefragt. Zitate überall am besten in „Kacheln" (Text-Bild-Tafeln) und nicht nur als Text-Posts etc. Mehr Infos dazu gibt es konkret in den Kapiteln über die jeweiligen Plattformen.

Zweitens: Ihre Inhalte müssen zielgruppengerecht sein. Sprich, sie müssen von der Gestaltung, Dramaturgie, Ansprache, Inhalt genau das sein, was Ihre Zielgruppe gewohnt ist und erwartet. Bedenken Sie: Sie buhlen um die Zeit der Zielgruppe und hoffen, dass Sie ihre Inhalte konsumiert und am besten damit interagiert. Jede Interaktion, jede Minute Medienkonsum, ist wiederum ein für den Algorithmus positives Signal, das auch den folgenden Inhalten eines Absenders nutzt.

Der eigentliche Schlüssel zum Erfolg ist aber, wenn Sie das Informationsmanagement mit dem Identitätsmanagement kombinieren. Nur dann können Sie die Filterblase rocken oder – noch besser – sie durchbrechen.

Die Identität hängt aber wesentlich mit dem Weltbild und dem Selbstbild der Einzelnen zusammen. Alles, was uns in unserer Weltanschauung und Selbstbild stützt, begrüßen wir und glauben wir eher (Confirmation Bias). Wir lieben Hosts, mit denen wir uns identifizieren können, und stellen unsere positiven Werte aus (s. „Virture Signalling im Kapitel" Social Media verstehen). Jede Störung von Weltanschauung und Selbstbild kann uns dagegen befremden, stößt oft auf Unglauben und Skepsis. Oder auch nur auf den Unwillen, etwa eine abweichende Meinung zur Kenntnis zu nehmen.

Das betrifft als erstes die Medienmarke. Einer Medienmarke, die im entsprechenden sozialen Umfeld als positiv – z. B. cool, modern, emotional und hip – wahrgenommen wird, fällt es viel leichter als einer neutralen Nachrichtenmarke, Fans = Abonnenten = Unterstützer zu gewinnen. Marken werten unsere Inhalte auf, Marken werten aber auch die Nutzenden auf. Ich kenne Leute, die kaufen sich „Die Zeit", weil sie sich für Bildungsbürger halten, die „Die Zeit" lesen – oder zumindest für solche gehalten werden wollen. Inhalte von so einer Marke in den Sozialen Medien werden sie auch abonnieren oder liken oder teilen.

(Politische) Haltung und Werte einer Marke oder eines Hosts spielen ebenfalls ins Feld Identitätsmanagement. Deutlich wird das bei erkennbar haltungsgetriebenen Medienmarken wie der taz, der TV-Sendung Monitor oder auch manchen „alternativen Medien" aus dem rechtskonservativen Spektrum. Hier wird mit dem Abo auch gleich eine politisch-weltanschauliche Grundhaltung demonstriert, die zum eigenen Weltbild passt. Passt die Marke hingegen nicht zum Welt- und Selbstbild, wird man diese nicht abonnieren, deren Inhalte nicht teilen und liken etc.

Wer für Medien arbeitet, hat als Einzelperson wenig Chancen, viel am Image der jeweiligen Medienmarke zu ändern. Umgekehrt ist in einer Welt des Content-Graph die Marke auch nur ein Faktor unter vielen; der Absender wird wie schon erwähnt immer unwichtiger. Dann kommt es auf den Beitrag selbst an.

Wir wollen, dass Menschen unsere Inhalte verbreiten, teilen. Doch wer einen Inhalt weitergeben soll, muss etwas davon haben, zumindest muss das Verbreiten des Inhalts sein Image verbessern. Schließlich gibt er seinen guten Namen dazu und sagt seinen Freunden virtuell: Lest das, schaut euch das an! Ein Weg, dies zu erreichen: schnell sein. Wenn wir die Ersten mit einer relevanten Nachricht sind, dann wird sie geteilt, weil auch der User in seinem Bekanntenkreis der Erste sein will, der etwas weiß, es herumerzählt, weil ihn das auch ein wenig interessant macht. Der Dritte, der mir dieselbe Nachricht zukommen lässt, ist schon wieder langweilig und nervt. Das Gleiche gilt für witzige – oder besser: gewitzte, intelligent unterhaltende – Inhalte. Wer einen guten Witz erzählt, steht im wahren Leben im Mittelpunkt – ebenso bei seinem Freundeskreis im Internet.

Und ganz groß herauskommt, wer seinen Fans nicht nur Text und Noten in die Hand drückt, damit er vor seinen Freund:innen die Rampensau geben kann – nein: Geben Sie ihm auch eine Bühne, auf der er sich so darstellen kann, wie er sich selbst sieht, wie er gesehen werden möchte. Wie so eine Bühne aussehen kann, das ist die Herausforderung. Wie man ihr begegnet, dazu später mehr.

Identitätsmanagement spielt mit Beziehungsmanagement zusammen, denn Image und Beziehungen gehören zusammen. Informationen gewinnen Bedeutung im sozialen Kontext. Sie werden es als Journalist:in vielleicht nicht schaffen, Beziehungen zwischen Menschen zu stiften oder zu verbessern. Aber ihre Inhalte können verbindend wirken – zum Beispiel durch die gemeinsam demonstrierten Werte (s. Glossar: Virture Signalling). Nehmen wir an, sie haben Tipps fürs vegane Leben – in einer Veganercommunity würde das super ankommen. Postet man dagegen ein Video von einer ländlichen, bäuerlichen Hausschlachtung in eine urbane Veganercommunity, sieht die Sache ganz anders aus…

Steile Thesen, die man formuliert, können zwar manchmal Debatten auslösen, Kommentare provozieren. Inhalte/Meinungen, die zu echten Konflikten oder auch nur einem größeren Dissens im Bekanntenkreis Anlass geben könnten, werden allerdings oft ignoriert und nicht verbreitet – oder gar „gehatet" oder auch mit Wütend-Emojis etc. versehen.

Sie sollten also wissen, wie Ihre Community tickt, und entsprechend posten – und wenn Sie für eine Redaktion und nicht nur für sich selbst posten, sollten Sie das auch im Konzept bzw. der Strategie schriftlich fixieren (siehe das Kapitel zur Strategieentwicklung). Nur ganz wenige Medienmarken können es sich nämlich in Social Media leisten, „für alle" zu produzieren. Das System der Algorithmen bevorzugt eine klare Zielgruppenansprache!

Inhalte nämlich, die innerhalb oder für Zielgruppen, Milieus, Communitys, Special-Interest-Gruppen, Hobbygruppen identitätsstiftend oder interessant sind, die einen gut vor Freunden dastehen lassen, werden konsumiert, kommentiert und häufiger geteilt. Und mit diesen Zielgruppen können Sie schließlich selbst eine Beziehung aufbauen, also mit genau den Leuten, die Ihre Inhalte wahrnehmen. Wenn Sie selbst als Autor oder Autorin erkennbar sind, teilen diese Menschen die Inhalte vielleicht genau deshalb, weil die Inhalte von Ihnen als Person sind, und nicht von irgendwem.

2.7   Virale Verbreitung als Schlüssel zum Erfolg

Die höchsten Reichweiten in Sozialen Netzwerken werden durch „virale Verbreitung" erzielt – das heißt, dadurch, dass Inhalte von vielen Nutzern geteilt und damit weiterverbreitet werden (Abb. 2.2). Wer sich die Mechanismen hinter solchen viralen Erfolgen anschaut, wird erkennen: Den schnellen viralen Hit kann man nicht mit Sicherheit vorausplanen. Aber man kann durch die Wahl des geeigneten Formats und Inhalts, durch gute zeitliche Planung sowie eine ideale Kommunikation optimale Bedingungen dafür schaffen.

Abb. 2.2 Die Grafik zeigt das Reichweiten-Potenzial durch Teilen. Im konkreten Fall war es das Netzwerk des Autors auf Xing … Teil-Screenshot aus Xing

Um zu erkennen, welches Potenzial in diesem Mechanismus, in der viralen Reichweite steckt, zunächst ein Blick auf das Gegenteil dazu, nämlich lineare Reichweite. Über lineare Reichweite erreiche ich diejenigen, die meine Posts bestellt haben, unmittelbar: Abonnenten, Follower, Fans in Sozialen Netzwerken. Wenn ich gut bin, habe ich viele solche Abonnenten, also eine hohe lineare Reichweite. Aber: Ich erreiche linear nie mehr Leute und nie andere Leute, als ich ohnehin schon habe, sondern immer weniger, eine Teilmenge davon.

Posts, die nur auf lineare Reichweite zielen, sind also allenfalls dazu geeignet, bereits gewonnene Fans zu informieren oder zu unterhalten, nicht aber, neue Fans zu gewinnen, neue Zielgruppen zu erreichen. Außerdem werden Posts, die sich nicht viral verbreiten, von allen Sozialen Netzwerken durch diverse Algorithmen benachteiligt. So erreicht ein rein lineares Posting in Facebook oder Instagram vielleicht weniger als zehn Prozent der Abonnenten/Follower. Also muss das Ziel sein: virale Verbreitung.

Viral, das heißt: Wie eine Epidemie muss sich ein Posting verbreiten, anstekkend sein. Das passiert durch das schon erwähnte Teilen. Ein (vereinfachtes) Rechenbeispiel zum Potenzial viraler Verbreitung: Wenn Sie 1000 Abonnenten haben, und Sie erreichen alle (was nie gelingt), bleibt es bei den 1000. Wenn nun diese 1000 Abonnenten jeweils 100 Freunde haben, und Ihren Inhalt teilen/retweeten, erreichen Sie im Idealfall 100.000 Leute, und wenn diese dann wieder teilen…

In der realen Welt – sagt man – verbreiten sich Gerüchte wie ein Lauffeuer. In Sozialen Netzwerken kann das viel, viel schneller gehen, mit oder ohne Ihr Zutun. Wichtig ist: Die anfängliche lineare Verbreitung eines Inhalts spielt dabei durchaus eine große Rolle. Ähnlich wie es bei einer Epidemie bedeutsam ist, wie viele Menschen sich in einer ersten Phase „anstecken".

2.8   Meme und Internet-Hypes

Geht die virale Verbreitung über die erste und zweite oder gar dritte Teilungs-
generation hinaus, sodass am Ende ein relevanter Teil der Social-Network-Nutzer
insgesamt erreicht wird, spricht man von Memen oder Internet-Hypes/Internet-
Phänomenen. Häufig wird das Wort auch als englisches Fremdwort verwendet,
dann mit der Einzahl „Meme". Meme oder Internet-Hypes sind die Königsdisziplin
im Umgang mit Social Media (Abb. 2.3).

Meme können Hits kreieren und Stars erschaffen. Frühe Beispiele aus den
2010er-Jahren sind Gangnam Style und Harlem Shake. 2024 gelang den deutschen
YouTube-Creatoren Bodo Wartke und Marti Fischer ein solcher Hit mit „Barbaras
Rhabarberbar" – der Vertonung eines Zungenbrecher-Gedichts. Es wurde weltweit
tausendfach adaptiert und in unterschiedlichsten Versionen viele Millionen Mal
konsumiert. Internet-Hypes können Ausgangspunkt und Geschäftsmodell für neue
Medienmarken sein (siehe heftig.co) oder das Image alter Marken aufpolieren
(„Supergeil"-Video der Edeka).

Doch was sind Internet-Meme überhaupt? Die deutsche Wikipedia leitet bei der
Suche nach dem Begriff gleich in das offenere Lemma „Internet-Phänomen" um

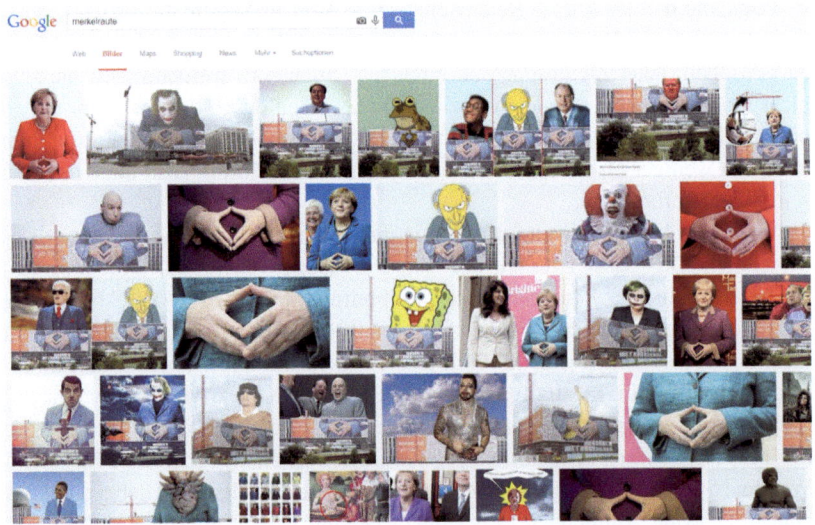

Abb. 2.3 Die #merkelraute als Beispiel für ein Mem. Ein Gebäude-Plakat inspirierte die
Internet-Gemeinde, sich mit der typischen Handhaltung der damaligen Kanzlerin kreativ
auseinanderzusetzen. (Quelle: Screenshot Google Suche)

und definiert: „Als Internet-Phänomen (auch Internet-Hype) wird ein Konzept in Form eines Links oder einer Bild-, Ton- oder Videodatei bezeichnet, das sich schnell über das Internet verbreitet. Die am weitesten verbreitete Unterform ist die eines über das Internet verbreiteten Mem(e)s." Wobei ein Mem sich im Besonderen dadurch auszeichnet, dass nicht nur eine Datei/Inhalt oder ein Link massenhaft geteilt wird, sondern auch ein kreatives Arbeiten mit einem Inhalt stattfindet (Nachahmung, satirische Verballhornung) und diese Überarbeitungen dann ebenfalls eine große Verbreitung erfahren. Am einfachsten gelingt das z. B. mit Fotos, die sich als Meme-Vorlagen eignen (Abb. 2.4).

Wer als Medienschaffender ein positives Mem, einen Internet-Hype erschafft, kann sich feiern. Dazu muss er entweder einen Inhalt veröffentlichen, der sich massenhaft verbreitet, oder mittels eines Inhalts einen Kurzzeittrend initiieren, dem sich andere anschließen, wie beim berühmten Harlem Shake, einem chaotischen Tanzvideo, das viele nachmachten. Oder 2014 bei der Icebucket-Challenge, bei der sich weltweit Tausende von Prominenten Eiswasser über den Kopf schütteten (und sich dabei filmten), um Aufmerksamkeit für eine Krankheit (ALS) zu erzeugen und Spenden für den Kampf gegen diese Krankheit einzuwerben (die Icebucket-Challenge ist auch zehn Jahre danach immer mal wieder „aktuell").

Abb. 2.4 Das Meme „Distracted Boyfriend" ist eines der am meisten genutzten Social-Media-Memes, wenn man Moden oder Trends darstellen möchte. Hier würde zum Ausdruck gebracht, dass es einen Trend von TikTok Richtung YouTube gebe. Basis ist ein Stockfoto – es wurde Mitte 2015 in der Stadt Girona, Spanien, von dem Fotografen Antonio Guillem für die Agentur Shutterstock aufgenommen. (Quelle: https://imgflip.com/i/3zkx3e Mehr Infos dazu: https://en.wikipedia.org/wiki/Distracted_boyfriend)

Geradezu auf der Metaebene zu Social Media erschuf die damals 74-jährige Dolly Parton ein Mem, das viele Frauen animierte, sich in vier verschiedenen Rollen als Instagram-Bild zu inszenieren: die Dolly-Parton-Challenge, die die Kommunikation auf verschiedenen Sozialen Netzwerken illustriert.

Ein anderes bekanntes Mem initiierte 2014 der Fußball-Profi Dani Alves in Barcelona. Er wurde wie viele dunkelhäutige Fußballer im Stadion mit Bananen beworfen. Er bückte sich auf dem Spielfeld nach einer Banane und aß sie demonstrativ auf. Sportler weltweit posteten als Zeichen der Solidarität danach ein Selbstporträt mit Banane (s. Virtue Signalling). Später wurde bekannt, dass die Aktion nicht spontan erfolgte, sondern vorher geplant war, um ein Zeichen zu setzen gegen Rassismus im Fußball.

Doch wie schaffen es Medien, auf diese Weise „viral" erfolgreich zu sein? Virale Erfolge kann man nur bedingt planen. Man kann Inhalte mit Potenzial erzeugen und man kann die Bedingungen optimieren. Und am Ende braucht man auch ein Quäntchen Glück, den richtigen Stoff zur richtigen Zeit geliefert zu haben (Abb. 2.5).

Abb. 2.5 Der Post, der die Dolly-Parton-Challenge ins Leben rief: vier Bilder einer Frau, als Geschäftsfrau, als Familienmensch von nebenan, als stylische Musikerin und als Sexikone. Mit dem Post bewies die US-Country-Legende Humor, brachte sich in den gegenwärtigen Diskurs zum Thema Sexismus ein und zeigte ein Verständnis für Identitätsmanagement auf den verschiedenen Sozialen Netzwerken. (Quelle: Screenshot https://www.instagram.com/p/B7l01DEF4HI/)

2.9   Virale Hypes – die Bedingungen

Es gibt eine Metapher für virale Erfolge (oder auch Shitstorms, wenn es negativ wird), die lautet: Virale Verbreitung ist wie ein Buschfeuer. Es kommt nicht nur darauf an, dass ein Feuer gelegt wird, dass das Feuer heiß ist, sondern auch darauf, wie die Bäume stehen und wie der Wind weht. Das heißt: Sie müssen erstens für einen Funken sorgen – also perfekt auf virale Verbreitung optimierte Inhalte posten; und Sie müssen zweitens auf ein Umfeld treffen, das bereit ist, diese Inhalte viral zu machen; übrigens dieselben Voraussetzungen, die auch für einen Shitstorm sorgen können – was ja gewissermaßen auch ein viraler Hype ist, nur gegen Sie (mehr dazu im Kapitel zur Krisenkommunikation).

Faktoren, die ein solches positives Umfeld stützen
- Eine große und treue Community, das heißt, viele aktive Fans/Abonnenten etc.
- „Verbündete", die ebenso eine große und treue Community haben (zum Beispiel ein Promi, mit dem zusammen Sie einen viralen Content teilen, oder ein Festival, über das sie berichten)
- Eine Relevanz des Inhalts zum Zeitpunkt des Postings. Es kommt also nicht nur auf den Inhalt, sondern auch auf den richtigen Zeitpunkt an
- Marketing-Geld zur Unterstützung der initialen Verbreitung

Technische Faktoren für virale Inhalte

- Auf den ersten Blick erfassbar
- Schnell konsumierbar – „snackable" (Bilder eignen sich deshalb hervorragend)
- „Shareable": Inhalte müssen technisch und vom Inhalt her leicht über Netzwerke teilbar sein

Inhaltliche Faktoren

- Witzig/gewitzt
- Einfach intellektuell erfassbar
- Im sozialen Umfeld der Fans auf Zustimmung stoßend (keiner teilt etwas, das seine Freunde abstoßend finden)
- Schnell auf den Punkt (bei Videos: Einleitung weglassen)

- „Sexy", attraktiv
- Überraschend
- Positiv und hoch emotional/rührend/betroffen machend (Babys, Tiere, Schicksale)
- Guter Begleittext

Wenn Sie diese Eigenschaften mit den im Kap. „Inhalte für Social Media" genannten Formaten zusammenbringen, haben Sie eine Chance, dass sich Ihr Inhalt auch viral verbreitet. Ob dann gleich ein Mem draus wird, lässt sich allerdings nicht vorhersagen.

▶   Erkennen Sie aufkommende Meme und klinken Sie sich in so einen Hype ein, springen Sie auf! Wer sich früh am Harlem Shake beteiligte oder den Rhabarberbar-Song sang und tanzte, konnte auf diesen Wellen surfend selbst virale Erfolge einheimsen, denn die frühen Videos wurden Teil des Phänomens und selbst massenhaft geteilt und dokumentiert. Davon abgesehen zeigt man sich so auch als Teil der Community. Aber Achtung: Die eigene Abwandlung muss zu einem selbst, der eigenen Marke, passen – sonst droht Peinlichkeit.

Social Media und der Journalismus

3

Zusammenfassung

Die große Chance von Social Media für Journalisten bzw. ein Medienhaus liegt nicht nur darin, neue Nutzendenschichten und Reichweite zu erhalten – sondern die User zu Unterstützern und Verbündeten zu machen. Doch das kann nur gelingen, wenn sich das Selbstverständnis der Medienschaffenden ändert. Denn Social Media ist im Kern ausgelegt auf einen Dialog auf Augenhöhe. Aus dem Publikum werden Beteiligte. Und die Journalist:innen werden greifbar, angreifbar – und gewinnen gerade dadurch Vertrauen. Für Medienschaffende mit engem Themenschwerpunkt ergeben sich durch Social Media auch Chancen, ganz unabhängig von Medienhäusern und Verlagen zu werden – als Creator, Streamerin, Influencerin oder Blogger.

Schlüsselwörter

Social Media · Ansprechhaltung · Social Networks · Blog · Augenhöhe · Glaubwürdigkeit · Userbeteiligung · Community · User · Blogger · Creator · Streamer · Rage-Bait · Click-Bait

Lange haben Journalist:innen immer von einer Situation geträumt, wie wir sie nun haben: Man wäre – zumindest theoretisch – nicht mehr auf einen Verlag oder ein Medienhaus angewiesen, um etwas zu veröffentlichen. Produktions-, Druck- und Vertriebskosten, die es früher dem Einzelnen praktisch nicht erlaubten, von sich

© Der/die Herausgeber bzw. der/die Autor(en), exklusiv lizenziert an Springer Fachmedien Wiesbaden GmbH, ein Teil von Springer Nature 2025
S. Primbs, *Social Media im Journalismus*, Journalistische Praxis,
https://doi.org/10.1007/978-3-658-48485-9_3

aus publizistisch tätig zu sein, sind in Social Media weggefallen. Mit Videokanälen, Blogs und Podcasts in Verbindung mit Social-Media-Accounts können sich einzelne Journalisten einen Namen machen.

Auch Blogger oder Videoproduzenten, die zunächst nur nebenberuflich publizieren, können in diesem Sinne zu Medienmarken werden (wobei in diesem Zusammenhang die Unterscheidung Blogger/Creator:in versus Journalist:in keinen Sinn mehr macht). Unter Umständen gelingt sogar die Selbstständigkeit, unabhängig von Medienhäusern. Denn die Sozialen Netzwerke bieten ein eigenes Ökosystem und Geschäftsmodelle, die gegenüber der Perspektive „Festanstellung im Tarifvertrag" sowohl in Sachen Selbstverwirklichung als auch finanziell attraktiv erscheinen.

3.1 Social Media fürs Selbst-Marketing

Wer genug Ausdauer mitbringt, kann mit einem Blog und/oder Social Media Accounts in jedem Fall das eigene Profil als Autor schärfen, ähnlich wie eine Buch-Autorenschaft es schon in analoger Zeit tat. Gemeint sind damit persönliche Social-Media-Accounts, in denen man als Journalist erkennbar ist. So ein Account dient vor allem zur Vernetzung mit Kollegen und Multiplikatorinnen aus dem eigenen Fachgebiet oder Ressort und als Verbreitungskanal für die eigenen Inhalte. Darüber hinaus spiegeln gut geführte Accounts eine gewisse kreative und mediale Kompetenz wider, was sich bei Bewerbungen positiv auswirken kann.

Berufsbezogene Social Media Accounts ermöglichen aber nicht nur die Verbreitung eigener Inhalte; Sie sollten auch immer auf Interessantes aus dem eigenen Fachgebiet aus anderen Quellen hinweisen: zum Beispiel von Konkurrenz-Medien und von anderen Kollegen und ggf. eine Bewertung dazu abgeben. Das dient auch dazu, sich in der eigenen Fachgemeinde zu profilieren (und nebenbei werden andere Ihre Inhalte dann ebenfalls weiterverbreiten). So entsteht und funktioniert am Ende ein Netzwerk, das vielleicht am ehesten mit wissenschaftlichen Zirkeln vergleichbar ist, wo der eine den anderen stützt, unterstützt, berät, wohlwollend kritisiert und bereitwillig zitiert. Und gelegentlich kann man auch eine (inhaltliche) Solidarität und Kollegialität der Fachjournalisten untereinander jenseits der Medienmarken erreichen und ggf. nutzen.

Daneben sind die eigenen Follower/Abonnentinnen für Journalisten echtes Kapital: Wer viele Followerinnen oder Blogleser hat, ist für Medienmarken attraktiv, da man eine eigene Reichweite mitbringt, die man für Online-Aktionen, aber auch einfach nur als Nutzende, als eigene Reichweite mitbringt. Nicht umsonst haben viele, die als Bloggerin, Podcaster und Creatorin anfingen, mittlerweile auch Kolumnen bei Medienmarken oder sind Podcast-Hosts in Diensten von Verlagen oder Medienhäusern.

3.2 „Ich" sagen: die Personalisierung des Journalismus

Die Blogger brachten aber seit der Jahrtausendwende auch eine neue Erzählhaltung in den Journalismus selbst ein: das Ich. Noch in den 1980er, -90er-Jahren war das „Ich" allenfalls in amerikanischen Reportagen, zum Beispiel in der National Geographic, üblich und im gewöhnlichen Journalismus eigentlich nicht erlaubt. Selbst der Reporter versuchte zu beschreiben, was er/sie vorfand – und auf das „Ich" zu verzichten. Beanspruchte man doch eine gewisse Allgemeingültigkeit für die eigenen Reportagen und wollte man doch das Beobachtete und nicht sich selbst in den Mittelpunkt stellen.

Das Blog als Quasi-Kolumne veränderte die Lage. Viele Blogger, die keine gelernten Journalisten waren, scherten sich wenig um die althergebrachten Konventionen und verwendeten ganz selbstverständlich das „Ich". Sie äußerten ihre eigene Meinung, steuerten ihre eigene Expertise bei, berichteten von ihren eigenen Erlebnissen. Und sie wollten auch nicht immer unparteiisch und ausgewogen sein. Nein: Sie wollten Haltung zeigen, auch mal Wut rauslassen, Debatten beeinflussen, ihre eigene Sicht schildern.

Viele Leser goutierten das. Der Blogger erschien mit seinem klaren „Ich" vielen Lesern sogar glaubwürdiger als der Journalist in den klassischen Medien, der die unvermeidliche Subjektivität, die auch seine Kommentare auszeichnet, scheinbar nur verbirgt. Denn ist nicht auch dessen Ausgewogenheit letztlich doch nur eine Illusion? Spannender als wohlabgewogene „Einerseits-andererseits-Leitartikel" sind pointierte Meinungsstücke von Leuten, die sich auskennen, sowieso.

Das ist übrigens auch der Grund, warum die Kommentarspalten von Webportalen so attraktiv sind (trotz aller Auswüchse und Trollereien): Schon früher gehörten Leserbriefspalten zu den meistgelesenen Teilen einer Zeitung, während die Kommentare der Redakteure oft wenig Beachtung fanden. Anders formuliert: Die Leser interessiert die Meinung x-beliebiger Leser manchmal mehr als die von ausgebildeten Journalisten, eben weil sie diese Meinung für authentischer und ggf. lebensnaher halten.

Die Ich-Perspektive durchzog im Gefolge immer mehr aber nicht nur Reportagen und Meinungsstücke. Mittlerweile werden auch viele Dokumentationen und sogar rein sachliche Erklärstücke in der Ich-Form – dramaturgisch etwa als Challenges – erzählt, in denen der Host eine Herausforderung meistern muss (z. B: im ZDF-Format Besseresser, wo der Host Produkte der Lebensmittelindustrie nachbaut).

Trotz der Vorteile, die die Ich-Perspektive und eine gewisse auch gezeigte Subjektivität bietet: Als Profi kennen Sie die Regeln ihres Berufs, den Pressekodex etc. Machen Sie deutlich, was Meinung und Tatsachenbehauptung ist, vermischen Sie die Genres nicht zu sehr. Halten Sie sich an die Regeln guter journalistischer

Praxis und Fairness. Denn das unterscheidet Sie von Amateuren, Hetzern und Propagandisten. Es ist ihr Unique Selling Point als Profi. Auch wenn die Algorithmen von Social Media das nicht immer belohnen. Glaubwürdigkeit jenseits der eigenen Filterblase ist auch ein Gut.

▶   Die Blogger gaben den Journalisten das „Ich" zurück. Nutzen Sie es zumindest auf Ihren eigenen Social-Kanälen und in Blogs. Wahren Sie dennoch die Professionalität und scheuen Sie vor allzu eindeutiger politischer Parteinahme zurück, um nicht als voreingenommen zu gelten.

3.3   Einmal Journalist:in, immer Journalist:in

Vergessen Sie nicht, dass Sie immer Journalist:in sind und jede Äußerung im Web gegen Sie verwendet werden kann! Nicht nur wer schreibt, bleibt, sondern auch, was man schreibt oder geschrieben hat. Nicht nur die eigenen Artikel, sofern im Web veröffentlicht, sind jederzeit auffindbar und – sogar maschinell – auf Voreingenommenheit und Grundtendenzen auswertbar. Auch was in Sozialen Netzwerken gepostet wurde – vielleicht spontan, in einem bestimmten Kontext, nach einer späten Partynacht. Posten Sie also nichts, was Ihrer Reputation schaden kann, was dazu führt, dass Sie als voreingenommen wahrgenommen werden. Zumindest dann nicht, wenn Sie parallel für Medien arbeiten, für die dies wichtig ist.

Selbst unscheinbare Urlaubsfotos können ihrer journalistischen Reputation schaden. Zum Beispiel, wenn Sie in Berichten über den Klimawandel Tipps für einen nachhaltigeren Lebensstil geben. Etwa, indem Sie auf die fatale Rolle von Flugreisen, Overtourism und Konsum und dem damit verbundenen CO_2-Ausstoß hinweisen – und gleichzeitig Fotos von Ihnen aus Luxusressorts in Urlaubsparadiesen rund um den Globus sichtbar sind. Man wird Ihnen Bigotterie vorwerfen und mit den Fotos belegen wollen.

Der Gang in die Sozialen Netzwerke kann auch darüber hinaus einen gewissen Verlust an Anonymität bedeuten. Die Meldung, der Kommentar, die Theaterkritik bekommt ein Gesicht, einen klar identifizierbaren und – das ist neu – auch ansprechbaren Absender. Aber das ist nicht viel anders als bei einem Lokalredakteur in einer kleinen Stadt. Auch der wird auf der Straße erkannt, viele Leute wissen, mit wem er verheiratet, verwandt ist, wo er wohnt, und im schlimmsten Fall: wo sein Auto steht. Dafür ist er authentisch, greifbar. Die Leute können ihn einschätzen.

Social Media macht die Welt also ein wenig zu einem Dorf. Wir können mehr über den Leser, die Userin erfahren. Aber der auch über uns. Und am Ende ist man für die Leute ein guter, zuverlässiger Typ, dem/der sie auch mal eine Macke oder abweichende Meinung zugestehen. Die Leser wissen, woran sie mit einem sind. Sorgen Sie also ggf. dafür, dass Ihre Follower:innen und Fans wissen, woran sie mit Ihnen sind – und bleiben Sie dabei professionell.

Womit Sie leben aber müssen: Wenn die Leute z. B. wissen, wo sie ungefähr politisch stehen, welche Weltanschauung sie haben oder welche Werte sie vertreten, werden auch ihre journalistischen Aussagen – auch scheinbar „neutrale" Recherchen – damit in Verbindung gebracht. Es wird nicht ausbleiben, dass man Ihnen einen Spin in die eine oder andere politische Richtung unterstellt.

3.4   Journalismus auf Augenhöhe

Die Möglichkeit für jeden, zu publizieren, hat die Rolle des Journalisten in zweierlei Richtung verändert, und Social Media wirkt als Beschleuniger und Verstärker dieser Entwicklung. Neben dem Journalisten kann nun auch der Gegenstand seiner Berichterstattung – der Fußballverein, das Museum, die Firma, die Bürgermeisterin, Politiker und politische Parteien etc. – selbst aktuell veröffentlichen und sein Publikum erreichen. Die Facebook-Seiten von Sportvereinen, Stars aus dem Musikbereich oder großen Firmen haben oft mehr Fans als die der Medien, die über sie berichten.

Das heißt, die öffentlichen Akteure bestimmen ihr Image mit, können selbst berichtigen und selbst ihre Message unter das Volk bringen, sind für die Publikation einer Gegenposition nicht unbedingt auf ein Medium angewiesen. Besonders zeigt sich das zum Beispiel an den Wahlerfolgen der AFD – die vorbei an den Medien durch ihre Partei- oder Politiker-Accounts vor allem auch junge Menschen erreichten; oder am bayerischen Ministerpräsidenten Markus Söder, der seine Popularität und Reichweiten in den Social Networks durch Zurschaustellen seiner Ernährungsgewohnheiten (Fotos mit Bratwurst, Döner, Lebkuchen etc.) gewaltig steigern konnte und auch vor dem Absingen von Weihnachtsliedern im Web nicht zurückschreckte. Diese Reichweite (und Nutzerbindung) kann dann auch für politische Anliegen genutzt werden.

Ein Reporter, eine Autorin muss heute ohnehin damit rechnen, dass er/sie während seiner Recherchen und Interviews nicht nur seinerseits gefilmt und der Ton mitgeschnitten wird. Fühlt sich beispielsweise ein Unternehmen ungerecht behandelt, in einem Interview unangemessen dargestellt, hat das Unternehmen die Möglichkeit, selbst Mitschriften, Tondokumente zu veröffentlichen.

So versuchte das Unternehmen Wiesenhof schon 2011, die angebliche Voreingenommenheit eines kritischen Journalisten und Dokumentarfilmers zu belegen. Dazu interviewte Firmensprecher Frank Schroedter den Dokumentarfilmer zu seinen Absichten und stellte das Video, in dem der Journalist nicht gut wegkam, ins Netz (mittlerweile ist es nicht mehr im Netz auffindbar).

Auch Parteien oder deren Anhänger dokumentieren regelmäßig, wie sich Reporter und Reporterinnen z. B. auf Parteitagen verhalten – um ggf. zu belegen, dass Zitate aus einem Zusammenhang gerissen wurden oder sich jemand nicht so verhalten hat, wie sich das die Partei gewünscht hätte (was dann als Unverschämtheiten der Presse vor der eigenen Anhängerschaft angeprangert wird). Außerdem entlarven immer wieder zufällig aufgenommene Filmchen von Privatpersonen (z. B. bei der Katastrophenberichterstattung), wenn Fernsehteams Szenen (nach) stellen – was dann mit dem Vorwurf der Manipulation von Bildern verbunden wird.

Dieser Verlust der Gatekeeperschaft führt zu üblen Auswüchsen – hat aber auch eine qualitätssteigernde Wirkung auf den Journalismus: Die Tatsache, dass jeder, über den berichtet wird, selbst an die Öffentlichkeit gehen kann, verändert die Szene, erzeugt Druck, zwingt aber auch zu Sorgfalt in der Recherche und Fairness gegenüber den Dargestellten. So gesehen ist „Journalismus auf Augenhöhe" nicht eine Forderung an den Journalismus, sondern ein Faktum, an das sich die Zunft erst einmal gewöhnen muss.

3.5   Das Publikum als Partner

Jeder kennt das: Man liest einen Artikel zu einem Thema, in dem man (ausnahmsweise) richtig firm ist. Sei es, dass man während des Studiums darüber gearbeitet oder dass man selbst schon darüber geschrieben hat, oder auch nur: dass man in dem Ort wohnt, über den berichtet wird. Fast in jedem Fall wird man dann in dem Presseartikel oder dem Bericht kleine und größere Fehler entdecken, der Wissenschaftler in uns schreit auf: „Sooo kann man das doch nicht sagen, das ist doch viel differenzierter", Namen werden falsch geschrieben, Titel falsch wiedergegeben. Fehler passieren eben.

Ein Journalist, eine Autorin, der/die sich maximal einige Tage in ein Thema, in einen Ort vertiefen kann, wird immer dem Wissenschaftler oder dem Einheimischen in Detailkenntnissen unterlegen sein. Meist ärgert man sich über den Kollegen, dachte früher daran, einen Leserbrief zu schreiben, dann schickte man ihn nicht ab. Okay. Oberlehrer schickten ihn ab. Und bekamen oft keine Antwort.

Die Zeiten sind vorbei. Denn die zehn „Experten" unter vielleicht 10.000 Lesern sind wie wir selbst im Internet unterwegs; sie schreiben ihre Korrekturen und klugen Fragen, die der Artikel nicht behandelt, nicht mehr mit Sütterlin auf Büttenpapier, sondern in die Kommentarspalten unserer Portale und Social-Media-Accounts. Andere lesen das, klinken sich ein. Da gibt es kein Davonlaufen mehr und kein Schimpfen auf die „Klugscheißer". Nein, runter von Thron, weg vom Megafon! Da gilt es zu lesen, zuzuhören, Fehler zuzugeben, Informationen nachzuliefern und sich für Korrekturen zu bedanken – oder die eigene Position zu verteidigen. Denn auch Leser:innen und Zuschauende irren sich. Im Idealfall sind am Ende alle klüger, auch man selbst. Selbst wenn man diese Entwicklung nicht gutheißen würde und sich zurücksehnte in die Zeiten des Rednerpults und des (metaphorischen) Megafons: Diese Zeiten kommen nicht wieder.

Da ist es zweifellos am besten, wir begeben uns auf Augenhöhe mit dem Leser/der Zuschauerin/den Kritikern. Wir sind nicht allwissend. Wir erzählen meist nicht kompetenter als ein Fachautor oder eine Expertin. Aber wir sind Profis in der Kommunikation und haben das Zeug, die Geschichte besser zu erzählen, ihr Aspekte abzugewinnen, die vielleicht ein Genie in seinem Labor nicht wahrnimmt. Wir können Erkenntnisse in einen gesellschaftlichen Kontext einzuordnen, was Fachleuten nicht so einfach erlaubt ist, weil genau dieser Kontext die Fachkompetenz überschreitet. Wenn wir das tun und wenn wir dabei sorgfältig und fair sind, dann ergibt sich von selbst eine neue, leicht veränderte Rolle des Journalisten. Und das Schreiben „auf Augenhöhe" wird zur Selbstverständlichkeit.

Journalismus auf Augenhöhe bedeutet also auch: zuhören, mitmachen lassen, nicht von oben herab, nicht aus der Institution reden. Persönlich werden, vielleicht auch angreifbar werden. Daran muss man sich gewöhnen, fangen Sie an!

Wenn Sie es gut machen, wird der User Ihr Verbündeter sein – im Kampf um Aufmerksamkeit, im Kampf um Reputation, vielleicht sogar im Kampf um die redaktionelle Bedeutung Ihres Themas gegenüber den anderen Kollegen in einer Redaktionskonferenz, am Ende gar ein Beleg für Relevanz Ihres Ressorts gegenüber dem Verleger. Und wenn Sie es klug anstellen, wird der User Ihr bester Mitarbeiter.

Folgende Rollen kann der User zum Teil übernehmen:

- **User als Feedback-Geber**:
  Das kritische Publikum wird Sie besser machen, verlassen Sie sich drauf.
- **User als Quelle und Betroffene**:
  Sie suchen Ausübende eines Trendsports, über den Sie schreiben wollen? Betroffene eines Lebensmittelskandals? Sie können Ihre User:innen fragen. Und wenn diese Vertrauen zu Ihnen haben, werden sie antworten.
- **User als Rechercheure**:
  Manchmal braucht man einfach schnell ein Foto von einem Ort, wo man selbst nicht ist, Leute aus der Community aber schon. Lass es die Nutzenden machen! Das ist kein grundsätzliches Plädoyer für den/die „Leserreporter:in", aber doch eines für „den Leser mitmachen lassen". Und für Crowdsourcing (mehr dazu im entsprechenden Kapitel).
- **User als Vertrauenspersonen für Dritte**:
  „Ich schaue keine Nachrichten, ich lese keine Zeitung, wenn eine Information für mich wichtig ist, wird sie mich schon erreichen". Ob dieses

Zitat eines unbekannten Jugendlichen je so gefallen ist – egal. Es stimmt und beschreibt das Informationsmanagement von immer mehr Menschen. Und wie erreicht die Nachricht diesen Mediennutzungstyp? Indem sie Gesprächsthema wird, und in seinem Social-Media-Umfeld auftaucht.

Unsere Aufgabe ist es also, mit den von uns professionell erstellten Nachrichten in den Freundeskreis und Filterblasen der Leute zu kommen, eben tatsächlich Gesprächsthema zu werden. Nachrichten, die keine Gesprächsthemen werden, werden nicht (von dieser Nutzergruppe) rezipiert.

- **User als Vertriebs-Partner**:
  Die User selbst bestimmen, über was sie sprechen. Und wenn dieses Gespräch maßgeblich für die Verbreitung von Themen/Inhalten im Web ist, werden die User automatisch zu Vertriebspartnern. Zumindest aus unserer Mediensicht. Dieser kombinierte Gesprächs-/Vertriebsvorgang ist in den Sozialen Netzwerken mit drei Hauptmechanismen verbunden, die alle unter dem Stichwort „Interaktion" summiert werden können:
  - Die konkrete Nutzung durch „Ähnliche", die via Algorithmen einen Distributionsvorteil bringt
  - Positive Bewertung: Liken, Emojis etc.
  - Kommentierung der Inhalte
  - Gezielte Weiterverbreitung an den eigenen Freundeskreis: Teilen, Sharen, Reposten
  - Der Letzte der drei, das Teilen, ist aus Sicht der Verbreitung der effektivste Weg. Es muss also unser Ziel sein, dass User unsere Inhalte durch Teilen weiterverbreiten. Wie wir dazu kommen? Darauf muss die publizistische Strategie abzielen.
- **Der User als Werbepartner/Marketinginstrument**:
  Wenn jemand unsere Inhalte weiterverbreitet, wird er/sie automatisch zum Testimonial. Man verbürgt sich sozusagen mit seinem Konterfei für den Inhalt. Und weil die Freunde einen kennen, ist das viel glaubwürdiger als irgendein prominentes Testimonial, das sein Gesicht für Geld verkauft. Im Grunde ist es eine Win-Win-Situation, vor der wir hier stehen. Jemand verbreitet nämlich wahrscheinlich unsere Nachricht, um sich selbst interessant zu machen, sein Image zu steigern bei seinen Freunden, oder sein Wertegerüst zu demonstrieren. Das heißt, unsere Nachricht, unser Inhalt wird dann erfolgreich sein, wenn er diese Bedürfnisse unterstützt. Umgekehrt gewinnen wir dadurch eben die Leute als unbezahlte Testimonials, die unsere Glaubwürdigkeit erhöhen und für uns werben.

3.6   Werte zeigen, Werte verbreiten – Virtue Signalling

Identitätsmanagement – wie vorher schon erwähnt – ist einer der Schlüssel zum Erfolg in Social Media. Wenn Ihr Content Ihre Abonnent:innen und Fans bei ihrer (positiven) Identität packt, werden diese ihn teilen. Einer der wichtigsten Elemente im Selbstbild sind die Tugenden und Werte, die wir uns als Person zuschreiben oder für die wir eintreten möchten. Wer möchte nicht edel, hilfreich und gut sein? Und dass man sich in Social-Media-Auftritten gut darstellt, hatten wir auch schon erwähnt.

Entsprechend schmücken Menschen z. B. ihr Profilbild mit Regenbogenfahnen für eine diverse Gesellschaft, oder mit „Wir lassen uns impfen"- Emblemen, wenn es gerade angesagt ist. Die Plattformen wie Facebook bieten – manchmal in Zusammenarbeiten mit Wohltätigkeitsorganisationen oder NGOs anlassbezogen entsprechende „Badges" an, die man sich an die Profilfotos heften kann. Bei X werden „Werte" oft in die „Biographie" (Profil) geschrieben oder gesetzt – auch hier reichen sie von der Regenbogenfahne über „vegan" bis hin zu kleinen Deutschlandfähnchen und blauen Herzen …

Diesen Drang der Menschen, ihre Werte zur Schau zu stellen und zu propagieren, können sich Redaktionen oder auch Einzelpersonen zunutze machen. Zitate und Sprüche, die die Werte der Zielgruppe ausdrücken, werden häufig geteilt. Umgekehrt: Wenn Sie häufiger etwas posten, was die Werte Ihrer Fans und Abonnenten nicht trifft, gefährden Sie nachhaltig den Erfolg. Leute werden ihr Abo kündigen, Sie entfolgen, und im worst case droht Ihnen ein Shitstorm von den eigenen Leuten.

TIPP: Wenn Sie nicht selbst Teil Ihrer Zielgruppe (d. h. der Zielgruppe Ihrer Medienmarke) sind – achten Sie besonders darauf, diese Werte zu treffen. Helfen kann dabei zum Beispiel eine Persona für Ihre Zielgruppe bzw. ein Blick in die Soziologie Ihrer Zielgruppe (siehe das Kapitel zur Strategieentwicklung).

▶   Von denen, die die jeweiligen Werte nicht mittragen, wird entsprechendes Virtue Signalling oft kritisiert, sodass der Begriff in der Wikipedia selbst als abwertend bezeichnet wird. Nun, das Phänomen existiert und ist wirkmächtig – und es gibt keinen besseren Begriff, deshalb wird er hier rein beschreibend (und nicht abwertend) gebraucht. Es sei jedem selbst überlassen, ob er das Werben für Tugenden als „Tugendprotzerei" (Wikipedia) kritisieren will, oder ob er das Werben für das Gute für gut hält. Ob man die Tugenden, für die man eintritt, auch selbst lebt, oder Wasser predigt und Wein trinkt, ist noch eine weitere Frage. Der Grat zwischen Frömmigkeit und Heuchelei war schon immer ein schmaler.

3.7   Rage-Bait – Wut als Reichweitentreiber

Social Media funktionierte immer ein wenig wie Boulevardjournalismus – nur
noch extremer. Auch in Social Media fällt am ehesten auf, wer am „lautesten
schreit", die schrillsten Aufreger produziert. Auf Social Media ist die Melange
aus Identitätsmanagement, dem damit verbundenen Virture Signalling und Algorithmen, die jede Interaktion belohnen, geradezu prädestiniert, Rage-Bait zu betreiben. Sprich: Aussagen, Personen, Vorgänge skandalisierend darzustellen, um
Leute zum Sich-mit-Empören zu animieren. Diese Mitempörten kommentieren,
teilen, greifen das Thema selbst auf. Es ist häufig der reißerischste „Dreh" einer
News, der am meisten Interaktionen bekommt: engagierte Zustimmung, wütende
Ablehnung.

Für Journalisten ist Rage-Bait als Methode ethisch zumindest fragwürdig.
Man muss sich aber dieser toxischen Mischung aus psychologischen und technischen Mechanismen bewusst sein. Denn Aktivismus und politischer Populis-
mus bedienen sich natürlich dieser Methoden, feuern die Empörung an, schü-
ren Angst und Wut – und erreichen genau dadurch sehr viele Menschen. Nicht
von ungefähr wird die vielbeschworene „Polarisierung der Gesellschaft" darauf zurückgeführt, dass die Algorithmen von Social Media dieses Verhalten
belohnen.

Wut macht Frust! Die viel beobachtete Nachrichten-Müdigkeit gilt übrigens
auch als eine Folge von Click-Bait und Rage-Bait und der damit verbundenen Zu-
spitzung von Überschriften und eines extremen Drehs von Nachrichten. Denn so
sehr sich die Menschen von Emotionen wie Angst und Wut reizen lassen – so sehr
strengt es sie auch an, sich den immer mehr polarisierenden Debatten in den Netzwerken auszusetzen. Der Reuters Digital News Report nimmt sich des Themas
immer wieder an und stellt eine zunehmende Nachrichtenmüdigkeit (News Fa-
tigue) und auch eine themenbezogene Nachrichtenvermeidung (News Avoidance)
fest (z. B. zu Themen wie Klimawandel oder Krieg). Aktuelle Infos dazu bekommen
Sie in den jeweils aktuellen Digital News Reports (https://www.digitalnewsreport.
org/) (Abb. 3.1).

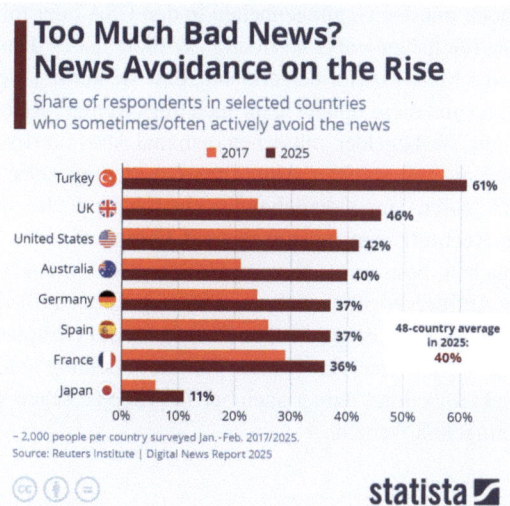

Abb. 3.1 Wachsende Nachrichtenvermeidung und Nachrichtenmüdigkeit sind Phänomene, die in den meisten westlichen Gesellschaften zu beobachten sind – auch in Deutschland. Die Vermutung liegt nahe, dass sie einhergeht mit dem Vertrauensverlust in die Medien und einem wachsenden Zuspruch für populistische Parteien. (Lizenz: CC-BY-ND. Quelle: Statista https://www.statista.com/chart/27632/prevalence-of-selective-news-avoidance/)

3.8   Achtung: Für uns sind es Drittplattformen!

Man kann als Medienhaus auch selbst eine Plattform anbieten, oder einen Mastodon-Server aufsetzen. Aber die wichtigen, das Internet und die Medien treibenden Sozialen Netzwerke sind Drittplattformen. Das heißt, Betreiber sind Dritte, die zwischen uns, den Journalisten und Redaktionen, und dem User/Leser/Hörer stehen. Diese Dritten, Facebook, Instagram, X, TikTok, YouTube, sind die Hausherren, sie bestimmen die Regeln.

Wir als Journalisten sind selbst nur Gast dort, unsere Medienmarken, für die wir ggf. arbeiten, maximal Partner. Und der Hausherr legt eigene Regeln fest, die AGBs des jeweiligen Netzwerks, die Algorithmen, die Sprachregelungen. Bleiben wir beim Thema Distribution: Da fliegt dann schon mal ein Gesundheitsvideo aus YouTube, weil dem Netzwerk nicht gefällt, dass in einem Bericht über Krebs eine blanke Brust bei der Untersuchung gezeigt wird, ein Facebook-Posting wird von der Plattform gelöscht, weil sich zu viele Facebook-Nutzer darüber beschweren, und ein Video über den Lehrberuf des Metzgers (Fleischers) wird von YouTube als „adult content" eingestuft – für über 18-jährige.

Das mag so noch mit den Gepflogenheiten in den USA oder mit Beschwerden von Nutzenden zu tun haben – aber so richtig „Willkür" ist es dann, wenn z. B. – wie geschehen – die Meta-Plattformen erklären, dass sie künftig weniger auf Politik und News setzen und diese Inhalte dann auch flugs weniger Reichweite bekommen. Schade um die Werbegelder, mit denen man mal Abos für den eigenen Kanal aufgebaut hat und die mit so einer Algorithmus-Änderung quasi entwertet sind (Stand Mitte 2025 laufen dann plötzlich politische Inhalte doch wieder...).

Auch leidige Rechtefragen müssen wir auf Drittplattformen bedenken. Die Plattformen brauchen bestimmte Nutzungsrechte. Doch manchmal hat unser Arbeitgeber oder Auftraggeber beispielsweise für zugekauftes Bild- und Videomaterial oder Musiken nicht die erforderlichen Rechte, sie auf Drittplattformen zu publizieren. Zudem wollen Interviewpartner für eine Zeitung oder eine seriöse Medienmarke nicht unbedingt immer auch bei YouTube zu sehen sein; es müssen Einwilligungen eingeholt werden.

Plattformen und Dienste

4

Zusammenfassung

Was sind die wichtigsten Plattformen für Social Media? Welche Zielgruppe erreichen Sie auf welcher Plattform? Welche Art von Content ist dort gefragt? Wie funktioniert der Algorithmus? Wie viel Content ist gefragt? Dieser Überblick soll Ihnen helfen, die richtige Plattform für Ihre Zielgruppe und Ihre Themen zu finden – und diese Plattform dann zielgruppengerecht und plattformgerecht zu bespielen.

Schlüsselwörter

Social Networks · Blog · Facebook · YouTube · Instagram · BeReal · Fediverse · Mastodon · Telegram · WhatsApp · TikTok · Snapchat · Pinterest · Newsletter · Broadcast-Gruppe

4.1 Blogs

Der Begriff „Blog" ist mittlerweile recht undifferenziert genutzt. Im Wesentlichen sind zwei Bedeutungen zu unterscheiden.

Für die einen ist ein Blog in erster Linie gekennzeichnet durch eine frei zugängliche Software oder Softwareplattform zum Publizieren von Inhalten. Ein Content-Management-System, mit dem jedermann ohne Programmierkenntnisse regel-

mäßig im Internet publizieren kann. Demzufolge wird fast alles, was mit beispielsweise der Software Wordpress oder auf der Plattform wordpress.com oder auf
vergleichbaren Plattformen (Blogger.com, medium) publiziert wird, als Blog bezeichnet.
Davon zu unterscheiden ist das Blog als publizistisches Produkt bzw. als
journalistisches Format. Denn nicht immer erfüllen die so publizierten Inhalte auch
die Kriterien für ein Blog im publizistischen, journalistischen Sinne. Ein Blog im
publizistischen Sinne ist vor allem gekennzeichnet durch:

- Mehr oder weniger regelmäßige Publikation neuer Inhalte
- Sortierung der Inhalte nach dem Logbuch-Schema: das Neueste oben
  (anders als bei einer klassischen Magazin-Agenda, wo inhaltliche Kriterien über die Reihenfolge entscheiden)

Alle Dienste, die nach diesem Timeline-Schema vorgehen, werden der Blog-
Familie zugerechnet. Der Begriff Blog ist auch eine Kurzform von [We]b-
Log[buch]. So spricht man von X oder Bluesky als einem „Mikroblog-System",
und wenn mehrmals täglich live von einem Ereignis berichtet wird, von einem
„Liveblog".
Weitere Kennzeichen, die oft mit Blogs verbunden werden, aber nicht zwingend
zur Definition gehören:

- Subjektivität. Der Blogger, die Bloggerin tritt als Person in Erscheinung,
  schreibt auch in der „Ich"-Form
- Kommentarfunktion
- Technische Auslesbarkeit/Abonnierbarkeit via RSS-Feeds
- Teilungsfunktionen mit Social-Sharing-Buttons
- Trackback-Funktion, die anzeigt, welche anderen Blogger auf diesen
  Blogeintrag Bezug nehmen
- Verbundenheit mit anderen Bloggern mit ähnlichen Themen bzw. der
  Blogger-Szene, sichtbar gemacht beispielsweise durch eine „Blogroll"
  (Liste befreundeter Blogger:innen auf der Blogstartseite)

Formate und Genres, die typischerweise als Blog umgesetzt werden, sind:

- Reise-, Koch-, Lese- etc.-Tagebuch
- Kolumne
- Rezension/Review mit persönlicher Note (viele Tech- und Gadget-Blogs)
- Blick hinter die Kulissen
- Berichterstattung über eigene Hobbys und Leidenschaften sowie Fachgebiete
- Persönliches literarisches oder politisches oder Hobby-, Reise-Tagebuch
- Watchblog (ständige Beobachtung eines gesellschaftlichen Phänomens, zum Beispiel „Bildblog", „Übermedien")
- Videoblog („Vlog"), wenn die „Logbucheinträge", das „Tagebuch", als Videos umgesetzt werden

Durch die tagebuchtypische Betonung des Ichs, des subjektiven Blicks eines Einzelnen, des Bloggers, hat das Blog den deutschen Journalismus nachhaltig verändert und bereichert. Die Blogger-Bewegung traf sich dabei – was die Ich-Erzählform angeht – mit Entwicklungen aus dem New Journalism bzw. dem Pop-Journalismus der 1980er-/1990er-Jahre und deren Ausläufern im Kolumnenwesen.

Insbesondere aber öffnet ein Blog Fachleuten, die keine journalistische Ausbildung haben und nicht Teil einer Redaktion sind, den direkten Weg zum interessierten Publikum. Kritiker wenden ein, dass nicht-journalistischen Blogs Verlässlichkeit bzw. die Objektivität des klassischen Journalismus fehle. Doch dem Verlust der (scheinbaren?) Objektivität steht ein Gewinn an Authentizität und (im Idealfall) Transparenz sowie Vielfalt gegenüber. Und was bloggende Expert:innen angeht, steht der Storytelling-Kompetenz von Medienleuten die fachliche Kompetenz der Blogger:innen gegenüber. Nutzende können selbst entscheiden, ob sie lieber die Messer-Rezension der Küchenbeilage einer Zeitung, die eines Messerschmieds oder die eines Hobbykochs rezipieren und ggf. bei ihrer Kaufentscheidung beachten möchten.

Welches Blog-System sollten Sie wählen? Wer ein auf lange Sicht angelegtes publizistisches Blog betreibt, sollte auf eigenen (oder online gemieteten) Servern sein eigenes Blogsystem hosten. Dann ist man unabhängig von Online-Diensten, die gelegentlich auch mal eingestellt/abgeschaltet/gelöscht/„zensiert" oder gehackt werden. Freilich – das Risiko von Hackern wird man dadurch nicht los. Man hat es nur selbst in der Hand. Wordpress ist seit Jahren als System bewährt. Die meisten Hosting-Dienste können einem ein Angebot machen, sein eigenes Wordpress-Blog zu betreiben.

Die Plattformen Wordpress.com oder Blogger.com (dahinter steckt alpha/Google) sind gewissermaßen ein Mittelweg: Man hat seine eigene Seite und alle möglichen Konfigurierungsmöglichkeiten. Wordpress.com ist flexibler, Blogger einfacher. Auf der anderen Seite: Falls Google oder Wordpress entscheiden, den Dienst einzustellen (und es wäre nicht der erste Dienst dieser Art), steht man blöd da, muss Daten sichern und sich eine neue Webpräsenz anderswo aufbauen.

Die Quick-and-gar-nicht-mal-so-dirty-Lösung ist ein Blog auf der Plattform Medium – gewissermaßen die Super-Simple-Lösung. Sie brauchen sich keine Gedanken um Design oder Individualisierung zu machen (da geht wenig); Sie können einfach loslegen, wenn Sie was zu sagen/schreiben haben. Gewissermaßen ein CMS für Leute, die nur gelegentlich etwas schreiben wollen. Medium ist damit die ideale Ergänzung zum Beispiel für einen LinkedIn oder X-Account. Die genannten Risiken (Pleite/Einstellung der Plattform, Hacks etc.) sollten natürlich dennoch bedacht werden, ebenso natürlich die Problematik der Datensicherheit und des Datenschutzes.

Liveblogs stellen eine Sonderform des Blogs dar: Eine Mischung aus Liveticker, Sachstandsmeldungen und embeddeten Social-Media-Input – mit etlichen Einträgen pro Tag. Mehr dazu im Kapitel über das Kuratieren.

4.2 Soziale Netzwerke

Es gibt eine Menge Grundfunktionen und Eigenschaften, die die meisten Sozialen Netzwerke gemeinsam haben.

- Man muss sich anmelden und ist damit Mitglied.
- Jedes Mitglied eines Sozialen Netzwerks hat ein Profil, das heißt eine persönliche Präsenz/Webseite dort.
- Auf den für Medien interessanten Netzwerken kann man Inhalte veröffentlichen (posten).
- Man folgt oder abonniert Creators, Influencerinnen oder Medienmarken (die Begriffe Abo oder Followerschaft werden hier synonym verwendet).
- Soziale Netzwerke präsentieren dem Nutzer Inhalte über einen Algorithmus, der entscheidet, was man beim Start des Netzwerks an Inhalten sieht.
- Die Sozialen Netzwerke haben eine Suchfunktion, die ebenfalls hilft, Reichweite für Content zu bekommen.
- Auf Sozialen Netzwerken kann man mit diesen Inhalten interagieren.

Entscheidend für die Reichweite von Content ist das, was man gleich nach dem Einloggen bzw. dem Start der entsprechenden App angezeigt bekommt, auf der Startseite, auch „For You-Page" genannt. Das ist der Startpunkt für die Mediennutzung. Ihr Ziel als Publizierender ist es, auf diese Startseiten von möglichst vielen Nutzenden zu kommen.

Für die Auswahl, die der Algorithmus trifft, gibt es je nach Plattform unterschiedliche Kriterien. Was man angezeigt bekommt, kann davon abhängen, a) was man abonniert hat (Abo-Modell/Followerschaft), b) was die Freunde auf der Plattform gerade nutzen (Social Graph), c) was man vorher angeschaut hat oder was Leute schauen, die dasselbe Nutzungsverhalten wie man selbst hat (Content Graph). Alle Plattformen berücksichtigen darüber hinaus noch die Interaktionen und die Nutzungsintensität (z. B. Sehdauer/Watchtime) von anderen mit Inhalten (Engagement Graph).

Die Interaktionsmöglichkeiten zu den Inhalten auf den Sozialen Netzwerken gleichen sich. Auch wenn nicht jedes Soziale Netzwerk jede der üblichen Interaktionsmöglichkeiten zulässt, sind das im Wesentlichen (Abb. 4.1):

- Liken und andere Reactions: Ich stimme dem Post zu, „mag ihn", oder drücke ein positives oder negatives Gefühl aus.
- Teilen/Reposten: Den Inhalt eines anderen (einer Seite) mit an meine Freunde/ Abonnenten weiterverbreiten
- Kommentieren: einen Kommentar abgeben

Die meisten Social-Media-Plattformen haben als weitere Features auch Funktionen zum Chatten, manche bieten Einkaufsmöglichkeiten oder Spiele. Hier interessieren uns vor allem die Publikationsfunktionen für Medienhäuser. Wobei auch die jeweilige Chatfunktion eine Rolle spielen kann, denn das Publikum kann Sie ggf. auch über diesen Messenger kontaktieren – so können Sie insbesondere Input erhalten, der nicht öffentlich sein soll, ohne dass Sie über den öffentlichen Teil der Plattform selbst sensible Daten oder E-Mail-Adressen austauschen müssen. Etliche Plattformen bieten über die Messenger auch eine Art Newsletter-Funktion an (s. unten).

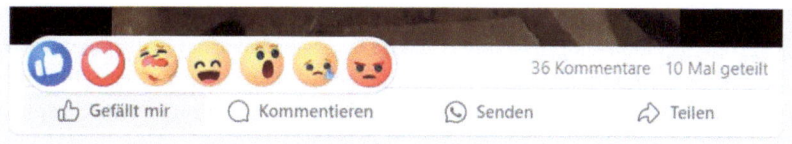

Abb. 4.1 Die Reactions (Interaktionsmöglichkeiten) auf Facebook. (Quelle: Screenshot)

Bei den Contenttypen gibt es Unterschiede: So werden Sie auf TikTok und YouTube (Ausnahme Community-Tab) kaum Fotos veröffentlichen – während auf Instagram, Facebook und X sowohl Fotos, Videos als auch Text gelernt sind. Ebenso unterschiedlich sind die Mechanismen, wie die Inhalte ausgespielt werden, die Algorithmen, die die Distribution steuern.

Im Folgenden wird kurz auf diese Besonderheiten der einzelnen Plattformen eingegangen: Welche Content-Typen und Inhalte dort besonders gut funktionieren, wie der Algorithmus funktioniert, welche Zielgruppen erreicht werden können, wie oft man etwas veröffentlichen sollte usw. Beachten Sie aber: Die Plattformen verändern sich ständig, deshalb sollte jemand die Netzwerke, die er/sie professionell betreut, auch persönlich nutzen. Denn diese persönliche Nutzungserfahrung auf einer Plattform ist wichtig – schon um ein Gefühl dafür zu bekommen, was dort wie gut funktioniert. Man würde auch niemanden für ein klassisches Medium – etwa eine Zeitung – arbeiten lassen, der Zeitungen hasst und niemals lesen wollte.

Achten Sie auf blaue Häkchen, die „Biographie" und ein Impressum. Die meisten Sozialen Netzwerke zeigen durch das Verifizierungskennzeichen „blaues Häkchen" an, dass es sich beim Betreiber einer Seite, eines Accounts, um den „echten" Absender handelt. Das ist wichtig, um Identitätsdiebstahl zu unterbinden, der Ihrer Marke schaden kann. Kümmern Sie sich daher darum, dass Ihre Seiten einen blauen Haken erhalten.

Jeder Account/Absender in den Sozialen Netzwerken hat außerdem einen Bereich mit Daten zum Absender. Bei Facebook ist das der Info-Bereich, bei X oder Instagram heißt dieser Bereich Biografie oder einfach Bio. Hier sollten Sie wichtige Infos zu Ihrem Account – das „Produktversprechen" – und auch immer einen Link auf Ihre Webseite hinterlegen – damit kommen Sie auch Ihrer Impressumspflicht nach und ermöglichen Nutzenden ggf. die Kontaktaufnahme zu Ihrer Redaktion auf einem Weg jenseits der Plattform.

Die meisten Social Networks sind nicht aktuell und Posts erreichen noch nach Tagen oder Wochen Nutzende. Posts, die vorhersehbar obsolet werden (zum Beispiel Ankündigungen, Vorberichte), sollten Sie deshalb mit einem Ablaufdatum versehen, damit sie dann automatisch „verschwinden" (auch wenn das Post-Datum natürlich von der Plattform mitgeliefert wird). Anders ist es bei Microblogging-Diensten wie X oder Bluesky, wo Aktualität tatsächlich entscheidend ist und alte Posts keine Rolle bei der Nutzung spielen.

Setzen Sie einen Call to Action (CTA)! Die Algorithmen der Plattformen unterscheiden sich geringfügig – aber fast alle belohnen Interaktionen. Deshalb sollten Sie in Ihre Posts regelmäßig einen Call to Action setzen, also zum Beispiel explizit zum Liken, Kommentieren, Abonnieren, Teilen, Reagieren auffordern. Ein CTA erhöht die Wahrscheinlichkeit, dass jemand dann mit dem Post interagiert, tatsächlich signifikant! Am besten machen Sie das mit einer sinnvollen Frage – spezifischer als das übliche „Was haltet ihr davon – schreibt es uns in die Kommentare!"…

Erwähnen und Markieren – in Posts und Kommentaren! Nahezu alle Netzwerke bieten auch eine sogenannte Markieren-Funktion. Dabei wird eine Person oder ein anderer Account so in einen Kommentar oder Posts gesetzt, dass ein Link auf dessen Profil bzw. Seite entsteht, der von anderen User:innen geklickt werden kann (technisch wird dabei meist das @-Zeichen vor einen Profilnamen gesetzt, damit wird dieser anklickbar). Gleichzeitig erhält die Person, die markiert (man sagt auch: „vertaggt") wurde, eine Benachrichtigung. Nutzende „taggen" deshalb auch z. B. Bekannte in den Kommentarspalten, um diese damit auf einen Beitrag aufmerksam zu machen. Sie können die Funktion auch selbst nutzen, um Ihrerseits auf befreundete Accounts aufmerksam zu machen – und damit diesen Reichweite verschaffen. Verabredete gegenseitige Markierungen von Seiten und Profilen sind häufig Bestandteil von Kooperationen und Werbedeals.

Hashtags haben sich auf nahezu allen Plattformen eingebürgert – #Schlagworte mit vorangestellter „#Raute". Sie haben verschiedene Funktionen: Sie verschlagworten den Post und helfen dem Algorithmus, den Inhalt zu erkennen und zu Distribuieren. Ebenso ist es ein Stück Suchmaschinen-Optimierung. Und Hashtags generieren meist einen Link auf weiteren Content, der mit diesem Hashtag ausgezeichnet ist. Typische Hashtags sind bei Fotos Orts- und Regionen-Namen (oft gekürzt, etwa #muc für München), allgemeine Trends wie #veganuary oder Nachrichtenthemen wie #btw (Bundestagswahl). Trend-Hashtags können signifikant helfen, ihrem Content Reichweite zu verschaffen, weil auch die Algorithmen diese auswerten und für die Verbreitung nutzen.

Die Hashtags werden in der Regel an das Ende des Post-Texts oder einer Bildbeschreibung angehängt, manchmal aber auch als Wort im Text benutzt. Ein typischer Hashtag für Fotografen ist auch #nofilter – um zu zeigen, dass ein Foto ohne Bildbearbeitung zustande gekommen ist. Recherchieren Sie, welche Hashtags andere Accounts nutzen und orientieren Sie sich an der Form, die jeweils auf der Plattform üblich ist.

Plattformen altern mit Ihren Nutzenden. In den folgenden Kapiteln über die Plattformen werden auch Zahlen zur Altersstruktur der Nutzenden genannt. Diese stammen aus unterschiedlichen Quellen (sind daher nicht ganz konsistent), sind aber marktgängig und für das Jahr 2025 aktuell. Diese Struktur wird sich nicht plötzlich grundsätzlich ändern. Allenfalls „altern" die Plattformen mit ihrem Publikum – Jahr für Jahr. Und TikTok, das noch in der Wachstumsphase ist, wird nach und nach auch bei den Älteren immer beliebter, wird also im Schnitt noch schneller altern, weil neue Alte dazukommen (aber bis auf Weiteres dennoch die jüngste der großen Plattformen bleiben).

Achtung, Musik-Einsatz bietet sich bei allen Video- oder Story-Formaten an. Kann sogar entscheidend für den Erfolg sein. Allerdings sind die von den Plattformen angebotenen Musikbibliotheken oft nicht für kommerzielle oder Business-Accounts nutzbar. Im schlimmsten Fall – bei Urheberrechtsverstößen – drohen Abmahnungen mit saftigen Gebühren im vierstelligen Bereich für ein paar Sekunden. Beachten Sie also die Nutzungsbedingungen der von den Plattformbetreibern angebotenen Musiken für Ihren spezifischen Anwendungsfall.

Untertitel sind wichtig für die Reichweite. Videos in Social Media werden überwiegend mit dem Smartphone geschaut – auf allen Plattformen, und zwar nicht immer mit einem Kopfhörer. Deshalb werden Social-Videos untertitelt. Häufig bereits als Grafik-„Bauchbinde" im Video, oder aber – einfacher – als generische Untertitel, die hinzugeschaltet werden können. Diese Untertitel helfen auch, dass Ihre Inhalte via Plattform-Suche gefunden werden und dass der Algorithmus den Inhalt besser zuordnen (und ausspielen) kann. Und Barrierefreiheit ist natürlich auch ein Thema.

Die Social-Video-Kurve sollten Sie ebenfalls kennen. Sie zeigt die Nutzung eines Videos über den Zeitverlauf. Sie beginnt mit 100 % (denn alle starten mit der 1. Sekunde) und fällt schon in den ersten ein, zwei Sekunden rapide ab. Das ist der Grund, warum Sie jedem einzelnen sofort mit Start Ihres Videos beweisen müssen, dass das Video des Sehens wert ist. Auf Social-Media-Plattformen herrscht kein Mangel an Video-Alternativen. Alles Mediokre, Langatmige, Langweilige wird sofort gemieden.

Wer 30 Sekunden bei einem Video (z. B. auf YouTube) durchhält, bleibt meist auch länger, er/sie hat dem Video eine Chance gegeben. Jetzt kommt es darauf an, die Spannung zu halten. Jede Länge, jede Redundanz vertreibt das Publikum. Denken Sie dran, wenn Sie Infografiken, Texte etc. im Video zeigen: Die müssen nicht so lange stehen wie im TV, man kann Online-Videos anhalten! Umgekehrt: Sie brauchen nicht unbedingt Sprecher:innen, Sie können Texte einblenden. Und: Zeigen Sie statt „Laber-Szenen" mit Expertinnen und Betroffenen lieber visuell interessante Bilder, die Sie über die O-Töne legen.

Nutzen Sie jedenfalls diese „Sofa-Kurven" Ihrer Videos, um Ausstiegspunkte des Publikums als Schwächen zu identifizieren, darin Muster zu erkennen und die Dramaturgie Ihres Videoformats zu optimieren (Abb. 4.2).

Plattformen verändern sich fortlaufend – und zwar sowohl was die Mechanismen ihrer Distribution angeht als auch die Features und Content-Typen oder etwa bevorzugte Bildformate. Deshalb bleiben die untenstehenden Angaben zu den Plattformen eher im Allgemeinen. Wenn Sie eine konkrete Formatentwicklung für ein Sozialen Netzwerk angehen, ist es deshalb sinnvoll, vorher nochmal abzuchecken, was die genauen Bedingungen zu dem Zeitpunkt auf der Plattform sind. Googlen

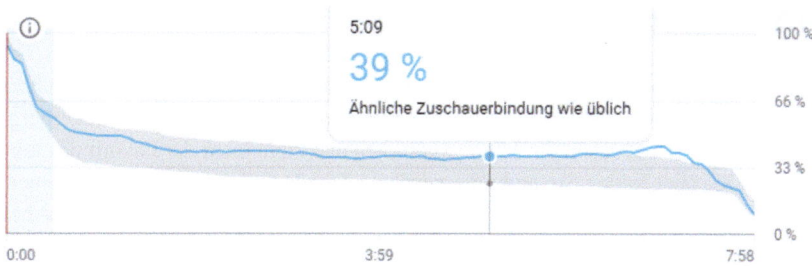

Abb. 4.2 Typischer Verlauf der Nutzung eines Videos. Die ersten Sekunden sind entscheidend, da springen die meisten ab. Bei diesem Video war nach einer halben Minute nur noch gut die Hälfte des Publikums dabei; rund 40 % blieben bis fast zum Schluss dabei. Stufen in der Kurve zeigen Ihnen in der Analyse, an welchen Stellen sich die Leute verabschiedeten („Berge" in der Kurve kennzeichnen Stellen, wo zurückgespult wurde). (Quelle: Screenshot aus YouTube Analytics)

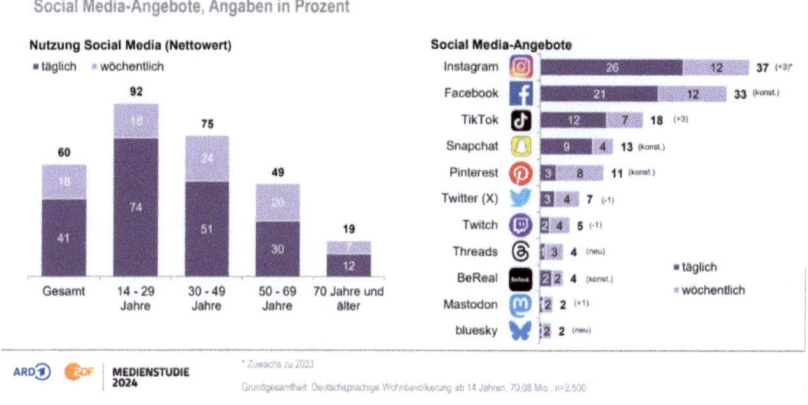

Abb. 4.3 Die wichtigsten Sozialen Netzwerke in Deutschland nach Nutzung im Jahr 2024. Pinterest und Snapchat sind zwar mehr genutzt als X, aber spielen im journalistischen Kontext eine geringere Rolle. X „schrumpft", TikTok wächst. Zu YouTube siehe unten. Aktuelle Zahlen können Sie jedes Jahr im Herbst der ARD/ZDF-Medienstudie entnehmen. (Quelle: https://www.ard-zdf-medienstudie.de)

Sie beispielsweise „Instagram Reels erstellen" und schauen Sie dann in die Hilfebereiche der jeweiligen Plattform. Diese sind mittlerweile gut gepflegt und sagen Ihnen genau, wie lange ein Reel sein darf/soll, wie Sie Entwürfe in der App speichern können, oder was genau die bevorzugten Bildmaße sind etc. (Abb. 4.3).

4.3   Facebook

Facebook ist so etwas wie die Mutter aller Social Networks. Die Plattform gehört wie Instagram und WhatsApp zum Meta-Konzern von Gründer Mark Zuckerberg. Die Plattform ist etwas in die Jahre gekommen und nicht mehr der Favorit der Jungen bis 35. Hier finden Sie nicht die neuesten Trends und die angesagten Memes, und Facebook ist auch nicht das Haupt-Biotop von hippen Influencer:innen. Aber es ist immer noch ein bedeutendes Soziale Netzwerk – auch für Medien. Es hat vielleicht den umfangreichsten Funktionsumfang. Und insbesondere ist Facebook ein Dienst, auf dem sich gut Links auf Artikel von Webseiten posten lassen – das geht bei Instagram nicht.

Seite vs. Profil: Auf Facebook unterscheidet sich die Präsenz einer Firma/Marke grundsätzlich von der einer Person. Sie haben dort als Redaktion eine „Seite", kein „Profil". Anders als Personen können sich Seiten zum Beispiel nicht mit anderen Facebook-Nutzenden „befreunden" oder Gruppen beitreten. Als Medienhaus sind sie in der Regel als „Seite" unterwegs – brauchen aber als Social-Media-Redakteur:in (Administrator) zusätzlich aus technischen Gründen ein persönliches Profil, um diese Seite zu betreuen. Außerdem gibt es auf Facebook noch andere Formen der Präsenz, zum Beispiel als „Person des öffentlichen Lebens"; das kann für prominente Medienfiguren interessant sein.

Die Zielgruppe: 2025 hatte Facebook weltweit rund drei Milliarden monatlich aktive Nutzer, zwei Milliarden nutzten die Plattform täglich. In Deutschland lag die Zahl der monatlich aktiven Nutzer bei rund 30 Mio., die tägliche Nutzung laut ARD/ZDF-Medienstudie bei rund 15 Mio. Facebook eignet sich vor allem, wenn Sie Menschen über 35 Jahre ansprechen wollen; die Geschlechterverteilung ist dabei recht ausgewogen – mit etwas mehr Frauen als aktive Nutzer:innen als Männer.

Facebook-Gruppen sind eine Besonderheit auf der Plattform: Geschlossene oder teilgeschlossene Gemeinschaften, innerhalb derer man sich über beliebige Themen, Hobbys, Orte zusammenfinden, austauschen und diskutieren kann. Die Mitglieder einer Gruppe müssen nicht auf Facebook „befreundet" sein – es verbindet sie allein das von der Gruppe geteilte Interesse. Die Themenpalette reicht dabei von Kochen über Sportarten bis hin zu regionalen Fotogruppen. Gruppen können auch für Medien interessant sein; sie sind weniger anfällig für Hass und Hetze – das gemeinsame Interesse wirkt harmonisierend. Und außerdem haben Trolle, die sich kurzfristig verabreden, um ein Thema zu kapern, zu Gruppen keinen Zutritt. Andererseits zeichnen sich Facebook-Gruppen häufig durch hohe Interaktivität (Engagement) und intensive, konstruktive Diskussionen und eine starke Nutzerbindung aus.

Feed-Posts sind auf Facebook gewissermaßen der „Normalfall". Es gibt sie in vier Versionen: Als reine Text-Posts, als ggf. bildstarke Link-Posts, als Bild-Post – wobei das Bild/die Grafik auch Text enthalten kann – und als Videopost. Textposts werden vom Algorithmus nicht gut ausgespielt. Wenn Sie wollen, dass Text gesehen wird, sollten Sie ihn auf eine Bilddatei bringen – und z. B. als Zitatkachel/Texttafel/Newstafel posten!

Plakativität ist das A und O eines guten Bildposts. Texten Sie ihre Bildposts nicht zu voll, kombinieren Sie am besten ein gutes Foto dazu. Und wählen Sie mindestens ein Quadrat- oder besser das Hochformat, dann nimmt der Bildpost auf dem hochkant gehaltenen Smartphone auch maximalen Platz (= Sichtbarkeit) ein. Eine passende Bildbeschreibung kann den nötigen Kontext, Quellenangaben und einen Call to Action enthalten.

Querformatige Videobeiträge auf Facebook sollten entsprechend der Nutzungssituation eine Länge von eher unter fünf Minuten haben. Wie bei allen Social-Media-Videos gilt: Die „Hook", die ersten Sekunden, sind entscheidend. Kommen Sie sofort zum Punkt, die packendsten Momente/Szenen ganz an den Anfang, in die ersten Sekunden – sonst ist das Publikum weg!

Es können auch mehrere Bilddateien als Galerien/Karussells zusammen gepostet werden. Das kann man dramaturgisch nutzen, und damit journalistische Geschichten nach Art einer Slideshow erzählen.

Reels heißen auf Facebook und Instagram die „vertical Videos", die ähnlich wie die Toks auf TikTok oder die Shorts auf YouTube funktionieren. Bis zu 90 Sekunden Reels lässt die Plattform zu. Reels werden anders als Feedposts ausgespielt und erreichen häufig auch Menschen, die Ihre Seite noch nicht kennen. Insofern sind „Verticals" ein wichtiges Instrument zur Vergrößerung Ihrer Reichweite.

Stories sind hochformatige Bild-Video-Text-Kombinationen, die zu einer Art Slideshow zusammengebaut werden und mit Musik/Ton unterlegt werden können. Sie haben den Nachteil relativ geringer Reichweitenchancen, weil sie nicht prominent im Feed der Abonnenten auftauchen und deshalb meist nur von der engeren Community gesehen werden. Sie eignen sich deshalb eher, um persönliche Geschichten und echten Fan-/Community-Content zu erzählen, z. B. um Einblicke hinter die Kulissen zu ermöglichen. Stories haben außerdem ein „Verfallsdatum", das heißt, sie sind nach einer bestimmten Frist (meist 24 h) nicht mehr für das Publikum sichtbar, wenn man das nicht aktiv verhindert (Highlighting).

Livestreams: Facebook ermöglicht wie YouTube oder X auch Livestreams. Sie können mehrere Stunden dauern und werden hinterher auf der Plattform auch gesichert. Livestreams werden vom Publikum in Echtzeit kommentiert. Bei großen Events oder Breaking-News-Situationen mit vielen Zuschauenden können da im Sekundentakt Kommentare einlaufen – das erfordert hohen Aufwand im Community-

Management. Andererseits sind Livestreams auch ein gutes Kommunikationstool, um mit der Community in Austausch zu treten – beispielsweise mit einem Ask me Anything-Format (s. Kapitel über die Formate und Contenttypen).

Mengengerüst für Facebook: Die Menge der Postings ist nach oben nicht begrenzt. Wenn Sie – beispielsweise als Nachrichtenredaktion – 30 und mehr gute Posts pro Tag haben: halten Sie sich nicht zurück. Facebook wählt ja aus und zeigt den Leuten ohnehin nur einen Bruchteil an. Aber es sollten gute Posts sein. Und sie sollten zeitlich gut verteilt sein, auch auf die Randzeiten nach Feierabend!

Umgekehrt sollten Sie mindestens einen Post täglich absetzen – und auf einen guten Content-Mix achten: Also Bild-Posts und Reels im Mix, ergänzt von Linkposts auf Ihre Web- und App-Angebote.

Wenn Sie auch einen Instagram-Account betreiben, bietet es sich oft an, denselben Content auf beiden Meta-Plattformen zu veröffentlichen. Das schadet in der Regel nicht. Meta hat für diese Form des Crosspostings sogar technische Automatismen vorgesehen. In der Praxis wird es meist so sein, dass Sie Content für Instagram konzipieren und produzieren, und dann eine Auswahl auch auf Facebook posten (vielleicht nicht alles – schließlich ist die Zielgruppe älter). Dann mixen Sie auf Facebook noch Linkposts dazu aus Ihrer Webseite – und so haben Sie mit geringen Content-Kosten neben einem Instagram-Account auch noch eine gut funktionierende Facebook-Seite in Betrieb.

Reichweite durch Kooperationen. Facebook bietet schon durch die „Teilen"-Möglichkeit vielseitige Kooperationsmöglichkeiten. Daneben gibt es „Collabs" und Co-Autorenschaften/Crossposts. In dem Fall wird ein identischer Post von zwei Absendern gleichzeitig gepostet. Man schafft gewissermaßen eine doppelte Reichweite für einen Post und macht gegenseitig die eigenen Leute auf den jeweiligen Partner aufmerksam! Wenn Sie solche Formen der Kooperation eingehen, ist es gut, sich schon im Vorfeld über das Community-Management zu verständigen, damit dann unter dem gemeinsamen Post konsistent moderiert wird.

Dank „Social Graph" ist Facebook auch brauchbar für regionale oder lokale Informationen – anders als YouTube, TikTok oder X. Das hat mit dem Algorithmus zu tun, der neben den allgemeinen Signalen (Interaktivität, Nutzungsdauer) eben auch die Nutzungssignale aus dem Sozialen Umfeld, dem Social Graph (Facebook-Freunde) auswertet und für den außerdem auch das Abonnement eine größere Rolle spielt. Bei den anderen Plattformen werden Inhalte mit „nur" regionalem Interesse eher abgestraft und mit wenig Reichweite versehen.

Das Community-Management kann auf Facebook sehr anstrengend werden. Da die Beiträge leicht geteilt werden können und damit neue Personenkreise mit den Inhalten erreicht werden, kommt es sehr leicht zum „Filter-Clash". Das heißt, plötzlich kommentieren Leute mit einem völlig anderen Background unter dem eigenen Beitrag, die gar nicht zur eigentlichen Community gehören. Hier vegane

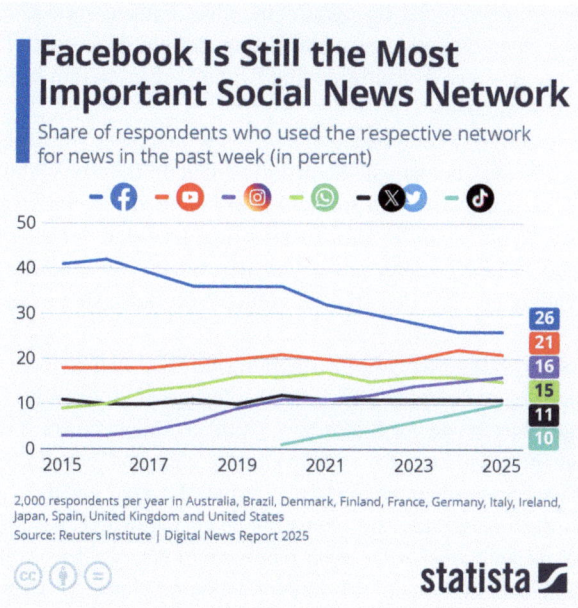

Abb. 4.4 Der internationale Trend des Reuters Digital News Report ist klar: Die Plattformen TikTok, Instagram und YouTube wachsen tendenziell in ihrer Bedeutung für News und Facebook schrumpft. Dennoch ist Facebook laut dieser Statistik – noch – die wichtigste Nachrichtenquelle unter den Social Networks – und also nicht zu vernachlässigen! (Lizenz: CC BY-ND. Quelle: Statista, https://www.statista.com/chart/34738/respondents-who-used-social-media-networks-for-news/)

Community – dort Beef-Buddies .... Dieses Zusammenprallen von unterschiedlichen Milieus/Lebensstilen wird im Community-Management dann zur Herausforderung (Abb. 4.4).

4.4 Instagram

Instagram gehört wie Facebook zum Meta-Konzern, wird aber insgesamt stärker von jüngeren Zielgruppen unter 35 genutzt. Die App/Plattform ist noch viel stärker an die Smartphone-Nutzung angepasst und weniger gut via Desktop zu bedienen. Instagram ist aufgeräumter, Design und Ästhetik von Bildern und Videos spielen eine wichtige Rolle. Man stellt sich hier in der Regel schicker dar als auf Facebook, eher Hochglanz als Boulevard. Linkposts sind nicht möglich.

Für Influencer:innen bietet Instagram eine gute, lohnenswerte Umgebung mit verhältnismäßig guten Einkommensmöglichkeiten: Reisen, Kosmetik, Mode, Möbel, gesunde Ernährung – das „konsumfreudige Klima" auf Instagram begünstigt Werbung und Online-Shopping.

Die Zielgruppe. 2025 hatte Instagram weltweit rund zwei Milliarden monatlich aktive Nutzer, 500 Mio. nutzten die Plattform täglich. In Deutschland liegt die Zahl der monatlich aktiven Nutzer bei rund 40 Mio., die tägliche Nutzung laut ARD/ZDF-Onlinestudie bei rund 18 Mio. Instagram eignet sich vor allem, wenn Sie Menschen unter 35 Jahre ansprechen wollen; der Anteil der weiblichen Nutzung ist dabei signifikant höher; von den 18 Mio. täglich Nutzenden sind mehr als 10 Mio. weiblich.

Bild-Posts als „Klassiker". Auf Instagram sind zwar auch längere Video-Posts möglich – doch die große Video-Offensive von Instagram ist verpufft. Der „Klassiker" im Feed sind nach wie vor Bilder bzw. Grafiken – nicht umsonst ist Instagram auch eine beliebte Plattform für (Hobby-)Fotografen und Foto-Influencerinnen. Reine Text-Posts finden hier nicht statt – deshalb ist man geradezu gezwungen, textliche Informationen, Zitate etc. als Grafik zu gestalten und zu posten.

Wohl auch deshalb spielen Galerien (Karussells) eine größere Rolle. In einem Karussell kann man mit mehreren hintereinandergeschalteten Text-Bild-Tafeln auch Geschichten erzählen, die nicht auf ein Bild passen.

Plakativität ist auch auf Instagram das A und O eines guten Bildposts, wie auf Facebook, doch ist gute Gestaltung auch im ästhetischen Sinne wichtig. Instagram ist nicht die Plattform des „quick & dirty". Beachten Sie unbedingt die Formatvorgaben der Plattform (5:4 hochkant), sonst werden Ihre Bilder bzw. Grafiken in manchen Ansichten beschnitten oder mit Rahmen angezeigt – was gar nicht gut aussieht…

Stories bei Instagram funktionieren genauso wie bei Facebook: hochformatige Bild-Video-Text-Kombinationen, die zu einer Art Slideshow zusammengebaut werden und mit Musik/Ton unterlegt werden können (s. Kapitel zu Facebook). Die „Slides" spielen sich dann automatisch in einer Show ab. Allerdings sind sie auch auf Instagram keine Reichweitentreiber und erreichen in erster Linie die schon vorhandene Community. Außerdem haben Stories eine Ablaufzeit, nach der sie nicht mehr angezeigt werden, wenn man das nicht aktiv verhindert (Highlighting) – auch das beschränkt ihre Verwendung im Journalismus.

Reels (hochformatige Kurzvideos) spielen auf Instagram noch eine viel größere Rolle als auf Facebook. Das hat mit der jüngeren Zielgruppe zu tun, die sich teilweise auch mit der von TikTok überschneidet – wo Vertical das Hauptformat und gelernt ist. Dramaturgisch gilt dasselbe wie bei Facebook (starker, sofortiger Einstieg und gutes Storytelling wichtig), auch die Längenempfehlungen sind dieselben (bis zu 90 s).

Auch Instagram ermöglicht Livestreams, sie spielen für journalistische Inhalte aber nicht dieselbe wichtige Rolle wie auf YouTube oder vielleicht auch Facebook. Allerdings sind sie wie bei Facebook eine gute Möglichkeit für den Austausch mit der Community. Eine interessante Funktion sind die Co-Streams mit anderen Accounts; man kann sich also zusammentun und die gemeinsame Reichweite nutzen. Auch hier gilt natürlich: Community-Management in Echtzeit ist enorm wichtig und aufwändig.

Der Algorithmus auf Instagram funktioniert je nach Inhalt anders: Für die Ausspielung der Reels wird überwiegend das frühere Nutzungsverhalten ausgewertet (Content Graph). Man sieht also ähnliche Inhalte wie diejenigen, die man zuletzt gesehen hatte (oder wie Leute mit ähnlichem Nutzungsverhalten). Für die anderen Contenttypen spielen auch Signale wie Abonnements/Followerschaft, die Interaktionsrate (Engagement) oder der Social Graph eine Rolle. Deshalb sollten Instagram-Kanäle auch ein klares Profil haben, um mit einer guten Zielgruppenansprache auch Follower und damit eine dauerhafte, nachhaltige Reichweite zu generieren. Außerdem dauert es naturgemäß seine Zeit, bis man eine relevante Followerschaft aufgebaut hat (rechnen Sie mit einem halben bis ganzen Jahr, ehe der Kanal so richtig funktioniert und in einen mittleren fünfstelligen Follower-Bereich aufsteigen kann).

Mengengerüst für Instagram. Auch ein Instagram-Account erfordert regelmäßige Bespielung: um eine Community aufzubauen und auch, weil der Algorithmus regelmäßiges Posten mit Reichweite belohnt. Drei Posts pro Woche sollten es mindestens sein, es können aber auch mehr, vielleicht bis zu drei Bildposts am Tag sein. Die Anforderungen an die Qualität (Storytelling und Design) sind höher als bei Facebook; schlecht laufende Posts zieht auch die Reichweite der nachfolgenden in Mitleidenschaft. Also lieber drei gute als fünf mittelmäßige Posts pro Woche. Mischen Sie – wenn möglich – regelmäßig Reels dazu, um Ihre Reichweiten zu steigern.

Reine Reels-Accounts können auch gut funktionieren. Manchmal entstehen sie auch als Zweitverwertungskanal für vertical Videos, die zunächst für TikTok konzipiert wurden (auch wenn die Plattformen nicht wirklich gleich ticken). Reels-Kanäle sollten – Faustregel – mindestens zweimal wöchentlich publizieren.

Instagram-Posts eignen sich hervorragend zur Zweitverwertung in Facebook (s. oben). Umgekehrt für Facebook konzipierte Inhalte auf Instagram zweitzuverwerten, ist eher der falsche Weg, denn Instagram ist hinsichtlich der Qualitätsstandards und der Zielgruppe anspruchsvoller. Wenn Sie also bisher eine Facebook-Seite hatten und nun zusätzlich auf Instagram gehen, gehen Sie für ein gemeinsames Content-Konzept von Instagram als „Erstplattform" aus.

Das Klima in den Kommentaren auf Instagram ist häufig harmonischer als auf Facebook, X oder YouTube, denn hier kommt es seltener zum „Filter-Clash";

es finden sich eher Gleichgesinnte in den Kommentarspalten zusammen. Allerdings diskutiert die eigene Community dann umso intensiver in den Kommentaren. Und sie erwartet auch von Medienschaffenden eine aktive Kommentarkultur, wie sie sie von Influencer:innen gewohnt ist. Wichtiger als auf anderen Plattformen ist auch die Messengerfunktion (Direct Messages) – auch Fragen und Antworten, die über diesen Weg an die Redaktion kommen, wollen sorgfältig beantwortet werden und benötigen Ressourcen.

Reichweite durch Kooperationen. „Collabs" und Co-Autorenschaften/Co-Posts mit anderen Accounts bieten sich für Instagram an und sind auch vom Publikum „gelernt". Wie bei Facebook wird dabei ein identischer Post von zwei Absendern gleichzeitig gepostet. Der Hinweis auf das (gemeinsame?) Community-Management ist natürlich auch auf Instagram wichtig. Sehr typisch ist Reichweitensteigerung durch das gegenseitige Vertaggen. Besonders prominent kann das auch in Stories geschehen, wo man vor allem das Stammpublikum auf einen anderen Kanal aufmerksam machen kann.

Threads ist eine Social-Media-Plattform-App, die ebenfalls von Meta gestartet wurde. Im Grunde handelt es sich dabei um eine Art Twitter/X-Clon, einen im wesentlichen textbasierten Kurznachrichtendienst (Fotos und Videos sind auch möglich) mit Fokus auf Echtzeit-Distribution und Echtzeit-Kommunikation. Zu den einzelnen X-Alternativen mehr weiter unten. Im Kontext mit Instagram ist von Belang, dass Threads auch in der Instagram-App ausgespielt werden und beide Dienste auf diese Art und Weise „interagieren", Threads also Reichweite durch Instagram gewinnt.

Will man Links aus Instagram auf die eigene Webseite oder ein anderes beliebiges Ziel setzen, funktioniert das nicht innerhalb der Posts, sondern nur über den Umweg, den Link in die Biografie (den Info-Bereich des Accounts) zu setzen. Dann weist man im Post darauf hin, dass in der „Bio" ein Link mit z. B. wichtigen Infos sei. Das ist nicht ideal, aber eine viel praktizierte Notlösung.

4.5   TikTok

TikTok ist eine Kurzvideo-Plattform, die von der chinesischen Firma ByteDance betrieben wird. Hauptsächlich konsumiert man auf TikTok vertikale Kurzvideos bis ca. 1 min (auch wenn längere Videos möglich sind). Einige typische Inhalte wie Tänze oder Lip-Sync-Videos (s. Glossar) künden noch von den Ursprüngen der Plattform, die vor der Übernahme durch ByteDance im Jahr 2018 Musical.ly hieß. Die Plattform macht es einem einfach, Videos mit Musik, Effekten und Filtern zu bearbeiten. Besonders prägend sind Memes, Remix-Kultur und schnelle Trends.

Der Algorithmus für die For-You-Page funktioniert fast ausschließlich nach dem Content-Graph-System. Mit dem Fokus auf vertical Video und diesem Distributions-Algorithmus war TikTok so erfolgreich, dass auch andere Plattformen beides mehr oder weniger kopiert/adaptiert haben.

Die Zielgruppe. Die Plattform wächst noch stark und ist besonders geeignet, wenn man sehr junge Zielgruppen ansprechen will (unter 25). 2025 hatte TikTok weltweit rund 1,6 Mrd. monatlich aktive Nutzer – die Zahlen werden erreicht, obwohl TikTok z. B. im bevölkerungsreichen Indien (und einigen anderen Ländern) verboten ist. In Deutschland liegt die tägliche Nutzung laut ARD/ZDF-Medienstudie bei rund 8,5 Mio. Menschen und nahezu ausgeglichenem Geschlechterverhältnis (etwas mehr weibliche Nutzung). Mehr als die Hälfte der Menschen, die TikTok täglich nutzen, sind unter 20 Jahre alt.

(Tik)Toks (hochformatige Kurzvideos) bilden den wesentlichen Content auf TikTok. Für den Journalismus sind nicht nur die oben schon erwähnten Challenges als Genre interessant, sondern auch Formate wie Edutoks (Videos, die einen „Bildungsinhalt" abbilden) oder Booktoks (Buchbesprechungen). Es haben sich etliche weitere Formate mit eigenständigem Storytelling entwickelt. Nehmen Sie sich andere TikToker:innen zum Vorbild, wenn Sie Formate entwickeln, beachten Sie die Ästhetik und Sprache, die auf der Plattform üblich sind – ohne sich anzubiedern. Nichts ist peinlicher als unpassend verwendete Jugendsprache und angemaßte Jugendkultur. Ansonsten gelten für sie natürlich dieselben dramaturgischen Regeln: der schnelle Blickfang, der packende Einstieg sind entscheidend für den Erfolg.

Galerien, Stories und Livestreams sind auf TikTok ebenfalls möglich. Gleiches gilt für **lange Videos**. Galerien können auch mit Musik unterlegt werden – überhaupt hat hier TikTok Funktionen implementiert, die ziemlich genauso auch bei Instagram existieren. Im Großen und Ganzen können Sie auch genauso genutzt werden. Was längere Videos angeht, so könnte TikTok versuchen, sich zu einer YouTube-Konkurrenz auf diesem Feld zu entwickeln. Stand 2025 ist noch nicht absehbar, ob dieser Plan aufgeht. Instagram versuchte dasselbe, und war mit langen Videos (IGTV) nicht wirklich erfolgreich.

TikTok ist auch relevant als Suchmaschine – anders als Instagram und Facebook. Die Suche wird dabei hauptsächlich für Kurzvideos benutzt (z. B. für Anleitungen, Rezepte, Lifehacks). Deshalb ist SEO für TikTok ein relevanter Reichweitentreiber. Verwenden Sie also in den Beschreibungstexten und Untertiteln Keywords und Phrasen, nach denen man suchen würde.

Der Algorithmus ist gut für neue Kanäle und gemischten Content, denn während Sie bei Instagram, Facebook oder auch YouTube oft ein halbes Jahr oder länger brauchen, bis ein Kanal Reichweite aufnimmt, kann das bei TikTok ganz schnell gehen. Denn der TikTok-Algorithmus funktioniert nahezu ausschließlich durch Analyse des Video-Contents. Abos/Followerschaften spielen für die Reichweite eine weit weniger wichtige Rolle. Und wenn Ihr erstes Video gerade in einen TikTok-Trend passt oder der Algorithmus anderweitig eine größere Nutzerschaft dafür ausmacht, können Sie sofort sechsstellige Reichweitenzahlen erlangen; und das als ganz frischer, nahezu unbekannter Kanal.

Der Algorithmus analysiert tatsächlich jedes einzelne Video inhaltlich und spielt es einer maßgeschneiderten Zielgruppe aus. Daher können auf TikTok auch „Dachmarken-Kanäle" oder „Sammel-Kanäle" erfolgreich sein, die unterschiedliche Formate publizieren und unterschiedliche Zielgruppen bedienen. Solche Sammelkanäle eignen sich auch, um Formatideen erst einmal zu testen. Wer eine Marke pflegen und aufbauen möchte, wird dennoch darauf achten, dass eine gewisse Wiedererkennbarkeit gegeben ist.

Mengengerüst für Instagram. Auf TikTok können Sie gar nicht zu viel posten – da der Algorithmus für jeden „Tok" das Publikum einzeln sucht, nehmen sich kurz hintereinander gepostete Inhalte keine Reichweite weg (anders als bei Instagram, Facebook oder YouTube, wo auf der Startseite der Nutzenden meist nur ein einziger Inhalt eines bestimmten Absenders angezeigt wird – sodass ggf. ein neuer Inhalt den alten verdrängen kann, der damit in seiner Reichweite eingeschränkt würde).

Grundsätzlich gibt es auch keine Untergrenze an Publikationsmenge. Für ein redaktionelles Konzept sollten Sie aber mindestens drei bis vier Kurz-Videos pro Woche einplanen, also etwa jeden zweiten Tag. Eine Zweitverwertung von TikTok-Videos als Reels oder Shorts ist manchmal sinnvoll. Bedenken Sie aber: Jedes Netzwerk hat eine eigene „Sprache" und Zielgruppe. Im Zweifel würde man wohl eher Videos für TikTok konzipieren und dann auf Instagram oder YouTube zweitverwerten statt umgekehrt.

Das Klima in den Kommentaren ist dem auf Instagram nicht unähnlich, meist freundlich und konstruktiv. Dazu trägt auch der Algorithmus bei – der natürlich genau die passende Blase für die Inhalte findet. Dennoch wird die Plattform immer politischer – und die Kulturkämpfe der Gesellschaft können sich auch in TikTok widerspiegeln.

TikTik steht stark in der Kritik, und das hat zweierlei Gründe. Zum einen wird es von der Politik als Tool der chinesischen Diktatur gesehen, das Potenzial hat, die westlichen Gesellschaften zu unterminieren oder auszuspionieren. Das ist auch einer der Gründe, warum zum Beispiel Indien oder Taiwan TikTok verboten haben. Auch in den USA wurde ein Verbot diskutiert.

Zum anderen unterstützt der Algorithmus (immer mehr vom Gleichen) die Polarisierung und Radikalisierung der Nutzenden. Wie stark das Potenzial TikToks für die politische Agitation ist, zeigen die Wahlen in Deutschland, wo vor allem die AfD und die Linke die Plattform nutzen konnten, um zu den stärksten Parteien bei

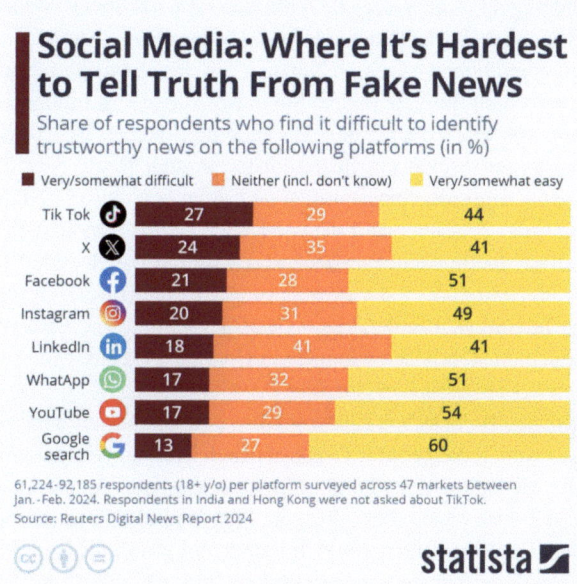

Abb. 4.5 X und TikTok stehen im Ruf, besonders viel Propaganda und Falschnachrichten zu verbreiten. (Lizenz: CC-BY-ND Quelle: Statista https://www.statista.com/chart/32454/identify-trustworthy-news-on-different-social-media-platforms)

den Erstwähler:innen zu avancieren. Ebenso kritisiert wird die Rolle TikToks bei der Radikalisierung der Anhänger:innen des Hamas-Terrorismus und des Islamismus. Und im EU-Land Rumänien wurde die erste Runde der Präsidentenwahlen 2024 annulliert, weil der Wahlgewinner laut Gerichtsurteil seine Kampagne sehr erfolgreich (aber offenbar unlauter) auf TikTok lancierte (Abb. 4.5).

4.6   YouTube

YouTube ist die für Videos wichtigste und vielseitigste Social-Media-Plattform – und noch viel mehr: Es gibt dort auch Musik und Podcasts – und damit ist YouTube sogar ein Konkurrent von Spotify. Es gibt Spielfilme und lange Dokus, die die Plattform in Konkurrenz zu Diensten wie Netflix oder Disney+ treten lassen. Es gibt Livestreams und den Gaming-Bereich, der YouTube eher in Konkurrenz zu Twitch (siehe unten) positioniert. Mit den Shorts etabliert sich ein Content-Typ, der die Plattform zu einem Rivalen von TikTok macht.

Im Folgenden geht es aber vor allem um YouTube als Social-Media-Plattform. Also um die Kanäle und den Content, der auf Austausch und Kommentare angelegt ist, meist auch einen hohen Anteil an Nutzung mit dem Smartphone aufweist. Das heißt, es geht um einen Bereich, in dem Sie in Konkurrenz zu Influencer:innen und Creators treten, wie wir sie auch aus den anderen Sozialen Netzwerken kennen. Dabei reden wir von Shorts (vertical Videos, ähnlich Reels oder TikTok) und YouTube-spezifischen Videoformen mit einer Länge von meist 5–20 min.

Die Zielgruppe. YouTube zählt weltweit über 2,5 Mrd. monatlich aktive Nutzer:innen und ist damit nach Facebook das zweitgrößte Soziale Netzwerk. In Deutschland nutzen rund 80 % der Bevölkerung die Plattform regelmäßig. Die tägliche Nutzung liegt in Deutschland laut ARD/ZDF-Onlinestudie bei rund 13 Mio. Menschen, bei einem deutlichen männlichen Überhang (fast doppelt so viele Männer wie Frauen bei der täglichen Nutzung).

Das Interessante ist, dass YouTube von allen Alterskohorten stark genutzt wird, und Sie dort sowohl Teenager und Twens als auch Mitvierziger gut erreichen können (wobei die Menschen unter 30 die Plattform am intensivsten nutzen). Grundsätzlich lässt sich also sagen, dass über die Plattform alle Altersgruppen erreicht werden können. Für Programme, die sich eher an ein weibliches Publikum wenden wollen, sind aber Plattformen wie Instagram sicher geeigneter, da YouTube zwar auch von sehr vielen Frauen genutzt wird, aber nicht so intensiv.

Videoformate auf YouTube sollten mindestens fünf Minuten lang sein, besser zehn bis 20 min – denn der Algorithmus belohnt das Signal „Watchtime" – das heißt, auch die absolute Zeit, die jemand mit einem Video verbringt. Kürzere Videos können naturgemäß keine langen Sehdauern generieren. Wichtig ist allerdings auch, dass zunächst einmal viele Menschen auf Ihr Video klicken (Klickrate) und dann auch dran bleiben (Retention Rate oder relative Watchtime).

Typische Genres sind Dokus/Reportagen, Listicles, Tutorials, Challenges, Rants, Erklärstücke, Rezensionen, Reactions, How-Tos. Vlogs, – eigentlich alles, was man auch verfilmen kann. Die Listicles stehen hier am Anfang der Reihe, weil sie eine Dramaturgie beschreiben die so z. B. im TV nicht stattfindet.

Und weil alle Video-Formate funktionieren können, sind auch TV-Zweitverwertungen oder Video-Podcasts auf YouTube daheim. Wie schon erwähnt, ist die Dramaturgie einer TV-Zweitverwertung (z. B: eine klassische TV-Reportage nach Art der „Heldenreise") aber nicht wirklich YouTube-gerecht, weil sie tendenziell mit einem „Einstieg" anfängt, manchmal auch „elegisch", und sich erst dann langsam einem Höhepunkt nähert. Bei YouTube ist aber, wie bei den anderen Plattformen, der Anfang der „Hauptteil": Einleitungen sollten Sie sich sparen, für die haben die User keine Zeit. Die sind dann weg (s. Social-Media-Video-Kurve oben).

Hier ein paar Tipps zu YouTube-Videos

- Gestalten Sie ein starkes Vorschaubild mit einer Thumbnail-Überschrift, die auf einen Blick erfassbar ist und sofort die Frage beantwortet: Warum muss ich das jetzt anschauen!
- Plakative, emotionale Bildmotive
- Kurze Wörter, konkrete Inhalte auf dem Thumbnail – keine schöngeistigen Wortspiele, keine abstrakten Begriffe
- In der generischen Video-Überschrift ist SEO entscheidend. Wichtige Schlagwörter dort einbauen. SEO hilft dem Algorithmus, das richtige Publikum für das Video zu finden (auch jenseits der Suche).
- Video-Dramaturgie; Kommen Sie sofort, in der ersten Sekunde zum Punkt, worum geht es hier; zeigen Sie am Anfang die besten Szenen und Bilder. Setzen Sie ein Intro oder Ähnliches lieber weiter hinten im Video.
- Vermeiden Sie Längen, „Laber-Szenen", bei denen Nutzende abbrechen könnten.
- Es kann sinnvoll sein, auf spezifische Social-Media-Formate (z. B. Challenge, Listicle, Reaction, Review, Vlog) zu setzen statt auf klassische Reportagen.
- Setzen Sie mittendrin oder am Ende des Videos einen „Call to Action" also die Aufforderung zur Interaktion: „Abonnieren Sie meinen Channel!", „kommentiert das Video!", „klickt auf die Glocke" (mit Glocke ist ein Symbol gemeint, das dafür sorgt, dass man bei neuen Videos des Kanals benachrichtigt wird).
- Generieren Sie in Ihrer Videobeschreibung Kapitel mit Zwischenüberschriften und Timecodes – auch das ist eine gute SEO-Maßnahme.
- Erstellen Sie generische Untertitel für Ihr Video – für Barrierefreiheit und als SEO-Maßnahme.
- Nutzen Sie die Endcards (Links am Ende des Videos), um auf Videos hinzuweisen, die die Zuschauenden ebenfalls interessieren könnten – so bringen Sie Traffic auf „alten Content", der vom Algorithmus nicht mehr ausgespielt wird.
- Sortieren Sie Ihre Videos in sinnvolle Playlists (z. B. nach Themen, Orten, Formaten) und machen Sie damit Ihren Videokatalog für Hardcore-Fans übersichtlich zugänglich.

„**Shorts**" ist die YouTube-Bezeichnung für Hochformat-Kurz-Videos ähnlich den Reels oder den TikTok-Videos. Sie werden in eigenen Bereichen oder Video-zeilen (YouTube-Bezeichnung: „Shelves", Regale) angezeigt, wenn man sich durch die YouTube-Startseite scrollt. Man kennzeichnet sie durch den Hashtag #short. Für Shorts gelten ähnliche dramaturgische Empfehlungen wie für Reels oder TikTok. Shorts gelten als Treiber für Reichweite und neue Abos, gerade weil sie dank des Content-Graph-Algorithmus auch Menschen erreichen, die sonst nicht zur Zielgruppe der „normalen" Videos auf YouTube gehören.

YouTube ist auch eine Livestream-Plattform. Sie wird zum einen ähnlich wie Twitch genutzt (s. unten) z. B. – für Gaming- oder Community-Livestreams, Re-actions oder interaktive Formate wie Ask me Anything oder das Aufzeichnen von „Laber"-Podcasts. Im journalistischen Bereich ist YouTube aber auch eine gute Methode, um in Breaking-News-Situationen Ereignisse zu covern.

Bedenken Sie – wie immer bei Livestreams – dass das Community-Management von Livekommentaren ziemlich aufwändig ist. Bei einem Breaking-News-Livestream mit mehr als rund 2000 gleichzeitig Zuschauenden haben Sie keine Chance mehr, ein wirklich ordentliches Community-Management zu leisten. Da ist es dann oft besser, auf Kommentare zu verzichten.

Livestreams auf YouTube, Facebook, Instagram oder X werden andererseits auch eingesetzt, um neben einer klassischen TV-Ausstrahlung (z. B. bei einem Townhall-Format zur Wahl) eine Plattform zu haben, die Live-Kommentare zu-lässt, um die Kommentare dann – in einer Art Social TV – in die Sendung einzu-bringen. Livestreams werden von der Plattform (ähnlich wie News-Inhalte oder Shorts) besonders promotet und erreichen auch Menschen, die nicht zum Stamm-publikum der Plattform gehören.

Beiträge (Communities) sind eine nicht ganz so bekannte Funktion von YouTube-Kanälen (früher: Community-Tab). Hier können Text, Bild- und Video-posts ähnlich wie bei Facebook abgesetzt werden, ebenso Umfragen und Quizzes. Sie werden dann mit primär den Abonnent:innen des Kanals angezeigt. Die Reich-weiten sind überschaubar – dennoch kann die Funktion nützlich sein, um Ihre Apps und Webseiten zu bewerben, mit der engeren Community jenseits eines Videos eine Frage zu erörtern oder auch, um im Zuge einer Kooperation auf andere Kanäle hinzuweisen. Auch ist das der Platz, an dem sich eine Community jenseits eines Videos finden und austauschen kann. Am Effektivsten sind auch hier Textkacheln als Grafik, ähnlich wie bei Instagram.

Algorithmus und Video-Reichweiten. Für den YouTube-Algorithmus sind die entscheidenden Reichweite-Faktoren die Klickrate (wie viele klicken ein Video an von denen, denen es angezeigt wird) in Verbindung mit der Watchtime. Die Abonnenten spielen insofern eine Rolle, als sie die Ersten sind, denen das Video angezeigt wird. Sie sind quasi die Vorkoster. Wenn nicht mal die Abonnenten in den ersten Stunden nach dem Upload ein Video goutieren, es schlecht klicken oder früh abbrechen, dann wird das Video keine Reichweiten generieren und verschwindet schnell in der Versenkung. Erst wenn ein Video diesen ersten Test bei der eigenen Community bestanden hat, zieht es weitere Kreise und wird dann auch Leuten ausgespielt, die nicht zu Ihrem Stammpublikum gehören.

Man könnte sagen, in den ersten Minuten und Stunden nach der Veröffentlichung dominiert bei YouTube das Abo-Modell der Verbreitung, dann eher der Content Graph. Der Algorithmus behandelt aber nicht alle Videos gleich: Für News-Videos gibt es eigene Bereiche auf den Nutzer-Startseiten und einen eigenen Algorithmus. Ebenso für sogenannte „Trending Topics". Wenn Sie es schaffen, in die „Trends" zu kommen, besteht die Chance, dass Ihr Video binnen kürzester Zeit mehrere Hunderttausend Abrufe erreicht.

Der Algorithmus für Shorts funktioniert wieder anders – nämlich ausschließlich über den Content Graph, die Abonnenten spielen eine untergeordnete bis gar keine Rolle. Shorts haben auch eine längere „Lebenszeit" als normale Youtube-Videos: Sie erreichen den Peak ihres Reichweitenwachstums oft erst nach Wochen, während der Verbreitungszyklus eines „normalen" Videos nach zwei, drei Tagen im Normalfall massiv abebbt.

Für die meisten Kanäle ist, wie auf den anderen Plattformen auch, der wichtigste Ausspielweg die individualisierte Startseite des Nutzenden, die vom Algorithmus kuratiert wird oder der Bereich „ähnliche Videos" im Umfeld von anderen Videos. Doch spielt auf YouTube auch die Suche eine wichtige Rolle, und zwar die YouTube-Suche und die Google-Suche. Für Kanäle, die z. B. Anleitungen (Howtos) erstellen oder Kanäle mit Schulbildungs-Inhalten kann die Suche der entscheidende Weg zu den Nutzenden sein.

Die Konkurrenz auf YouTube ist heftig – denn YouTube ist wie Instagram auch ein gutes Ökosystem für Influencer:innen oder YouTube-Kanäle von Creators, die Journalismus-ähnlich sind (s. das Kapitel über die Berufsbilder). Man schätzt pro 1000 Video-Views allein den YouTube-Werbeerlös auf ein bis zehn Euro. Dazu kommen bei Influencer:innen weitere Werbeeinnahmen aus Product-Placement, Affiliate-Links oder Merch.

Das Community-Management kann auf YouTube kontrovers werden – weil Ihre Videos Reichweitenchancen über die Abonnentenschaft hinaus haben. Problematisch wird es, wenn ihr Video „trendet". Denn dann werden binnen Stunden

Zehntausende Personen auf Ihre Videos gelenkt – die Sie nicht kennen, und die Ihren Kanal nicht kennen. Es kommt bei kontroversen Themen zum „Filterclash" mit Ihrer Community, das kann herausfordernd sein. Im Normalfall aber finden Sie auf YouTube eine konstruktive Community vor, die sich Ihnen verbunden fühlt, dankbar für den Content ist und auch bereit ist, sich „einzubringen". Nutzen Sie diese Community, um Ihre Formate zu verbessern, Ideen und Protagonisten zu gewinnen, vielleicht sogar, um neue Formate oder Hosts zu testen.

Mengengerüst Wer einen YouTube-Kanal startet, sollte dafür mindestens ein wiedererkennbares Format entwickeln, das den Kanal mit seinen wiedererkennbaren Inhalten prägt und pro Woche mindestens ein Video veröffentlichen. Das heißt, wir sprechen von rund 50 Videos pro Jahr mit einer Länge von ca. 10–20 min. Zusätzliche Shorts können die Reichweite steigern und das Abo-Wachstum beschleunigen. Falls Sie einen reinen Shorts-Kanal konzipieren, sollten Sie mindestens jeden zweiten Tag ein Short veröffentlichen können (ähnlich wie TikTok) (Abb. 4.6).

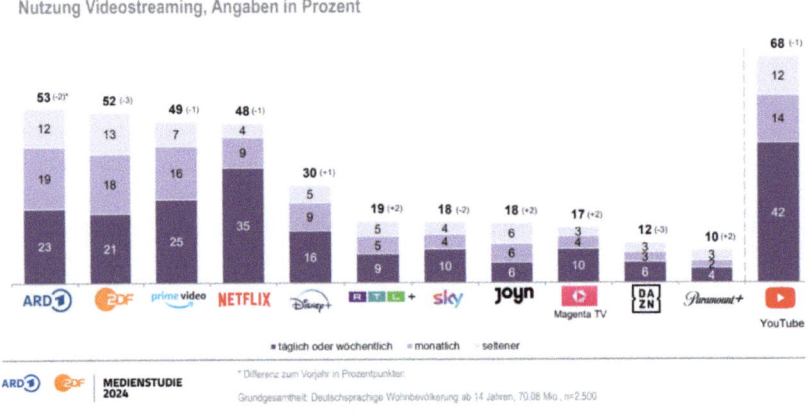

Abb. 4.6 YouTube kann man als meistgenutzte Streamingplattform sehen (hier im Vergleich mit anderen Streamingplattformen) oder als meistgenutzte Social-Media-Plattform. Tatsächlich ist das TV-Gerät neben dem Smartphone vor allem für längere Videos mittlerweile das wichtigste YouTube-Abspielgerät.Die Werte sind mit denen aus der Grafik zu Beginn des Kapitels vergleichbar (hier allerdings tägliche und wöchentliche Nutzung zusammengezählt). (Quelle: ARD/ZDF-Medienstudie. https://www.ard-zdf-medienstudie.de)

4.7   Twitch

Twitch ist eine Plattform, die sich auf Livestreams spezialisiert hat, vor allem für die Gaming-Szene, aber auch für kreative Inhalte und Streams, bei denen sich die Creators einfach mit dem Publikum austauschen in einer Art „Ask me Anything"-Format („Just Chatting"-Streams). Zuschauer können in Echtzeit mit Streamer:innen interagieren, z. B. über den Chat.

Die Plattform gehört Amazon und ist eine der größten im Bereich Live-Streaming. Sie bietet ein Streamer-Ökosystem, das für viele Streamer den Lebensunterhalt sichert. Im Kerngeschäft „Gaming" (also Spiele-Livestreams) sind die Hauptkonkurrenten das vielseitigere YouTube und die Plattform Kick – die in Deutschland aber kaum eine Rolle spielt.

Die Zielgruppe. Die Plattform erreicht monatlich rund 250 Mio. Menschen, 7,5 Mio. streamen auch selbst. In Deutschland sind laut ARD/ZDF Medienstudie täglich rund 1,2 Mio. Menschen auf Twitch, davon mehr als zwei Drittel männlich. Die allermeisten davon in den Alterskohorten zwischen 14 und 30 Jahren, also eine recht junge Zielgruppe.

Die Livestream-Formate. Für Journalismus jenseits der Gaming- und E-Sport-Szene kann Twitch interessant sein für Call-In-Sendungen/Townhall-Formate/ Talkshows mit Publikumsbeteiligung, sowie Gesprächs-Podcasts oder lange Dokus/Recherchen, die mit der Community-diskutiert werden können, sowie Reaction-Formate. Twitch gleicht in vielerlei Hinsicht dem TV (besser: dem Social TV): Es ist ein linearer Stream. Twitch wird auch „nebenbei" genutzt, und mit den Community-Elementen entsteht so etwas wie ein digitales Lagerfeuer. Meist entsteht eine enge Bindung des Publikums zu einem Streamer/Host. In diesem Kontext können auch weitere Live-Formate wie ein „Follow-Me-Around" oder andere Real-Life-Formate funktionieren.

Das Community-Management ist wie bei allen Livestream-Formaten sehr anspruchsvoll. Einerseits soll es dem Anspruch von Medienhäusern gerecht werden, andererseits soll es der Plattform entsprechen, wo ein ganz enger Austausch mit der Community gefordert und gewohnt ist und auch ein doch recht lockerer Umgang miteinander. Umgekehrt ist auf Twitch – nach Vorwarnung – eine strenge Moderation auch gelernt und akzeptiert. Der Einsatz von Bots (der „Nitghtbot"), die Werbung (Conversion) oder Hinweise (etwa aus der Netiquette) posten, ist ebenfalls gewohnt und kann das Community-Management unterstützen. Die Meisten Streamer:innen haben aus Ihrer Community selbst die „Mods" (Moderatoren) befördert/ernannt, die beim Community-Management freiwillig helfen.

Auf Twitch spielt der Algorithmus als Distributor nur eine begrenzte Rolle, im Explore-Feed. Ebenso wichtig sind vor allem das Abo, Empfehlungen und Publikums-Weiterleitungen (Raids) von anderen Streamer:innen. Deshalb sind Kollaborationen und Kontaktpflege in der Szene eine wichtige Voraussetzung für den Erfolg auf Twitch. Die Twitch-Startseite wird teilweise händisch kuratiert – wenn Sie als Medienhaus dort erscheinen wollen, sollten Sie mit dem Partnermanagement von Twitch Kontakt aufnehmen – das ist die effektivste Methode, relativ schnell ein relevantes Publikum zu erreichen.

4.8   X (früher: Twitter)

X ist die größte Microblogging-Plattform. Mit ihrem Fokus auf Echtzeit-Ereignisse und aktuelle politische Debatten war Twitter/X lange der Place to go für tagesaktuelle journalistische Recherche und kollegialen Austausch. Eine Massenplattform war X/Twitter nie, sondern ein Forum für Meinungsführer:innen, Journalist:innen, Politiker:innen und progressive Aktivist:innen sowie Internet-Expert:innen.

Als Elon Musk die Plattform 2022 übernahm, hat der Ruf von X nachhaltig gelitten: durch plattformgefährdende Sparmaßnahmen und durch sein umstrittenes politisches Engagement für Trump und für die deutsche AfD. Das führte dazu, dass sich andere Microblogging-Dienste wie Bluesky, Threads oder Mastodon als Alternativen anboten. Dennoch ist X (Stand 2025) nach wie vor der relevanteste Microblogging-Dienst: vor allem auch für die Beobachtung von tagesaktuellen gesellschaftlichen Debatten, „Shitstorms", Breaking-News-Fälle und für die Beobachtung der internationalen Politik. Die Tatsache, dass überhaupt Alternativen auf den Markt kamen, zeigt aber, dass für das einstige Spezifikum von Twitter, die News-getriebene Echtzeit-Publikation und Distribution, durchaus ein Bedürfnis besteht.

Die Zielgruppe. Die Plattform wird weltweit monatlich von rund einer halben Milliarde Menschen, in Deutschland von sechs bis sieben Millionen genutzt. Die Tagesreichweite in Deutschland sank von 2022 bis 2024 laut ARD/ZDF-Medienstudie von rund zehn um rund ein Drittel auf sieben Prozent. Die Struktur der Nutzenden hat sich insofern geändert, als zwar immer noch viele Politiker und Journalistinnen sowie auch viele Medienhäuser auf X posten – aber andere Bereiche wie Bildungseinrichtungen, NGOs, Behörden und Pressestellen sich zurückgezogen haben. Durch den Weggang vieler Stimmen aus dem Links-Mitte-Spektrum, sind politisch konservative, liberal-libertäre oder rechte Multiplikatoren dort im Verhältnis nun stärker vertreten als in den 2010er-Jahren. Auch wenn immer noch – Stand 2025 – „rechte" und „linke" Hashtags gleichermaßen „trenden" können.

Tweets/Xeets: Content-Typen. Text-Posts, Bild-Posts, Video-Posts und Link-Posts sind die Standard-Contents auf X. Durch den Echtzeitalgorithmus ist das System für Eilmeldungen und tickerartige Fortschreibung perfekt geeignet. Die Text-Posts sind auf 280-Zeichen beschränkt, was wohltuend zur Kürze zwingt. Falls doch längere Einlassungen gewünscht sind, kann man mehrere Text-Posts als „Thread" hintereinander-hängen. Die Folgeposts eines Threads sind dann eigene Antworten auf den ersten Post. Häufig kennzeichnet man einen Thread mit einer Nummernangabe a la „1/5" (bedeutet: Post eins von insgesamt fünf). Wird man Premiumkunde von X, kann man auch längere Texte innerhalb eines Tweets absetzen.

Bei X ist das typische Bildformat quer (16:9). Andersformatige Bilder werden in der Feedansicht teils sehr unvorteilhaft abgeschnitten (Köpfe weg). Daher auf X besonders auf das Format achten. Link-Posts können nach wie vor ein Mittel sein, um nennenswert Traffic auf die eigene Seite zu bekommen, wenn Sie auf X sehr reichweitenstark sind – obwohl dieser Post-Typ vom Algorithmus systematisch ausgebremst wird und Posts ohne Link auf der Plattform grundsätzlich höhere Reichweiten erzielen.

Livestreams und Audio-Spaces. Auf der Echtzeit-Plattform X sind natürlich auch klassische Video-Livestreams möglich – für die gilt mehr oder weniger dasselbe, was oben bereits bei den anderen Plattformen gesagt wurde.

Eine Möglichkeit, mit Audio live zu gehen, ist „Spaces". Ein „X-Space" ist eine Art Audio-Podiumsdiskussion, zu der man Leute aus dem X-Publikum aufs virtuelle Podium holen kann. Jeder kann einem Space auf X für iOS und Android beitreten, zuhören und – wenn die Moderation das zulässt – mitreden oder Fragen stellen. Die Nutzung dieser Funktion ist aber seit dem Ende der Corona-Pandemie stark zurückgegangen. Vorbild war die mittlerweile eingestellte App „Clubhouse", die diese Art der öffentlichen Audiodiskussion populär machte (Abb. 4.7).

Das Community-Management spielt auf X keine so zentrale Rolle wie auf den anderen Plattformen. Man kann zwar unter X-Posts moderieren (Antworten ausblenden). Doch die Verantwortung für Antworten auf X wird viel weniger dem Post-Autor zurechnet als auf anderen Plattformen, sondern fast ausschließlich dem Antwortenden. Ein Grund mag sein, dass auf X schon rein grafisch alle Stimmen gleichwertig erscheinen – also die Antwort nicht als „Kommentar" zum Post, sondern ebenfalls als Post erscheint.

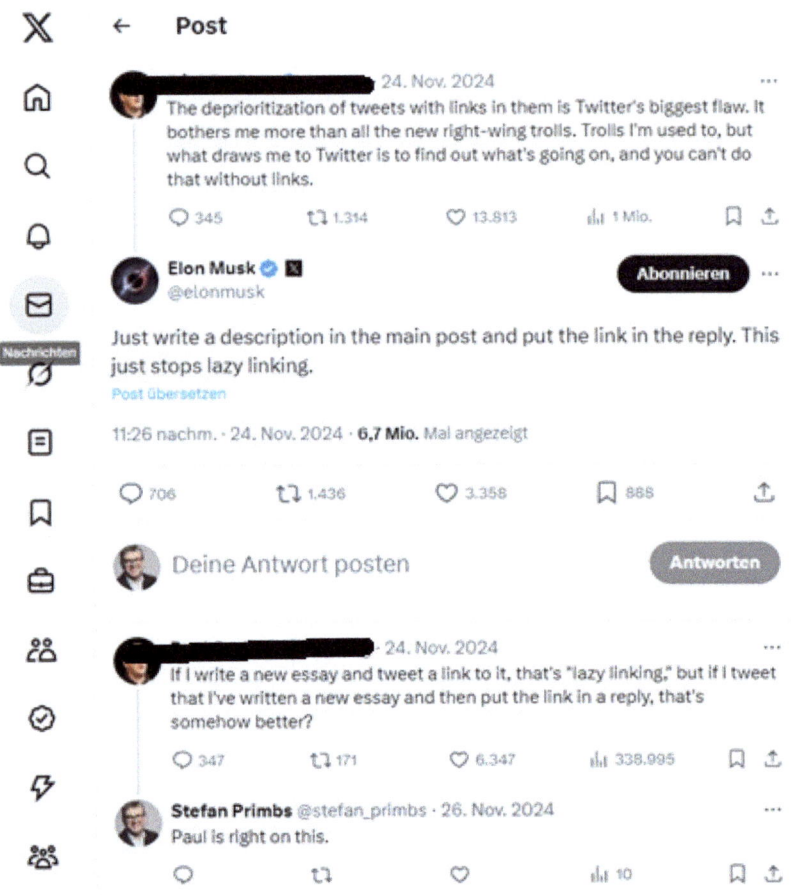

Abb. 4.7 Dialog auf X. Plattform-Haupt-Eigentümer Elon Musk gibt zu, dass Link-Posts auf der Plattform systematisch ausgebremst werden. (Quelle: Screenshot)

Wer dennoch auch auf X darauf achtet, dass im Umfeld seiner Tweets nur konstruktive Antworten stehen, hat es dafür umso schwerer – denn der Algorithmus auf X führt viel schneller zum Filterclash; hier prallen bei den tagesaktuellen Empörungswellen die in der Gesellschaft umkämpften Positionen hart aufeinander. Etliche Multiplikatoren behelfen sich hier mit einer Blockliste, blenden also die Posts von bestimmten Personen aus. Für Medien ist das natürlich aus verschiedenen Gründen eine wenig befriedigende Lösung.

Der Algorithmus auf X ist stark durch das Abo-Modell beeinflusst, aber auch durch Interaktionen (Engagement Graph), Reposts/Retweets und Kommentare. Die Mischung ist ideal, um aktuelle Aufreger und Empörungswellen zu erkennen – sie befördert diese aber auch in einem Maße, was X zu einer sehr polarisierenden Plattform gemacht hat, auf der jeden Tag die verschiedenen Lager der Gesellschaft aufeinanderprallen und sich gegenseitig triggern.

Text- und Bildposts werden gegenüber Linkposts bevorzugt – dennoch können auch Linkposts große Reichweiten erhalten, wenn genügend Interaktion stattfindet. Aktualität spielt eine große Rolle, Posts, die älter als ein Tag sind, werden kaum mehr wahrgenommen. Echte Regionalität – schon auf Ebene von Bundesländern – spielt eine geringe Rolle, für Lokaljournalismus ist X nicht wirklich ein Vertriebsweg (Abb. 4.8).

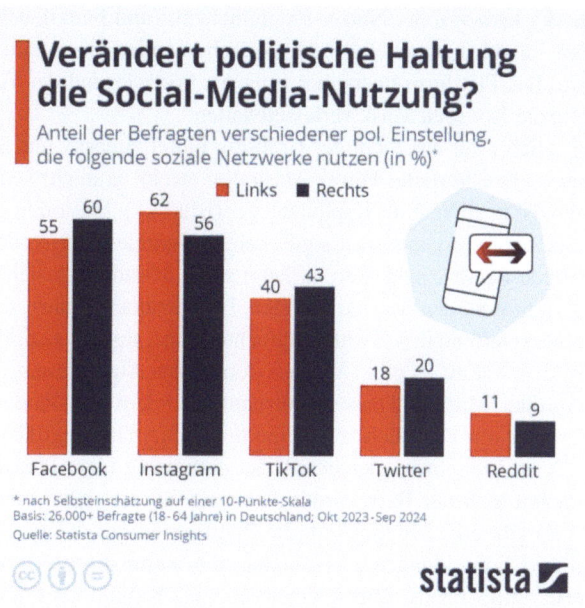

Abb. 4.8 Die Plattformen unterscheiden sich offenbar auch nach der politischen Einstellung ihrer Nutzenden. Interessant sind in dem Zusammenhang X und TikTok. X hatten nach der Übernahme durch Elon Musk vor allem links stehende Mitglieder verlassen – wodurch sich ein leicht rechtes Übergewicht ergab. TikTok war Anfang der 2020er-Jahre von AfD-Influencern stark genutzt worden. Zur Bundestagswahl 2025 hat aber auch die Linke über diese Plattform viele Erst- und Jungwähler:innen gewinnen können. (Lizenz: CC-BY-ND Quelle: Statista https://de.statista.com/infografik/29340/anteil-der-befragten-verschiedener-politischer-haltungen-die-folgende-soziale-netzwerke-nutzen/)

4.9   X-Alternativen: Bluesky, Threads, Mastodon – und das Fediverse

Mit dem Reputationsverfall der Plattform X durch die Aktivitäten ihres Eigners Musk tat sich eine Marktlücke für Alternativen auf: Mastodon, Bluesky und Threads. Alle drei erscheinen aus User-Sicht wie mehr oder weniger gute Twitter-Klone; sie weisen nahezu dieselben Funktionen und Einsatzmöglichkeiten auf. Mit dem Unterschied, dass sie nur einen Bruchteil der Mitglieder von X haben und daher jeweils nur kleinere Teilöffentlichkeiten erreichen.

Ein kleiner Exkurs in die Historie der beginnenden 2020er-Jahre: Threads setzte sich kaum im journalistischen Bereich durch, weil bis 2025 dessen Eigner Meta (Mark Zuckerberg) dort ausdrücklich keinen politischen Content wollte und Reichweite für politisch diskutierte Inhalte (wie damals auf allen Meta-Plattformen) bremste. Bluesky kam von der Nutzer-Freundlichkeit (und Funktionsähnlichkeit) X am nächsten – und hat personelle und historische Verbindungen zum Twitter der Vor-Musk-Ära. Die Plattform blieb aber zunächst überwiegend der Tummelplatz nur derjenigen, die X wegen Musk verlassen hatten.

Mastodon blieb zwar aus Sicht der Usability hinter Bluesky und Threads zurück, hat aber andere Vorteile: Hinter Mastodon steckt nämlich weder ein US-Konzern (Threads) noch Venture-Kapitalanleger (Bluesky). Mastodon ist dezentral im Fediverse (s. unten) organisiert. Es gibt keinen zentralen Hoster, der die Plattform besitzt. Jede Person, jeder Verein, kann seine Mastodon-Instanz selbst auf eigenen Servern hosten, den Service anbieten. Und dennoch können sich die Nutzenden serverübergreifend in X/Twitter-ähnlicher Weise austauschen. Eine weitere Besonderheit sei erwähnt: Es gibt auf Mastodon keinen Algorithmus, der Themen priorisiert verbreitet. Mastodon basiert vollständig auf dem Abo-Modell.

Das alte Twitter war DAS Echtzeit-Redaktionssystem des digitalen Journalismus. Das ist X nicht mehr in gleicher Weise und eine andere Plattform ist das noch nicht. Lohnt sich der Betrieb von Accounts auf so vielen relativ kleinen Plattformen? Es gibt eine Möglichkeit, die Plattformen mit wenig Aufwand mit Schlagzeilen und Eilmeldungen zu bedienen: die automatische Befüllung über eine Art „Feed" (RSS-Feeds, Linkschleudern, s das Kapitel über Tools). So ein Feed-Automat stellt sicher, dass Leute auf der Plattform Ihre News und Angebote abonnieren und kommentieren können – und minimiert redaktionsseitig den Aufwand. Einen Austausch mit der Community bekommen Sie damit allerdings nicht hin.

Die Diskussion um Musk, TikTok oder auch Mark Zuckerberg (oder früher Bill Gates) hat klar gemacht: Politisch, wirtschaftlich und sozial ist die Macht von Plattform-Konzernen (Meta/Facebook/Instagram/WhatsApp, Alpha/Google/You-Tube, Amazon/Twitch, Musk/X, Bytedance/TikTok, Microsoft/MS365/Teams) problematisch. Ein dezentrales, föderales System wie das hinter Mastodon könnte den Weg aus der Abhängigkeit von umstrittenen Oligopolisten weisen.

Die Software des Netzwerks läuft wie erwähnt nicht auf den zentralen Servern eines Plattformbetreibers. Stattdessen betreiben ganz unterschiedliche Menschen, Firmen, Stiftungen, Behörden, Vereine einzelne Server, auf denen das Programm jeweils läuft. Wer Mastodon nutzen will, muss sich zunächst entscheiden, welchem Betreiber er vertraut, und sich dort anmelden.

Zum weltumspannenden Netzwerk wird Mastodon erst dadurch, dass all die dezentralen Server durch eine Schnittstelle miteinander vernetzt werden, sodass die verschiedenen Mastodon-Kunden auch über ihren Serverbetreiber hinweg kommunizieren können. Für Journalistinnen und Journalisten, deren Arbeitgeber keinen Server unterhält, kann sich z. B. der Server der Gewerkschaft DJU (Deutsche Journalistinnen- und Journalisten-Union in ver.di, https://dju.social/) anbieten.

Die dezentrale Struktur hat natürlich auch Nachteile: Will man wirklich seine Daten möglicherweise einem unterfinanzierten Verein überlassen, wo irgendjemand ehrenamtlich für die Datensicherheit zuständig ist und alle Daten einsehen kann? Andererseits: Daraus ergäbe sich natürlich auch eine Chance für Medienhäuser, weil sie selbst so eine Mastodon-Instanz hosten (für ihre eigenen Accounts) oder auch dem Publikum anbieten könnten, z. B. für ihre bezahlenden Kunden.

Aber ja: Spätestens mit dem Anbieten für die Kunden kommen natürlich andere Probleme auf Sie zu. Sie sind sind dann ja der kleine Plattformbetreiber, der sich um Datensicherheit, Softwareupdates, Schnittstellen, das Netzwerkdurchsetzungsgesetz, die Bekämpfung von Fakenews und Hetze etc. etc. kümmern muss…

Mastodon ist nicht das einzige Soziale Netzwerk bzw. nicht der einzige theoretisch weltweit agierende Onlinedienst, der dezentral, „föderal" gehostet werden kann. Es gibt eine ganze Reihe weiterer: das Soziale Netzwerk diaspora, die Video-Plattform Peertube, die Fotocommunity Pixelfeed oder die Forensoftware Lemmy (die als Alternative zu Reddit gesehen wird). Die Nutzung der meisten dieser Dienste ist – Stand 2025 – noch jenseits der „kritischen Masse". Der Sammelbegriff für dieses Universum aus „föderal", also dezentral gehosteten Plattformen ist „Fediverse" (Abb. 4.9).

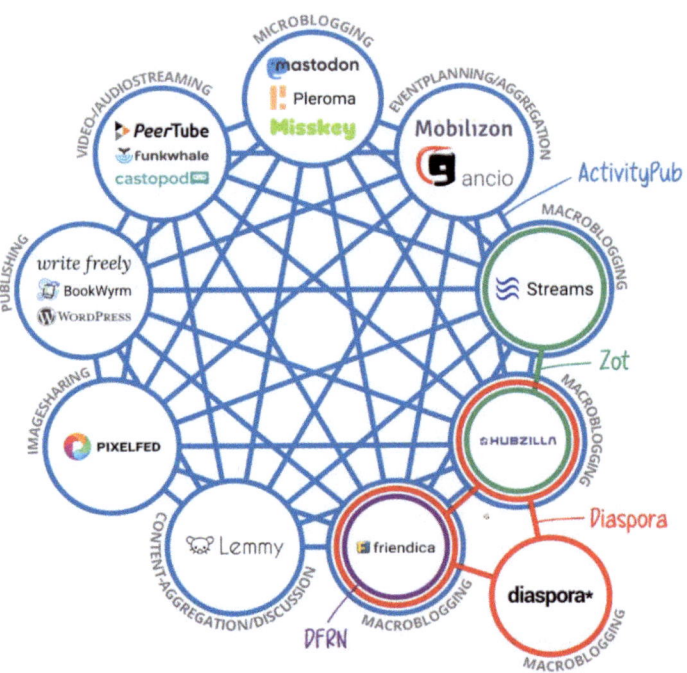

Abb. 4.9 Mastodon als Teil des „Fediverses". Die Infografik zeigt, dass rein technisch nahezu für alle Sozialen Netzwerke ein nicht-kommerzieller, „föderaler" Ersatz/Funktions-äquivalent vorhanden wäre. Stand 2025 sind außer Mastodon eigentlich nur noch Diaspora halbwegs bekannt. Soziale Netzwerke leben aber nicht nur von ihrer Funktionalität, sondern von ihrer aktiven Community, der „kritischen Masse", die es braucht, damit die Plattform attraktiv und relevant ist. (Lizenz: CC-BY-SA. Grafik: Imke Senst & Mike Kuketz mit freundlicher Genehmigung)

4.10   LinkedIn – die Plattform für Expertise

LinkedIn ist ein soziales Netzwerk, das sich auf berufliche Kontakte, Karriereentwicklung und Networking konzentriert. Die Profile der Menschen dort sind die digitalen Visitenkarten von heute; die Seiten von Unternehmen ein idealer Ort für Unternehmenskommunikation innerhalb der Branche(n); hier werden Kontakte geknüpft und Stellenanzeigen geschaltet.

Die Zahl der LinkedIn-Mitglieder lag Anfang 2025 bei 26 Mio. Personen im deutschsprachigen Raum – die allerdings sehr unterschiedlich aktiv sind. Fach- und Führungskräfte nutzen die Plattform, um Inhalte zu teilen und ihre Expertise und ihr Unternehmen oder ihre Marke zu präsentieren. Viele Recruiter und Unternehmen nutzen die Plattform aktiv, um potenzielle Mitarbeiter:innen zu finden und mit ihnen in Kontakt zu treten. Auch das erfordert professionelle Kommunikation.

Dieser Fokus auf das Geschäftliche macht die Plattform zum idealen Ort für Branchen- und Fachmagazine/-Redaktionen, die sich an Geschäftskunden, Führungskräfte oder Multiplikatoren wenden oder auch für die Verbands- und Unternehmenskommunikation von (Berufs-) und Wirtschaftsverbänden etc. Im Wirtschaftsjournalismus bietet LinkedIn umgekehrt viele Recherchemöglichkeiten und Kontaktmöglichkeiten in Unternehmen hinein.

Die Formate auf der Plattform ähneln technisch denen von Facebook – Link-Posts sind möglich, aber eben auch Videos, Galerieposts, und die klassischen Bildposts mit den Zitatkacheln. In den Kommentaren findet dann die Diskussion mit den am Post Interessierten statt. Allerdings ist der Ton meist etwas ernster und sehr sachorientiert und professionell, es wird viel gelobt und geliked und wenig kritisiert – wer weiß, wann man der Person, mit der man diskutiert, wieder beruflich begegnet.

Grundsätzlich ist es auch auf LinkedIn – wie meist in Social Media – effektiver, über Personen als über Unternehmen zu kommunizieren. Der CEO, die Technik-Chefin – das sind Absender, mit denen man eher diskutiert als mit einer Brand oder einem Unternehmen. Das ist eine Herausforderung für die Berater von CEOs – z. B. für Sie, wenn Sie in einer Pressestelle oder der Unternehmenskommunikation arbeiten und Sie für den LinkedIn-Auftritt mitverantwortlich sind. Denn auf LinkedIn soll man absolut professionell und zugleich authentisch wirken. Und dann auch noch ausgiebig diskutieren mit der Community …

Für Journalist:innen, die im Bereich Social Media arbeiten, ist LinkedIn interessant als Plattform, um sich über journalistische Innovationen und Erfahrungen im Bereich des digitalen Journalismus auszutauschen. Die Plattform hat in dieser Funktion X beerbt. Und natürlich ist LinkedIn damit auch für Sie die persönliche Visitenkarte und gewissermaßen offen einsehbare Bewerbungsmappe.

4.11   Snapchat, Reddit, Pinterest und mehr

Snapchat ist ein soziales Netzwerk, das sich auf Bilder und Videos konzentriert, die sich nach kurzer Zeit automatisch löschen. Nutzer können Stories (s. oben) erstellen, die für eine klar begrenzte Zeit (ein Tag) sichtbar bleiben, bevor sie verschwinden. Tatsächlich sind Stories der Content-Typ, der von Snapchat erfunden wurde, und später von Instagram und anderen Plattformen kopiert wurde.

Mit Filtern, Linsen und Augmented Reality (AR) bietet die App viele kreative Möglichkeiten zur Gestaltung von Inhalten. Die direkte Kommunikation erfolgt über Chats und sogenannte „Snaps", also kurze Foto- oder Videonachrichten. Zudem gibt es den Bereich „Spotlight" und „Entdecken", in dem Nutzer virale Inhalte und News sehen können.

Mehrere Medienhäuser (BBC, CNN) nutzen Snapchat, um Nachrichten und Storytelling auf eine junge, mobile Zielgruppe zuzuschneiden – sie können als „Inspiration dienen". Obwohl die Plattform vor allem für Teenager und Menschen in den Zwanzigern auch in Deutschland relevant ist und von mehr als zwei Dritteln in dieser Altersgruppe genutzt wird, wird sie aber hierzulande nur von wenigen Medienhäusern für publizistische Zwecke genutzt.

Reddit ist eine Plattform, die sich aus verschiedenen themenspezifischen Foren, den sogenannten „Subreddits", zusammensetzt. Nutzer können Beiträge hoch- oder herunterstimmen, wodurch deren Sichtbarkeit in der Community bestimmt wird. Die Plattform bietet Diskussionsmöglichkeiten zu nahezu jedem erdenklichen Thema, von Memes bis hin zu wissenschaftlichen Analysen.

Reddit war lange vor allem im englischsprachigen Bereich verbreitet. Doch weil die ehrenamtlich-idealistische oder prekär-werbefinanzierte Administration von Foren aus der Web-2.0-Ära viele klassische, „dezentrale" Forenbetreiber zur Aufgabe brachte, gewann Reddit auch im deutschsprachigen Bereich Land. Reddit Inc. gehört – wie der Verlag Condé Nast – mehrheitlich dem Medienunternehmen Advance Publications.

Pinterest ist eine visuelle Plattform, auf der Nutzer Bilder, sogenannte „Pins", speichern und auf virtuellen Pinnwänden organisieren können; Pins sind häufig mit einem Link verbunden, sodass eine Conversion-Möglichkeit auf journalistische Inhalte besteht.

Besonders beliebt ist die Plattform für Themen wie Handarbeit und Basteln, DIY-Projekte, Mode, Rezepte, Inneneinrichtung, Hochzeitsplanung, Garten etc. Eine besondere Funktion ist die visuelle Suche, mit der Nutzer ähnliche Bilder oder Inspirationen entdecken können. Viele Unternehmen und Marken nutzen Pinterest gezielt für Marketingzwecke, um Produkte vorzustellen und Traffic auf ihre Websites zu lenken. Durch die kreative und inspirierende Gestaltung hat sich Pinterest als eine der führenden Plattformen für Ideenfindung etabliert.

BeReal ist eine Plattform, die sich den Austausch unter Freunden/Bekannten vor allem via Fotos auf die Fahnen geschrieben hat. Es gibt keine Filter – Authentizität ist Trumpf. Die Plattform erreichte Anfang der 2020er-Jahre größere Reichweiten. Inhalte auf BeReal löschen sich nach einer bestimmten Zeit (ein Tag) wieder, was ein Plus für die Privatsphäre darstellt. Den Durchbruch für journalistische Nutzung erreichte BeReal bis 2025 nicht, auch wenn es experimentell von einigen Redaktionen genutzt wurde. Die Plattform hat einen französischen Eigner und wird damit in der EU gehostet.

Weitere Plattformen

- **Discord** ist die Plattform, auf der Creators oft eine Art Forum/Chat zu ihren Kanälen auf Twitch oder YouTube pflegen und wo die Community sich jenseits von Livestreams austauschen kann. Besonders beliebt ist Discord in der Gamer-Community, auch als Ergänzung zu Twitch. Die Funktionen sind vergleichbar mit MS Teams.
- Wenn Sie Präsentationen-gestützte Vorträge halten, können Sie Ihre Folien (oder einen Teil davon) in **Slideshare** oder **Scribd** einstellen (sofern sie zur Veröffentlichung geeignet sind).
- Themenbezogene und kollaborative Linksammlungen können Sie auf **Google Docs** stellen
- Neben LinkedIn können Sie Ihren eigenen Lebenslauf und Ihre Adressdaten auf der „Business-Community" Xing hinterlegen.
- Audiofiles und -Experimente können Sie in **Soundcloud** publizieren
- Eine brauchbare Bilder-Plattform für Hobby-Fotografen ist nach wie vor **Flickr**.
- Für Podcasts gibt es auch eine Kommentarfunktion auf **Spotify**.
- Für bestimmte Nischen (z. B. Künstler) und die Fandom-Kultur ist die Miniblogplattform **Tumblr** interessant.

4.12   WhatsApp, Telegram und Newsletter via Messenger

Messengerdienste wie WhatsApp (oder auch die Messenger von Instagram und Facebook) sind eine gute Möglichkeit, Informationen zu verbreiten. Diese „Chat-Apps", die auf nahezu allen Smartphones installiert sind, bringen ggf. Ihr Thema, Ihre Nachricht in das persönliche Informationsmanagement der Leute – genau dort, wo sie auch persönliche Informationen erhalten. Prinzipiell sind solche Dienste und Funktionen zwar wichtig und von vielen Medien genutzt – aber Newslettern ähnlicher als Social Media, daher hier nur etwas kursorisch aufgeführt

WhatsApp wird vor allem von vielen Radiowellen genutzt, um Hörerfragen und andere O-Töne einzuholen, weil es eine für das Publikum sehr niedrigschwellige Möglichkeit ist, am Programm teilzunehmen. Denken Sie daran, dass WhatsApp aus dem Meta-Konzern aus guten Gründen von einem Teil der Hörerschaft abgelehnt wird und bieten Sie weitere Möglichkeiten der Teilnahme an…

WhatsApp-Kanäle sind eine Funktion von WhatsApp, die es ermöglicht, Updates und Informationen einseitig zu verbreiten – ähnlich wie einen Newsletter. Dabei kann – anders als von Messengern gewohnt – nur der Kanalbetreiber Nachrichten senden. Abonnenten können nicht darauf antworten oder in der Gruppe schreiben. Nutzer können Kanäle anonym abonnieren – andere sehen nicht, wem man folgt.

Admins können Texte, Bilder, Videos, Links und Umfragen posten. Abonnenten können diese Inhalte mit anderen teilen. Nutzer:innen können nach Kanälen in einem Verzeichnis suchen, das nach Beliebtheit oder Thema sortiert ist. Nachrichten in Kanälen verschwinden nach 30 Tagen automatisch (Abb. 4.10).

Broadcast-Kanäle in Instagram und Facebook haben eine ähnliche Funktion als Teil des jeweiligen Messengers. Nur Admins können schreiben, während Mitglieder Nachrichten lesen, auf Beiträge reagieren und an Umfragen teilnehmen können. Die Funktion ist verfügbar für Facebook-Gruppen und -Seiten (bzw. Instagram-Kanäle). Sie bietet sich an, um wichtige Updates oder exklusive Inhalte

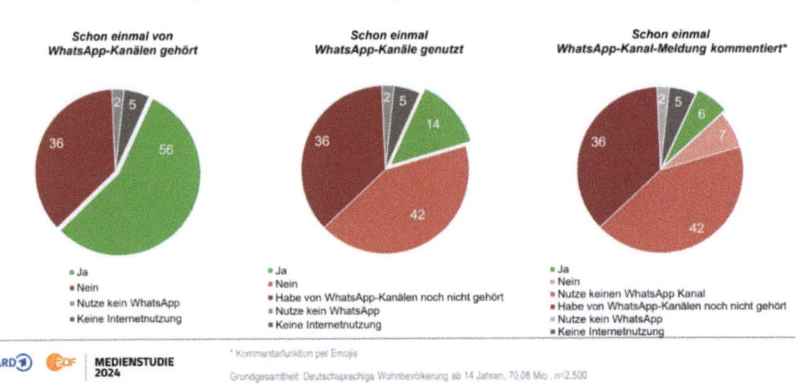

Abb. 4.10 WhatsApp-Kanäle können eine Möglichkeit sein, in einer Art interaktivem Newsletter das Publikum zu erreichen, das ein spezifisches Themeninteresse hat (z. B. regionale News). (Quelle: ARD/ZDF-Medienstudie, erscheint jährlich im Herbst. https://www.ard-zdf-medienstudie.de)

zu teilen. Nutzer:innen können den Kanal abonnieren, um Benachrichtigungen über neue Nachrichten zu erhalten.

Bei Telegram heißen vergleichbare Funktionen „Broadcast-Gruppen" und Broadcast-Kanäle. Während Gruppen in Telegram auf 200.000 Mitglieder begrenzt sind, können Broadcast-Kanäle eine unbegrenzte Anzahl von Abonnenten haben. Anders als in einer Gruppe können Mitglieder nicht sehen, wer den Kanal abonniert hat. Schreiberlaubnis haben nur Kanalersteller und optionale Admins des Kanals.

Telegram wird in Deutschland von Redaktionen nur selten genutzt, weil die Plattform generell einen schlechten Ruf hat (und auch bei Weitem nicht so verbreitet wie WhatsApp ist). Seinen schlechten Ruf hat Telegram vor allem, weil es kaum Moderation gibt, was die Verbreitung extremistischer und illegaler Inhalte und Fakenews erleichtert. In Ländern mit Zensur und Unterdrückung ist Telegram dagegen bei Oppositionellen wegen dieser fehlenden Kontrollmöglichkeiten geschätzt und in vielen Fällen eine der wenigen Möglichkeiten für relativ sichere Kommunikation.

Telegram ist deshalb für Journalist:innen eine wichtige Quelle z. B. um Infos von Whistleblowern oder „Bürgerjournaliste:innen" und Blogger:innen aus Krisengebieten zu gewinnen – etwa im Umfeld des Ukrainekrieges oder im Nahen Osten. Eine praktische Anleitung zum sicheren Umgang mit Telegram als Quelle für Journalismus in Krisengebieten gab die Investigativjournalistin Jane Lytvynenko auf dem Journalismusfestival in Perugia 2025. Ihr Vortrag ist auf YouTube nachzusehen: https://www.youtube.com/watch?v=S_Q1xAuj2jc.

Strategien und Konzepte

5

Zusammenfassung

Wer einen Auftritt oder auch nur ein Format für Social Media startet, sollte sich zuvor überlegen, warum er das tut, welche Rahmenbedingungen in der Redaktion vorliegen und wie ein neuer Account gegebenenfalls zu seinen anderen Auftritten und Produkten passt. Andere Auftritte können eigene Webseite und Apps, aber auch Podcasts, Newsletter und natürlich auch schon vorhandene Social-Media-Auftritte sein. Definieren Sie also die Ziele des Auftritts in einer Strategie und beantworten Sie in einem konkreten Konzept, wie Sie diese Ziele erreichen wollen. Sprich, beantworten Sie die wichtigen Fragen: Was soll wer wann wie posten? Und wie gehen wir mit unserer Community um? Und dann messen Sie immer wieder Ihren Erfolg (Ziel-Erreichung) und bessern nach. Die Checklisten in diesem Kapitel helfen bei der Formulierung von Zielen und beim Erstellen von Social-Media-Konzepten.

Schlüsselwörter

Social Media · Strategie · Konzept · Facebook · Instagram · TikTok · Vision · Mission · Nutzerbeteiligung · Erfolgsfaktoren · KPI · Benchmarks · Kennzahlen · Insights · Analytics · Messwerte

© Der/die Herausgeber bzw. der/die Autor(en), exklusiv lizenziert an Springer Fachmedien Wiesbaden GmbH, ein Teil von Springer Nature 2025
S. Primbs, *Social Media im Journalismus*, Journalistische Praxis,
https://doi.org/10.1007/978-3-658-48485-9_5

5.1   Was kann man von Social Media erwarten

Warum wollen Sie überhaupt auf Social-Media-Plattformen aktiv werden? Gehen Sie noch einmal die Liste der Chancen durch, die Social-Media bietet, ehe Sie Ziele formulieren und Ihre Aktivitäten planen.

- Reichweite gewinnen
- Debatten/Diskussion auslösen
- Traffic (Menschen) auf die eigene Webseite/App/Produkt lotsen (Conversion)
- Abonnenten für Bezahlmodelle gewinnen (Conversion)
- neue (jüngere?, spezifischere?) Zielgruppen erschließen
- Feedback für die eigenen Produkte/Artikel/Videos/Audios erhalten
- aus der Community Ideen oder Protagonisten für die eigene Arbeit gewinnen
- sich vernetzen mit anderen Medienschaffenden
- Aufmerksamkeit (Awareness) für die eigenen Themen (und die eigene Person/Marke) erhalten
- Kreative oder Nachwuchs für die eigene Redaktion gewinnen (Recruiting)

5.2   Was gehört in die Strategie

Strategien sind im Wesentlichen eine Management-Aufgabe, da sie darüber entscheiden, welche Produkte entstehen sollen, wie und mit welchen Zielen kreative und finanzielle Ressourcen verwendet werden. Diese Unterscheidung zwischen dem konkreten „Konzept" und einer übergeordneten „Strategie" mag zunächst akademisch erscheinen und auch ein wenig schwammig sein. Doch sie ist hilfreich – selbst, wenn es nur um Ihren ganz persönlichen Social-Media-Account geht. Etwa wenn man als Autor oder Autorin einen LinkedIn-Account betreibt, um in der Medienbranche bekannter zu werden. Denn auch bei dieser ganz persönlichen Entscheidung spielen strategische Fragen eine Rolle, wie: Was will ich erreichen? Wie viel Aufwand stecke ich nun in Social Media? Ist meine Zeit, meine Energie vielleicht anderweitig besser angelegt? Und wie bin ich maximal effektiv?

Umso wichtiger sind diese Fragen in Unternehmen oder Redaktionen, die professionell geführt werden. Die Aufwände für einen professionell geführten Account mit Multimedia-Inhalten gehen schließlich in die Hunderttausende pro Jahr. Eine Social-Media-Strategie für eine Zeitung, eine Fernsehsendung oder Radiosendung oder andere beliebige Medienmarke (aber auch für Journalisten, die sich in Social Media einen Namen machen wollen), enthält also im Wesentlichen folgende Elemente:

- die Vision und die Mission, in der Sie grundsätzlich darlegen, was Sie sich von Ihren Sozial-Media-Auftritten erwarten/erhoffen und wie Sie dort wahrgenommen werden wollen. Häufig werden Visionen auch als „allgemeine" oder „übergeordnete Ziele" bezeichnet. Das ist im allgemeinen Sprachgebrauch okay. Im Folgenden soll der Begriff „Ziele" aber für Messbares angewandt werden. Eine Vision kann etwa so lauten: „Wir wollen der erfolgreichste Account für popkulturinteressierte Teenager werden"; die „Mission" würde zusätzlich einen Zweck formulieren: Warum wollen Sie der erfolgreichste Account werden?
- die prinzipiellen strategischen Überlegungen, die damit verbunden werden. Z. B. Welche Zielgruppe will man genau erreichen? Das kann den Ausschlag dafür, welche Soziale Netzwerke man bespielen will oder welche grundsätzlichen Mittel man einsetzen möchte (Umsetzungsformen der Inhalte, Formate, Medientypen, ggf. welche Hosts). Bei obiger Vision würde man sich ggf. wohl für TikTok entscheiden, weil Teenager als Zielgruppe anvisiert werden. Und wahrscheinlich für ein Format mit Host(s).
- konkrete messbare Ziele (KPI und Benchmarks), die mit Social-Media-Aktivitäten innerhalb eines vorher festgelegten Zeitraums erreicht werden sollen. Messbare Ziele können z. B. sein: Reichweiten, Followerzahlen, Interaktionsraten, Video-Views, Verkäufe, Impressions (Sichtbarkeit), Link-Klicks auf das Conversion-Ziel (z. B. Webseite), User-Ideen/Infos für Recherchen. Achtung: Unbedingt diese KPI auch klar beziffern (Benchmarks) und in ein Verhältnis zu den Kosten/Aufwänden setzen! Bei obiger Vision könnte ein Benchmark lauten: Wir wollen im Schnitt mindestens 100.000 Views pro Video-Post/TikTok-Post erreichen.
- die Haltung, mit der man sich dem Dialog mit dem User öffnet bzw. sich in diesen Dialog der User einbringt. Wie ernst ist man, wie selbstironisch,

wie lustig/satirisch? Ist man eher „links" oder „rechts"? Jung oder Alt?
Dazu gehört auch die Frage der User-Ansprache: duzen oder siezen (oder
sich drumherum mogeln?). Die Haltung muss zur Zielgruppe und zu
Ihrer Marke/Absender passen! Bei obiger Vision würde man die Teenager
natürlich duzen.

- Antworten auf inhaltliche und formale Fragen zum Nutzerdialog in So-
  zialen Netzwerken und auch auf den eigenen Seiten. Will man eine offene
  Kommentarkultur und/oder Debatten gezielt führen? Will man einen Safe
  Space schaffen? Oder Streitkultur aushalten?

- Je lockerer man sich gibt, desto wichtiger wird die Frage nach der Füh-
  rung der Seite: Wie weit darf sich ein Redakteur, eine Autorin mit einer
  eigenen Meinung „aus dem Fenster lehnen"? Sind die eigenen „Köpfe"
  als Personen oder als Redaktion auf Twitter unterwegs? Erlaubt man dem
  Social-Media-Team, sich namentlich vorzustellen? Oder soll hier die
  Marke und nur die Marke als solche auftreten?

Welche Inhalte, Formate dann ganz konkret entwickelt und gepostet werden,
das ist dann Teil des Konzepts (s. unten). Ebenso die Rahmenbedingungen (Bud-
get, personelle und technische Ausstattung).

Social-Media-Strategien betreffen in Medienbetrieben unausweichlich auch
Bereiche, die bisher weniger eng mit der Redaktion zusammenarbeiten: Vertrieb,
Marketing, Leser-/Hörer-Zuschauerservice und PR; Manchmal auch die Personal-
abteilung des Verlagshauses. Beziehen Sie dieses Faktum (und diese Abteilungen)
ggf. in Ihre Strategie mit ein.

Denken Sie daran, die User mit einzubeziehen. Wenn Sie im Social Web eine
Rolle spielen wollen, gibt es etwas, das genauso wichtig ist wie selbst Inhalte beispielsweise auf Facebook zu posten: Nämlich, dass die Leserinnen/User mit Ihren
Inhalten interagieren, sie posten, sie kommentieren oder sie anderweitig weiterverbreiten. Sie können beispielsweise ein Video oder einen Link auf einen Artikel nur
einmal auf Facebook posten. Genauso kann das aber auch jeder einzelne Leser
eines jeden Artikels und jeder Videozuschauer.

Und das muss das Ziel sein, dass der/die Nutzende freiwillig Ihre Inhalte verteilt, weil er/sie diese interessant und gut findet, und weil er glaubt, dass auch seine
Freunde, Kolleginnen, Kumpels daran Interesse haben. Fragen Sie sich also bei
jedem Inhalt, den Sie posten, bei jeder Formulierung, die Sie wählen: Würde ich
das (als Teil der Zielgruppe) teilen(!)?

Sie können das befördern, indem Sie dies ihren Usern so leicht wie möglich machen. Bieten Sie Ihre Inhalte (schon auf der Webseite) leicht teilbar an, weisen Sie stets unaufdringlich (oder auch aufdringlich, wenn es zu Ihrem Image passt) darauf hin, dass man ja den Inhalt kommentieren oder teilen könnte (Engagement-Bait, Call to Action).

Ebenso können Sie ihre Community nach Wünschen oder Themenvorschlägen fragen, sie als Testgruppe bei der Formatentwicklung nutzen, oder innerhalb der Community nach Protagonist:innen fragen. Allein die Möglichkeit, Content mit den Kund:innen zusammen zu entwickeln, ist Geld wert. Das wird sofort klar, wenn man sich verdeutlicht, wie aufwändig und teuer es ist, zielgruppenspezifische Fokus-Gruppen für einen Usertest zu akquirieren. Die Community ist Ihr größtes Kapital!

5.3   Realistische Ziele

„Wir wollen die Jugend erreichen" oder „wir wollen ein jüngeres Image aufbauen" sind Visionen, die man oft hört, wenn man Redaktionen berät, die Social-Media-Auftritte planen. Einzeljournalist:innen, die anfangen zu bloggen oder ihre Social-Media-Accounts professionalisieren, stellen sich oft vor, wie sie es den vielen Amateur-Bloggern zeigen und binnen kurzer Zeit auf X oder Instagram Tausende Follower anziehen, wie sie deutschlandweit mit ihrer Expertise wahrgenommen werden etc. Nichts von alledem wird im Normalfall passieren.

Denn weder Instagram, Facebook noch X, YouTube oder TikTok warten auf Autorinnen und Journalisten aus den „alten Medien". Das sind Ökosysteme, die so, wie sie sind, funktionieren. Die meisten jüngeren Medienschaffenden (Creators) rekrutieren sich ursprünglich aus Medienlaien, die aber in ihrem Fachgebiet gut sind (und Social-Media-affin). Oder aus Naturtalenten, die aus Begeisterung an den Sozialen Medien selbst zu Creators werden. Meist ist es eine Kombination aus beidem. Wenn Sie als Redaktion in Sozialen Netzwerken reüssieren wollen, müssen Sie sich dort beweisen. Und langfristig zeigen, dass es sich lohnt, Sie zu abonnieren; dass Sie witzig, schlagfertig, schnell sind. Und einzigartig in dem, was Sie liefern.

„Alte" Medienmarken haben bei „den jungen Leuten" auf Facebook oder Instagram oder TikTok zunächst dasselbe Image wie in der analogen Welt: alt, verstaubt, langweilig, austauschbar, dafür vielleicht glaubwürdig (wenn sie überhaupt er-/gekannt werden). Wenn Sie also ein jüngeres Image haben wollen, machen Sie jüngere Inhalte, aber gekonnt jung, nicht auf jung gemacht. Sind Sie dafür bereit? Haben Sie die Ressourcen und die Fähigkeiten in Ihrem Haus, den dafür nötigen Content zu produzieren und die Plattformen damit zu bespielen, ggf. Marketing zu betreiben, um Ihre Marke jünger zu machen?

Wenn nicht: Bleiben Sie realistisch bei der Zielgruppenfrage. Vielleicht ist es einfacher, zunächst die Fans aus der analogen Welt, mittelalte Leute, die auch auf Facebook oder YouTube sind, dort zu Fans zu machen. Also die Zielgruppe, aus der sie etliche Menschen auch in der realen Welt schon erreichen oder die jedenfalls schon mal von Ihnen gehört hat. Dafür müssen Sie die Inhalte, die Sie haben, nicht unbedingt viel „jünger", aber unbedingt plattformgerecht und Social-Media-gerecht aufbereiten (das zwingt Sie sowieso zu einer moderneren Erzählweise). Damit ist schon viel gewonnen und vielleicht eine Basis gesetzt für einen nächsten Schritt – die jüngeren „Alters-Nachbarn" und Milieu-Nachbarn.

▶ **Fokussieren Sie ihre Zielvorgaben, denn:** „Viele Ziele verderben den Brei." (Sepita Ansari, Content-Marketing-Experte)

5.4   Die Zielgruppe kennen lernen

Wenn Sie nicht für sich selbst und ihresgleichen oder Ihr angestammtes Publikum, sondern für eine bestimmte Zielgruppe einen Auftritt planen, sollten Sie diese Zielgruppen genau definieren und anschauen. Die ersten, klassischen Zielgruppen-Einteiler sind: Alter, Geschlecht, Bildungsstand, Stadt/Land, Wohlstand/Status. Zum Beispiel könnten Sie sich zu überlegen, dass Sie ein überwiegend weibliches junges urbanes Publikum mit mindestens Hochschulreife ansprechen möchten. Natürlich kann man auch andere Unterscheidungskriterien in den Vordergrund stellen wie „Interessen", Familienstand, Lebenssituation, Einkommenssituation, politische Ausrichtung, Hobbys…. Um den Blick für diese wichtigste aller Fragen – wer soll mein Leser/meine Zuschauerin sein – zu wappnen, bieten sich aber noch ausgefeiltere Zugänge an.

Soziologie und Marktforschung schauen sich sehr genau an, wie unterschiedlich die Menschen ticken – und wie doch wieder viele sehr ähnlich denken. Für unseren Zweck reicht ein kurzer Blick in solche Typologien – beispielhaft seien genannt die Sinus-Milieus und die Mediennutzungstypen/Digital Media Types; beide werden auch von Medienhäusern genutzt. Dabei handelt es sich – negativ formuliert – um zwei Systeme, die die Menschen in soziologische „Schubladen" einordnen. Diese Schubladen helfen aber, zu verstehen, wie eine bestimmte Zielgruppe tickt, wie sie angesprochen werden will, welche Werte diese Menschen antreiben, und wie man mediale Nähe zu diesen Menschen aufbaut. Einen ersten Eindruck auf diese Systeme bilden „Kartoffel-Diagramme", die die Typen oder Milieus beschreiben und in einen Kontext zueinander stellen (Abb. 5.1 und 5.2).

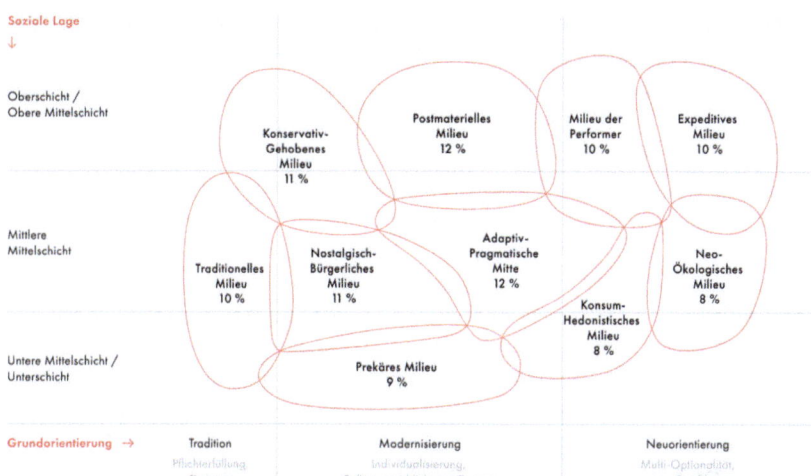

Abb. 5.1 Die Sinus-Milieus in Deutschland 2021. Solche Modelle dienen vielen Redaktionen als Hilfestellung, Zielgruppen besser zu verstehen und für sie Inhalte zu entwickeln. (Quelle: Pressemitteilung des Sinus Instituts vom 01.10.2021. https://sinusförmig-institut.de/Media-center/presse/stabilisierungs-2021)

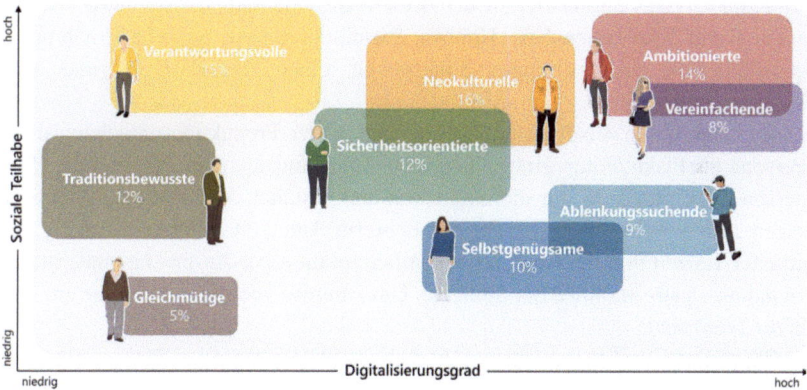

Abb. 5.2 Die Digital Media Types stellten eine Alternative zu den Sinus-Milieus dar und gehen in ihrer Segmentierung – neben Hobbys, Werten und Themeninteressen – stärker auf den konkreten Medienkonsum ein. (Quelle: Gesellschaft für innovative Marktforschung (IM), https://www.digital-media-types.de/)

Die Erfinder/Anbieter der entsprechenden Systeme haben ausführliche Beschreibungen und Material zu den jeweiligen Typen/Milieus – für jeden nachzulesen auf den entsprechenden Webseiten der Institute. Wenn man sich vor Augen führen möchte, wie der User, die Userin tickt, ist es fast am hilfreichsten, Bilder anzuschauen (z. B. beim Sinus Institut): Wie sieht deren Wohnzimmer aus – Eiche massiv, Ikea modern oder Second-Hand-Design-Klassiker, oder eben nicht Second Hand, sondern teuer, neu und echt?

Noch ein Hinweis zum Thema „Erfolg überprüfen". Es gibt ein Dilemma, wenn man zu spezifisch wird mit seinen Zielgruppen: Die Sozialen Netzwerke bieten standardmäßig eigentlich nur Alter und Geschlecht als messbare Größen an. Nur das kann man bei der „Review" der eigenen Angebote regelmäßig überprüfen. Andere Eigenschaften der erreichten Leute kann man nur schätzen aufgrund von Indizien (z. B. aufgrund von Äußerungen im Community-Management) oder aufwändig mittels Befragungen herausfinden.

Machen Sie ihre Zielgruppe fassbar! Alter, Geschlecht, Sozialer Status, Bildungsgrad, Stadt/Land-Verortung, Einkommen, Milieu... Das sind zunächst einmal Daten. Für den täglichen Gebrauch, zum Erstellen der Posts ist es sinnvoll, sich daraus eine konkrete „Persona" zu erschaffen. Dabei handelt es sich um eine fiktive Person aus der Mitte der Zielgruppe. Dieser fiktiven Person können Sie einen ganzen Lebenslauf andichten. Wo wohnt sie? Verheiratet oder Single? Hat sie Kinder? Haus und Garten? Oder doch WG? Jedenfalls hat sie einen Namen, einen Beruf, klar benennbare Hobbys, Parteipräferenzen, typische Ernährungsgewohnheiten, ein bestimmtes Smartphone, einen Freundeskreis (und auch Mediengewohnheiten).

Es kann helfen, im Redaktionsraum oder in der Produktionsumgebung diese Persona als Plakat/Fotoporträt mit Namen aufzuhängen – dann hat man die Zielperson direkt im Blick, für die man textet und gestaltet. Allein beispielsweise zu sagen „wir posten unsere Inhalte für Lehrerin Anna, 34 Jahre, aus Anzing, sie arbeitet Teilzeit und hat ein Kind" kann helfen, die User-Ansprache einheitlicher zu halten – ganz im Sinne der Strategie. Das ist umso wichtiger, wenn Sie ein größeres Team sind.

Tipp: Erstellen Sie in ein einem Workshop mit dem gesamten Team so eine Persona aus Ihrer Zielgruppe: Etwa in Form eines fiktiven Steckbriefs oder Lebenslaufes – so bekommt das ganze Team gleich von Start weg eine einheitliche Vorstellung von der Zielgruppe, wie die tickt, was die umtreibt, wie die angesprochen werden kann. Wie das Ergebnis eines Persona-Workshops aussehen kann, zeigt untenstehende Grafik.

Der Grad der Zielgruppen-Fokussierung hängt auch von der Plattform ab. Prinzipiell ist bei Plattformen, bei denen Abo- und Social Graph eine große Rolle

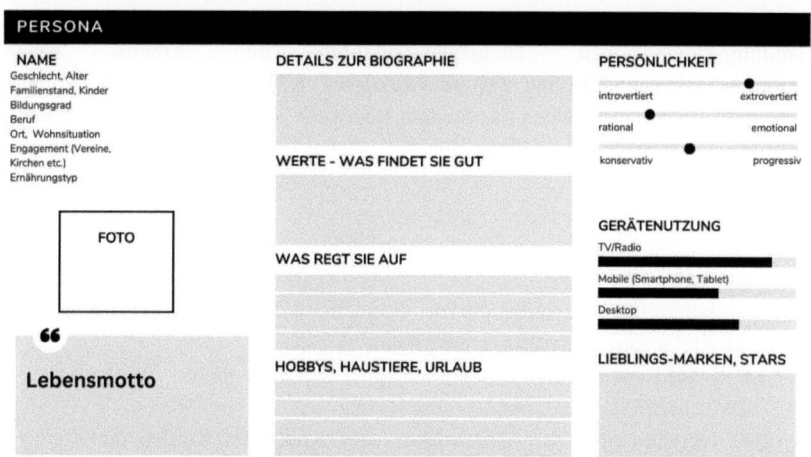

PERSONA

NAME
Geschlecht, Alter
Familienstand, Kinder
Bildungsgrad
Beruf
Ort, Wohnsituation
Engagement (Vereine,
Kirchen etc.)
Ernährungstyp

FOTO

Lebensmotto

DETAILS ZUR BIOGRAPHIE

WERTE - WAS FINDET SIE GUT

WAS REGT SIE AUF

HOBBYS, HAUSTIERE, URLAUB

PERSÖNLICHKEIT
introvertiert — extrovertiert
rational — emotional
konservativ — progressiv

GERÄTENUTZUNG
TV/Radio
Mobile (Smartphone, Tablet)
Desktop

LIEBLINGS-MARKEN, STARS

Abb. 5.3 Vorlage für die Entwicklung einer Persona. Ergänzen Sie Themen, die für Ihre Marke, ihr Medium wichtig sind. (Grafik erstellt mit Hilfe von Canva, siehe Kapitel über Tools, Credit: Bekeen.co via Canva.com)

spielen, die Zielgruppen-Angepasstheit der Inhalte wichtiger als bei Plattformen, deren Reichweite über einen reinen Content-Graph entstehen. Denn der Content-Graph findet im Idealfall für jeden einzelnen Inhalt ein ganz neues Publikum.

Eine klare Zielgruppenfixierung und inhaltliche Formatierung sind deshalb für die Feed-Posts auf Instagram, Facebook, X & Co, sowie für mittellange YouTube-Videos viel wichtiger als auf TikTok. Auf TikTok ist sehr viel mehr Raum für Experimente; in Abstrichen gilt das auch für Reels (Facebook, Instagram) und Shorts (YouTube). Wo der Content-Graph „regiert" ist es auch daher auch sinnvoll „generellere Accounts" ohne allzu enge Zielgruppenschärfe zu betreiben (z. B. Dachmarken-Accounts) (Abb. 5.3).

5.5 Das konkrete Konzept

Einem Social-Media-Konzept liegt idealerweise die oben erwähnte Strategie zugrunde, die eine Vision beinhaltet sowie die Frage nach der Zielgruppe und beantwortet. Im Grunde ist die Strategie eine gemeinsam mit der Redaktion entwickelte Management-Vorgabe, das Konzept ein konkreter redaktioneller Umsetzungsplan. Beides gehört zusammen.

Vor allem aber enthält das Konzept konkrete Vorstellungen der Inhalte, dazu Handlungsanweisungen, Dienstplanstrukturen und Arbeits- sowie Kommunikationsabläufe und weitere Workflows. KPI und Benchmarks können Strategievorgaben sein (wenn das Soziale Netzwerk schon feststeht) oder werden im Zuge der Konzeptentwicklung mit dem Management ausgehandelt. Hier ein „Gesamtpaket":

Strategisch
- die konkreten Netzwerke, die man bespielen will.
- die Zielgruppe, die man erreichen will,
- KPI und Benchmarks
- Zwischenziele, „Roadmap"
- Zeitvorgaben für eine Überprüfung des Konzepts (wurden die Ziele erreicht?)
- Rahmenbedingungen (Kosten/Budget etc.)

Inhalte-Konzept

- Arbeitet man mit einem/r Host? Oder weniger persönlichen Formaten?
- konkrete, wiederkehrende (Micro)Formate und andere Inhalte, mit denen man starten will
- darunter z. B. eine niedrigschwellige unterhaltsame wiederkehrende Rubrik jede Woche wie Comedy, Wettertalk, Wochenendtipp ...
- ... den „Brot- und Butter"-Content, der die meisten Posts ausmacht und
- ... aufwändiger Highlight- oder Hero-Content, der virales oder Trend-Potenzial hat
- Zeitschema für die geplanten Postings: Was soll jeweils wann gepostet werden?

Organisatorisch

- Die Personalplanung inkl. Abdeckung fürs Wochenende (Not-Bereitschaft?).
- Abnahmeworkflows
- Kommunikationswege für inhaltliche Fragen. Jedes Posting braucht eine inhaltliche Ansprechperson fürs Community-Management.
- Alarmkette für Notfälle (Krisenkommunikation/Shitstorms).

- Festlegungen für die Servicequalität im Community-Management. Allgemeine Betreuungszeiten; wie lange muss ein Nutzer längstens warten, bis sein Kommentar geprüft und freigeschaltet ist, eine Frage beantwortet ist? Wie viel/welchen Service kann man bieten? etc.
- Netiquette fürs Community-Management.
- Wissensspeicher (z. B. für oft gestellte Fragen im Community-Management)
- Schulungsplan für die Redaktion, also auch für Leute, die nicht direkt im Social-Media-Account arbeiten (deren Arbeit aber dort verwendet wird).
- Kennwort-Policy. Wer hat Zugang zu den Accounts? Wie werden sie gesichert (2-Faktor-Authentifizierung)
- Tools, die eingesetzt werden sollen.
- regelmäßiges Reporting in die Redaktion.

Distribution, Marketing, PR

- Nutzen Sie PR zur Gewinnung von Multiplikatoren. Denken Sie daran, Influencer:innen in den jeweiligen Sozialen Netzwerken als Verbreiter für Ihre tollen Inhalte zu gewinnen. Können Sie diese vielleicht schon bei der Konzeption einbinden?
- Inwieweit nutzen Sie klassisches Marketing/Werbung zur Verbreitung Ihrer Inhalte?
- Inwieweit können vorhandene Kanäle/Ausspielwege den Erfolg des neuen Auftritts/Formats unterstützen?

Ein Konzept sollte nicht statisch bleiben, sondern laufend angepasst werden. Lassen Sie sich von Ihren Fans, Ihren Usern und Abonnentinnen zeigen und sagen, was sie wollen, was sie liken, was sie teilen, was sie diskutieren. Und geben Sie ihnen mehr davon – und weniger von dem, was weniger interessiert. Als Mittel, um dies festzustellen, dient ein regelmäßiges Reporting, das auf die gesetzten Ziele abhebt. Auf Account-Ebene und auf Ebene der einzelnen Social-Media-Posts. Es dient der Kontrolle und der stetigen Nachbesserung des Konzepts.

Social Media macht Arbeit – und zwar je mehr, desto erfolgreicher man ist. Denn die Community wird aktiver und wächst. Beziffern Sie in Ihrem Konzept konkret die veranschlagten Aufwände für die Produktion der Inhalte (inkl. Mediengestaltung), die Pflege und Verwaltung des Auftritts selbst und des Community-

Managements. Vor allem letzteres wird oft unterschätzt und vergessen. Das ist fatal, denn Community-Management ist nicht skalierbar – je mehr Kommentare man bekommt, desto mehr Arbeit (sowie Nutzen und Ärger) hat man!

5.6   Phasen der Entwicklung

Je nach Netzwerk, der Bekanntheit der Marke und ggf. Werbemaßnahmen, vor allem aber auch dem Algorithmus, dauert es etwas Zeit, bevor sie einschätzen können, wie gut ein Konzept, eine Formatidee ankommt, ob es realistisch ist, die Ziele zu erreichen. Denn Sie starten bei einem neuen Account zunächst mal mit 0 Abonnenten/Followern. Geduld ist also gefragt – aber auch nicht zu viel davon. Man kann den Lebenslauf eines Accounts in drei Phasen einteilen.

Phase 1 – Startphase und „Takeoff-Time". Diese erste Phase ist die, in der Sie abchecken, ob es überhaupt einen Markt für Ihre Idee, eine Zielgruppe dafür gibt. Sie dauert je nach Netzwerk unterschiedlich. Bei Plattformen, auf denen Abomodell und Social Graph praktisch bedeutungslos sind und der Content Graph „herrscht" – z. B. TikTok, vielleicht auch einem YouTube-Shorts-Kanal – geht das schneller. Da sollten Sie innerhalb drei Monaten schon den einen oder anderen Post haben, der fünf-, besser sechsstellige Reichweiten erzielt. Bei Facebook, Instagram und YouTube und auch allen Microblogging-Diensten (X, Bluesky, Mastodon) müssen Sie mit einer mühsameren Aufbauphase und mehr „Takeoff-Time" rechnen, bis ihr Account abhebt.

In dieser Startphase sind vor allem relative KPI wenig aussagekräftig. Interaktionsraten zum Beispiel sind bei niedrigen allgemeinen Nutzungszahlen zum Beispiel immer überhöht. Schauen Sie in dieser Phase vor allem auf die Nutzung selbst. Erst ab fünfstelligen Nutzungszahlen (Views, Interaktionen) sind die Werte zwischen verschiedenen Accounts einigermaßen vergleichbar.

Bei den Abo-getriebenen Netzwerken brauchen Sie eine möglichst steile Anfangsphase, innerhalb derer Sie schnell auf einen Grundstock von Followern/ Abonnenten kommen sollten. Seien Sie dankbar für jede Starthilfe und nutzen Sie die Ressourcen und Reichweiten ihrer Marken, Hosts etc.; machen Sie Seeding und Crosspromo.

In dieser Phase kann es auch sehr hilfreich sein, mit klugen Marketingmaßnahmen schnell die Kernzielgruppe zu erreichen. Auf gutes Targeting achten, um sich auf die Menschen zu konzentrieren, die Sie als Kernzielgruppe definiert haben – oder die auf anderen Netzwerken bereits Fan der Marke sind, und die deshalb vielleicht leichter zu gewinnen sind.

Phase 2 – meist ab einem halben Jahr, ist eine Phase flacheren, stetigeren Wachstums. Hier gilt es vor allem, die vom Algorithmus gefundenen Neu-Nutzenden zu Abonnenten/Followerinnen zu machen. Auf dass Sie den Kanal abonnieren, auf YouTube „die Glocke drücken", interagieren etc. Im Idealfall gelingt es Ihnen, mit einem veränderten Konzept und gelegentlichen viralen Inhalten, die Wachstumskurve wieder steiler werden zu lassen. Bei YouTube ist dies die Phase, um neue Formate einzuführen, z. B. Shorts, wenn Sie vorher nur längere querformatige Videos hatten.

Phase 3 – am Rand der Sättigung. Das prozentuale Wachstum der Abos nimmt weiter ab, die Kurve wird immer flacher, die Reichweiten sind/bleiben vielleicht hoch, aber werden nicht mehr wesentlich höher. Langsam schöpft man die natürliche, mit dem bisherigen Inhalt erreichbare Zielgruppe aus. Falls Ihr Account sich in dieser Phase befindet, Sie aber denken, dass das Potenzial der Marke nicht ausgeschöpft ist, sollten Sie unbedingt an eine Änderung Ihres Contents, vielleicht sogar des ganzen Konzepts gehen. Einen letzten Boost können Sie dem Abo-Wachstum vielleicht noch geben, indem Sie mehr Inhalte zumixen, die auf den Content-Graph abzielen (Reels, Shorts).

Phase 3 ist auch andererseits die Phase, wo Sie ihre mühsam gewonnene Reichweite endlich auch „ausbeuten" können – sprich: mehr Link-Posts (Facebook), mehr Conversion auf die eigenen Angebote, mehr Eigenwerbung.

Ziel muss also sein, zuerst Reichweite und viele Abonnent:innen gewinnen, diese dann zu einer aktiven und starken Community formen, um zusammen mit dieser Community so attraktiv zu werden, dass sie den Bereich bis zur Sättigung und darüber hinaus ausdehnen und auch Menschen für Ihren Account gewinnen, die nicht zu den natürlichen Hardcore-Fans gehören.

5.7 Messbare Ziele: Community, Reichweite, Interaktion

Schauen wir uns etwas konkreter zum Beispiel einen Facebook- oder Instagram-Account an. Welche KPI gibt es hier? Was sind realistische Größenordnungen für Ziele? Dabei sei vorausgeschickt: Welche Kennzahlen im Einzelnen für eine bestimmte Facebook-Seite am wichtigsten sind, kann differieren. Manche Redaktionen wollen eher Interaktion und Debatte; andere Redaktionen wünschen sich vor allem Reichweite, wieder andere wollen User zur Teilnahme an Aktionen wie Einschicken von Fotos etc. Animieren. Und dann geht es ja auch noch darum, Einnahmen zu generieren oder Publikum auf die eigene Webseite/App/Digitalabo zu führen.

Jede Seite entwickelt sich anders, es gibt starke Ausschläge nach oben und unten, je nach Marke sowie deren Bekannt- und Beliebtheitsgrad, nach dem was, wie und wie viel Aktivität auf der Seite stattfindet, und nach der potenziellen, maximal erreichbaren Zielgruppe einer Seite/Marke. Meist lohnt es sich für die Zielsetzung, auf einige wenige, aber aussagekräftige Kennzahlen zu schauen, die ein Indiz für Reichweitengewinnung und Community-Qualität darstellen. Geliefert bekommen Sie diese Werte in den Insights oder mit Analytics (die Begriffe differieren von Netzwerk zu Netzwerk).

- **Reichweite**: Wie viele Menschen erreichen wir mit unseren Inhalten/Marken?
- **Nutzung**: Wie viele Menschen haben sich z. B. ein Video angeschaut (Views)?
- **Interaktivität** (Likes/Reactions, Shares, Kommentare): Sind wir mit unseren Inhalten relevant für die Menschen? Sind wir im Gespräch mit Ihnen? Als absolute Zahl und als Interaktionsrate.
- **Followerzahl/Wachstum der Abonnenten**: Die längerfristige Community im Web, mit der wir arbeiten können, weil sie bereits ein Commitment für die Seite abgegeben hat.
- **Zielgruppe:** Die im Konzept festgelegte Gruppe von Zielpersonen – der Einfachheit halber nach Altersstruktur und Geschlechterverteilung.
- **Conversion:** Der Nutzen, den Sie aus der Reichweite für Ihre eigenen Plattformen oder Produkte erziehen (z. B. kostenpflichtige Abos einer Website, App-Downloads oder einfach nur Link-Klicks auf die eigene Website).

Schon nach wenigen Wochen wird Ihnen klar werden: Diese Zahlen hängen zusammen: Wer mehr Reichweite und mehr Interaktivität hat, wird auch mehr Follower/Abonnenten gewinnen.

Ein weiterer Hinweis: die Algorithmen drosseln oder pushen immer mal wieder für bestimmte Inhaltstypen die Reichweite. Wenn sich z. B. die Reichweiten eines Accounts im Laufe der Zeit verschlechtern, muss dies nicht an schlechterem Content liegen. Vergleiche über längere Zeitspannen (viele Jahre) sind daher mit Vorsicht zu genießen. Beobachten Sie also unbedingt auch die Konkurrenz – sind dort ähnliche Schwankungen zu beobachten? – dann könnte es der Algorithmus sein. Und passen Sie ihr Konzept immer wieder dem sich verändernden Algorithmus an. Gegen den Algorithmus zu arbeiten ist, wie gegen die Strömung zu schwimmen …

Reichweite oder Impressions bedeutet die Zahl der Personen, die einen Post/ Beitrag gesehen haben können. Und zwar, weil der Beitrag Ihnen angezeigt wurde, während Sie auf der Plattform bzw. in der App waren. Eine „echte" Nutzung der Inhalte ist damit nicht unbedingt verbunden. Facebook gibt außerdem noch die Reichweite für eine Seite innerhalb eines Zeitraums (zum Beispiel Woche) an. Das ist die Zahl der Personen, denen irgendein Beitrag angezeigt wurde (mehrfach Erreichte werden da nur einmal gezählt).

Wie hoch sollte die Reichweite sein? Ein gesundes Reichweitenziel wäre es, ab Phase 2, im Schnitt pro Post die Abozahl/Followerzahl auch zu erreichen (bei 100.000 Abos 100.000 Reichweite). Das heißt, schlechtere Posts werden durch Posts ausgeglichen, die „viral" gehen und weit über die Followerzahl hinaus Furore machen. In der Startphase muss die Reichweite natürlich weit über der (naturgemäß kleinen) Abozahl liegen.

Reichweite hat mit folgenden Faktoren zu tun

- Engagement (Interaktionen wie Likes, Reactions, Kommentare)
- Content-Graph-Anteile des Algorithmus
- Followerzahl/Abonnentenzahl
- Teilungsvorgänge (Shares, Reposts)
- SEO/Suchvolumen (je nach Plattform)
- Bei Videos: Watchtime
- weitere Interaktionen (zum Beispiel „Markierungen" durch Personen)
- aktive, marketingmäßige Bewerbung
- Ggf. „Abstrafungen" des Contents (z. B. nicht für Jugendliche geeignet, Shadowban) sie bremsen Reichweite

---

Follower/Abonnenten-Wachstum ist wichtig, aber ohne Reichweiten jenseits der vorhandenen Abonnentenbasis gibt es kein Fanwachstum. Solche höheren Reichweiten erzielt man einerseits durch hohe Interaktionsraten (Shares) und andere Signale, die auf den Distributions-Algorithmus der Plattform einzahlen. Oder durch Teasing und Verlinkungen von außen. Zum Beispiel in einer Sendung, einem Onlineportal oder im Newsletter sowie durch andere, schon erfolgreiche Accounts, die auf den neuen hinweisen (Shout Out). Freilich können Sie die Anhängerbasis auch steigern, indem Sie Ihre Accounts durch Ads (Anzeigen, sponsored Posts) in Facebook oder Instagram selbst bewerben, also Reichweite kaufen (siehe unten).

Ebenfalls Reichweiten- (und damit Wachstums-)Treiber sind Inhaltstypen, bei denen der Algorithmus von Haus aus weniger auf Abos oder den Social Graph schaut, sondern fast ausschließlich den Content Graph benutzt. Auf Plattformen wie Facebook, Instagram (und übrigens auch YouTube) sind das (Stand 2025) vor allem die Vertical-Video-Formate, Reels und Shorts.

Grundsätzlich gilt: Wenn Sie nicht eine sehr enge Nische oder das Lokale bespielen, sollten Sie mit einem professionell bespielten, bundesweiten Account mit journalistischem Content mittelfristig einen sechsstelligen Abonnenten-/Follower-Stamm anvisieren. Das heißt, spätestens nach einem halben Jahr sollte der Account fünfstellig sein und dann stetig weiterwachsen. Wie schnell dann die 100.000 erreicht werden, das hängt von ihrem Einsatz, der Qualität ihres Contents und ggf. auch Marketing-Mitteln ab.

Dann ein Blick auf die Interaktivität: Shares, Likes/Reactions und Comments von vielen Menschen sind wichtig für die Erhöhung der Reichweite. Die Plattformen liefern Inhalte mit viel Interaktion an mehr Menschen aus, da dies als Zeichen für die Relevanz eines Inhalts fürs Publikum gilt. Die härteste Währung unter den Interaktionen sind die Shares, das „Teilen"; wenn Menschen Inhalte teilen, erreicht man Menschen außerhalb der bestehenden Fanbasis und kann diese erweitern.

Die Interaktionsrate wird in Prozent angegeben und nennt das Verhältnis von Reichweite zu Interaktionen für einen bestimmten Content. 1000 Interaktionen bei einer Reichweite von 100.000 eines Posts ergeben 1 % Interaktivität. Sie ist weniger ein Ziel an sich, als eine wichtige Stellschraube, um andere Ziele, wie Reichweite, zu erlangen.

Die durchschnittliche Interaktionsrate (pro Post) lag lange Zeit bei ca. 0,25 %. bei den besseren Journalistischen Seiten bei 1,2 %. Die Tool-Anbieter von Adobe Social, über deren Tools Zigtausende von Social-Media-Accounts gemanagt werden, gaben 2024 für folgende Plattformen als „gut" an: LinkedIn 2 %, Facebook: 1–2 %, Instagram: 2 %, X: 0,5 %. Auch hier gilt: Medienanbieter schneiden im Vergleich zu Influencern und kleineren, spezialisierteren Accounts unterdurchschnittlich ab, weil sie auch „neutralere Botschaften" verbreiten, die keine Aufreger sind. Die Interaktionsrate ist also auch Genre- und Größen-Abhängig. Ab einer Follower-Basis von circa 100.000 wird es dagegen schwieriger, dauerhaft höhere Werte zu erreichen.

Idealerweise orientieren Sie sich im Hinblick auf Interaktionsrate an den besten Konkurrenten. Mit (meist kostenpflichtigen) Analytic-Tools können Sie sich die Wachstumsraten und Interaktionen konkurrierender Seiten anzeigen lassen und mit Ihren eigenen vergleichen.

Das Conversion-Ziel „Klicks für die Webseite genieren" (Referrer) aus Facebook oder YouTube ist ebenfalls messbar, konkurriert aber mit den anderen Zielen. Es ist nämlich davon auszugehen, dass die Plattform-Algorithmen es als negatives Signal sehen, wenn Menschen nach der Nutzung ihres Inhalts die Plattform verlassen. Deshalb ist davon abzuraten. dieses Ziel bereits für die Startphase eines Social-Media-Accounts zu setzen.

Denn zuerst muss eine Community aufgebaut sein, um mit ihr zu arbeiten; erst mal gilt es auf einer Plattform richtig erfolgreich zu werden, ehe man diesen Erfolg ummünzen kann. Denn ohne Reichweite gibt es keine Conversion. Deshalb ist Conversion kein Top-Ziel für Phase 1 eines Auftritts (s. oben). Wenn man aber auf einem Sozialen Netzwerk wirklich erfolgreich ist, kann man mit Cliffhanger-Texten und Clickbaiting experimentieren. Hat man seine Community eng an sich gebunden und liefert das Linkziel einen wirklichen Mehrwert, wird man seine User auch dorthin bringen können.

Für alle Conversion-Ziele ist aber eine realistische Erwartungshaltung wichtig. Kann man auf Facebook und X (und Co) noch wirklich Link-Posts setzen, so werden diese doch in der Regel nicht die gleichen Reichweiten erreichen wie Bild- oder Videoposts. Und bei Instagram oder TikTok gibt es keine Linkposts; da muss man schon mit Workarounds (Links in der „Biographie") arbeiten, um überhaupt Leute aus der Plattform hinaus auf das eigene Angebot zu lotsen. Davon abgesehen, sollte man sich immer vor Augen halten: In dem Moment, wo Menschen auf einer Plattform bzw. in einer App sind, sind sie bewusst auf diese Plattform gegangen. Ein aufgedrängter Plattformwechsel ist da eine innere Hürde; denn gute Inhalte gibt es auf all diesen Plattformen zu Genüge. Das ist ein wenig, als wenn Sie jemanden, der gerade in Lokal A speist, vom Tisch weg direkt in Lokal B führen wollen …

Tipp zur Messung: Facebook bietet zwar eine Click-Through-Angabe an für Linkposts. Links an anderen Stellen (z. B. in Kommentaren, Bildbeschreibungen etc.) sind davon aber nicht erfasst. Nutzen Sie deshalb für Links in Social-Media Linkkürzer, die sich dann entsprechend auswerten lassen. Noch besser sind ausgefeilte Tracking-Links, um die Userjourney zu verfolgen. Etliche Social-Media- und Marketing-Tools bieten entsprechende Linkgeneratoren (samt Auswertung) an.

5.8   Daten für die Erfolgsmessung

Wenn Sie von einem Dienstleister, einer Produktionsfirma oder einer Agentur Ihre Facebook-Seiten betreuen lassen, oder als Social-Media-Manager:in Ihrem Chef ein Reporting machen müssen, bieten sich folgende regelmäßige Kennzahlen an. Dieses Reporting dient zweierlei: Zum einen zeigt es einem, ob man die gesetzten Ziele erreichen wird; zum anderen dienen die Messwerte dazu, um herauszufinden, was man besser machen kann bzw. was gut, was schlecht läuft. Passen Sie diese Liste an Ihren Account an – wenn Sie keine Videos haben, ergeben auch Videokennzahlen keinen Sinn.

Reichweite des Accounts
- Organische Reichweite
- Ggf. bezahlte Reichweite (durch Werbeanzeigen erzeugt)

Top drei der Posts

- Beiträge mit der größten Gesamtreichweite
- Beiträge mit den höchsten Interaktionsraten

Flop drei der Posts

- Beiträge mit der niedrigsten Gesamtreichweite
- Beiträge mit den niedrigsten Interaktionsraten

Fan-Entwicklung

- Gesamtzahl der Follower
- Gesamtzahl neuer Follower
- Prozentuales Wachstum Followerzahl

Conversion

- Klicks auf die eigene Webseite
- Ggf. Abos, die dadurch generiert wurden
- Awareness (ggf. Werbewert eines Posts vergleichbar mit einer Anzeige)

Community/Interaktion

- Durchschnittliche Zahl der Kommentare
- Interaktionsrate
- Top 3 der meistdiskutierten Posts

Videos (ab 3 min)

- Gesamtzahl der Views
- Watchtime der Videos im Schnitt
- Durchschnittliche Watchtime (Retention Rate)

Reels

• Views gesamt
• Top 3 der Reels nach Views

Zielgruppe

• Durchschnittsalter
• Geschlechterverteilung

Vergleichswerte

• Vormonat
• Vorjahresmonat
• Ein-Jahres-Kurve der Reichweite
• Ein-Jahres-Kurve des Followerwachstums

Erheben Sie Reports zum Beispiel wöchentlich für das engere Social-Media-Team und monatlich für den Markenverantwortlichen bzw. für die Redaktions-leitung. Beim Erstellen helfen neben der Auswertung der Plattform-Insights selbst Monitoring-Tools wie Emplifi, Facelift oder Fanpagekarma. Ein weiteres Reporting kann speziell für das Community-Management sinnvoll sein – dazu mehr im entsprechenden Kapitel.

5.9   Social-Media-Marketing

Marketing in Sozialen Netzwerken für journalistische Angebote war lange Zeit umstritten. Es galt als ehrlich und sportlich, allein durch eigene Inhalte und die daraus erzeugten Teilungsraten ein Wachstum in Sozialen Netzwerken zu er-reichen. Die Zeiten haben sich geändert. Die (bestehenden) Plattformen wachsen nicht mehr groß, man muss in einem Markt wachsen, der schon besetzt ist, und einen Algorithmus bedienen, der eine Überfülle an möglichem Content zur Ver-fügung hat.

Viele (vor allem neue) Social-Media-Accounts tun sich daher schwer, noch auf-zufallen und ihre Fans zu erreichen. Deshalb kann es durchaus sinnvoll sein, eine neue Facebook-Seite, eine neue Instagram-Präsenz und ihre Inhalte innerhalb der Plattformen zu bewerben. Auch um relativ schnell auf die ersten paar Tausend Abos zu kommen und überhaupt erst eine Ausgangsbasis für virale Verbreitung guter Inhalte zu schaffen. Und um die Startreichweite von potenziell viralen Inhalten zu erhöhen. Damit „kauft" man keine Abonnenten und Follower – ein Mensch klickt nämlich immer freiwillig auf „gefällt mir" oder „abonnieren".

Ebenso lohnt es sich, bei Aktionen, für die Sie sich User-Beteiligung erhoffen, eine Marketingmaßnahme zu erwägen. Dann können Sie etwa die Aufforderung, Fotos oder Filme einzusenden, gezielt der entsprechenden Zielgruppe (Hobby-Fotograf:innen aus Ihrer Gegend) anzeigen lassen. Setzen Sie sich dabei mit der Marketingabteilung Ihres Medienhauses in Verbindung, denn Marketing in Sozialen Netzwerken sollte gekonnt sein.

Für das Pushen von redaktionell betreuten Seiten und speziellen Inhalten mit „Reichweitengeld" sollten aber einige Dinge auch von der Redaktion beachtet und eingefordert werden:

- Legen Sie ein Ziel für die Marketingmaßnahme fest. Wollen Sie einzelne Inhalte verbreiten und geht es Ihnen um Reichweite?, oder wollen Sie Abos, also eine nachhaltige Community generieren?
- Falls Sie eine Agentur beauftragen, lassen Sie sich ein (ggf. regelmäßiges) Monitoring zusichern mit den wichtigsten Kenndaten.
- Achten Sie als Redaktion darauf, dass Sie die Kontrolle über den Content behalten, der fürs Marketing verwendet wird (Abnahme, am besten sind Sie auch bei der Erstellung involviert)! Sie kennen ihre Community am besten – besser jedenfalls als jede Marketing-Agentur.
- Zum Start eines Accounts (z. B. einer Facebook-Seite) kann es sich lohnen, diesen Account selbst zu bewerben, um eine erste Abo-Basis zu generieren.
- In einer späteren Phase ist es häufig sinnvoller, die Verbreitung von einzelnen Inhalten zu befördern (sponsored Posts). Aber: Wählen Sie die Inhalte aus, die sowieso gut laufen, die viral halbwegs funktionieren. Stellen Sie nicht die Ladenhüter ins Schaufenster, sondern die Bestseller!
- Achten Sie auf redaktionelle Belange: Verbreiten Sie keine „harten Nachrichten" wie Todesfälle/Nachrufe oder politische Nachrichten mit Marketing-Geld. Dergleichen wirkt als „sponsored Post" peinlich oder parteiisch.

- Optimieren Sie Ihre Text-Bild-Anzeigen, indem Sie diese testen. Setzen Sie nacheinander verschiedene Versionen der Anzeigen ein und wählen Sie die am besten funktionierende aus. Für aussagekräftige Testläufe reichen schon niedrige dreistellige Beträge.
- Betreiben Sie „Marketing" auch dadurch, dass Sie Interviewpartnern (Künstler, Sportlerinnen etc.) vorschlagen, das Interview etc. später auf den eigenen Kanälen zu teilen. Wenn ein Fußballstar mit Millionen Facebook-Fans eine Nachricht Ihrer Webseite (zum Beispiel den Link auf ein Interview) teilt, erreichen Sie mehr Menschen, als Sie per Facebook-Werbung kaufen können.
- Denken Sie an die Zusammenarbeit mit anderen Kreativen, bahnen Sie Kooperationen an oder bitten Sie um einen Shout Out, oder organisieren Sie Co-Posts oder Collabs (z. B. auf Instagram).

Bezahlte Reichweite ist aber nicht der Schlüssel zum Erfolg. Sie ersetzt nicht die langfristige, mühevolle Arbeit der Social-Media-Redaktion und auch nicht die Kreativität. Im Gegenteil: Es empfiehlt sich, nur gut laufende Posts zusätzlich mit Marketing-Geld zu befördern, und ansonsten sehr gezielt aus den Facebook-Advertising-Möglichkeiten auszuwählen. Was „organisch" – so der Facebook-Begriff für die natürliche Reichweite – niemanden interessiert, tut es als aufgezwungene Werbung noch weniger. Zum Beispiel ist die Effektivität von Facebook-Marketingmaßnahmen recht unterschiedlich (Richtwerte circa 0,03 bis 3 € pro neuem Abo). Außerdem ist anzunehmen, dass eine Fanbasis, die in erster Linie auf Marketingmaßnahmen beruht, weniger aktiv ist als eine organisch gewachsene. Achten Sie also darauf, nicht Karteileichen anzusammeln.

▶   **Fans/Follower kaufen ist tabu!** *Ein No-Go: Es gibt Agenturen, die Follower kaufen. Das heißt, es werden Wachstumsraten erzielt, indem man – beispielsweise – Menschen in Entwicklungsländern Geld dafür bezahlt, dass sie Follower einer Seite werden, deren Inhalte sie gar nicht interessieren. Davon ist unbedingt abzuraten, denn diese Zahlen nützen Ihnen erstens nichts, und zweitens schaden sie wohl auch noch im Algorithmus – denn die passiven Karteileichen suggerieren, dass Ihre Followerbasis an Ihnen nicht interessiert ist. Deshalb sollten Sie, wenn Sie Agenturen mit der Betreuung von Facebook-Marketingaktionen beauftragen und mit diesen Zielen vereinbaren, Fankauf unbedingt ausschließen.*

Inhalte für Social Media

6

Zusammenfassung

Wer Journalismus lernt, wird in der Regel auch in den klassischen Genres Erfahrungen sammeln: Nachricht, Bericht, Reportage (Dokumentation), Feature, Kritik/Rezension, Erklärstück, Straßenumfrage (Vox-Pop), Kommentar, Glosse, Polemik, Kolumne etc. Social Media hat die Formensprache des Journalismus um eine Reihe von Genres erweitert – sei es durch technische und gestalterische Möglichkeiten der Plattformen, sei es durch die subjektivere Perspektive vieler Blogger und Creator:innen, oder sei es durch die von Regelkunde ungetrübte Kreativität scheinbar Ungelernter auf Social Media. Hier ein paar Hinweise zur sich daraus veränderten Haltung – und warum man sich der neuen Erzählformen bedienen sollte, um plattformgerecht seine Geschichten zu erzählen.

Schlüsselwörter

Social Media · Facebook · Instagram · Galerie · Zitatkachel · Texttafel · Bildpost · Vertical · Reel · Short · TikTok · Rant · Reaction · Listicle · Design Thinking

S. Primbs, *Social Media im Journalismus*, Journalistische Praxis,
https://doi.org/10.1007/978-3-658-48485-9_6

6.1   Journalistische Qualität reicht nicht

Es ist beileibe nicht so, dass sich guter Journalismus automatisch im Social Web verbreitet und dort die Anerkennung bekommt, die er verdient. Im Gegenteil: Qualitätskriterien, die bisher galten, werden zum Teil entwertet, unter anderem Exklusivität. Bisher war es so, dass der Rechercheur einer Geschichte, die investigative Reporterin, für sich und die Medienmarke einen echten Mehrwert schaffte. Unter Fachkollegen ist das heute noch so und der Respekt für eine Rechercheleistung sicher.

Im Internet hält Exklusivität aber maximal drei Minuten, schon hat die Konkurrenz den Inhalt in eigenen Worten wiedergegeben. Klar: Es wird meist irgendwo noch zitiert, wer die Quelle ist. Zumindest, solange man keine eigene Bestätigung des Sachverhalts hat; doch der Leserin – und dem Werbekunden – ist das egal; von Erwähnungen/Zitationen kann man sich nichts kaufen. Von den Algorithmen der Sozialen Netzwerke wird der knappe zeitliche Vorsprung leider nicht unbedingt belohnt, ebenso wenig übrigens von den Suchmaschinen.

Oft bekommen Zweitverwerter und Zitatoren mehr Publikum und Aufmerksamkeit, und zwar dann, wenn sie eine größere Community haben, wenn sie die Geschichte plattformgerechter präsentieren, oder eine bessere Suchmaschinenoptimierung bzw. Algorithmusoptimierung nutzen. Für Verlage, die Teile ihres Angebots hinter einer Bezahlschranke (Paywall) gelegt haben, ist das umso fataler: Die Konkurrenz schreibt ab – besser: schreibt um – und publiziert selbst, ohne Bezahlschranke.

Deshalb ist es nicht nur wichtig, die besten exklusiven Inhalte zu haben, sondern diese am besten auf die jeweiligen Netzwerke angepasst zu präsentieren. Und bei exklusiven Inhalten: auch den Hintergrund präsentieren. Man kann die Nachricht umschreiben, dass Politikerin X sich von Steuerhinterzieher Y einladen hat lassen. Was man nicht so leicht abschreiben kann, ist die Geschichte dahinter: wie man dahinterkam, wie man vielleicht bei der Recherche behindert wurde. Diese Geschichte kann nur die Person erzählen, die auch die Arbeit gemacht hat.

Social Media favorisiert ganz spezielle dramaturgische Genres und die Plattformen bieten bestimmte technische Contenttypen an, die man kennen und nutzen sollte, will man Erfolg haben. Einige Genres sind auch erst durch Social Media oder das Smartphone entstanden. Vertical Video ist zum Beispiel Social-Network-typisch und ganz spezifisch für die Nutzung am Smartphone angepasst (während der TV- oder Computerbildschirm das Querformat bevorzugt).

Dramaturgisch gilt für alle Social-Media-Genres, dass sie sofort auf den Punkt kommen müssen, den Nutzenden fesseln müssen. Die „Hook" (dramaturgischer

Anfang) muss sofort verfangen, sagt man, wie der Angelhaken einen Fisch festhält. Denn in einem Feed ist die Content-Konkurrenz gewaltig. Wenn nicht sofort klar ist, warum man etwas lesen/anschauen/anhören sollte, wischt man einfach weiter, zum nächsten Post. **Host oder nicht Host?** Aus Social-Media-Sicht scheint es geradezu natürlich, mit einem/einer starken Host zu arbeiten, der/die für die Haltung und Inhalte steht, die Sie verbreiten wollen, und der/die als Person mit der Community auf Augenhöhe interagieren kann. Wenn Sie sich dafür entscheiden, bedenken Sie, dass zur Formatentwicklung noch das Casting und das Testen des Hosts dazukommen. Er/sie sollte gegebenenfalls nicht nur die journalistischen Inhalte glaubwürdig vertreten können und ein wenig Charisma mitbringen, sondern auch zur angestrebten Zielgruppe passen.

Zielgruppe, Plattform und Nutzungssituation – das ist der Dreiklang, in dem Sie denken. Der Contenttyp und das dramaturgische Genre für Ihre Botschaft sollte nicht nur zum jeweiligen Netzwerk (Plattformgerechtigkeit) und zum Publikum (Zielgruppengerechtigkeit) passen, sondern auch zur angenommenen Nutzungssituation. Gehen Sie davon aus, dass Ihr Publikum zum Zeitpunkt der Veröffentlichung/der Nutzung am Smartphone ist – dann wählen sie z. B. eine kurze, schnell erfassbare Form und vielleicht ein Vertical Video oder eine Textkachel. Gehen Sie von einer längeren, ausführlichen Nutzung aus, die etwa nach Feierabend stattfindet – können Sie z. B. ein längeres Videoformat in 16:9 wählen; und wenn Sie Menschen erreichen wollen, die z. B. Zeit im ÖPNV verbringen, sind Videos um die zehn Minuten Dauer nicht schlecht.

6.2   Die einzelnen Contenttypen im Überblick

Der Textpost. Der simpelste Social-Media-Post ist einfach ein paar Zeilen Text. Auf X und X-Alternativen fast der Normalfall – auf Facebook oder in anderen Plattformen eher eine Ausnahme oder gar nicht möglich. Außerhalb von X und X-Alternativen (Mastodon, Bluesky, Threads) gilt: Nutzen Sie kleine Textposts allenfalls für Eilmeldungen. Doch selbst da sollten Sie ein Bild (und sei es eine Schrifttafel mit „Eilmeldung" als Text) dazustellen. Textposts werden ansonsten leicht übersehen in der grellen Social-Media-Welt auf dem Smartphone. Wann immer Sie wichtiges, Nachhaltiges zu sagen haben, suchen Sie ein Bild dazu.

Der Linkpost. Linkposts gibt es etwa bei Facebook sowie X und X-Alternativen sowie in den Messengern. Linkposts sind die effektivste Möglichkeit, Menschen auf Ihre eigenen Plattformen zu locken. Effektiv auch in dem Sinne, dass sie wenig Aufwand verursachen. Die Plattformen greifen sich selbst Überschrift und Bild

von den Webseiten, sodass ein Linkpost meist mit Bild und Überschrift angezeigt
wird. Der Nachteil: Selbst die Plattformen, die Linkposts anbieten, fördern nicht
unbedingt deren Reichweite im Vergleich zu anderen Contenttypen – weil sie aus
wirtschaftlichen Gründen nicht wollen, dass die Menschen über den Link die jeweilige Plattform verlassen. Eine Alternative kann sein, einen Link in einem ersten
Kommentar oder im Begleittext zu einem Bild/Textkachel zu setzen. So trickst
man die Plattform vielleicht aus (allerdings ist auch der Link weniger prominent
und die Klickrate wird sinken).

Der Bildpost. Bildposts sind technisch gesehen Bilder beziehungsweise Grafiken.
Praktisch kann darauf alles Mögliche dargestellt werden: Reportage-Fotos, Schlagzeilen, Zitate („Zitatkachel"), echte und gefühlte Infografiken, Ankündigungen (Plakat-
tafel), Schlagzeilen, Porträts, Piktogramme. Rätsel, „Bullshit-Bingo"…

Bildposts erzeugen Aufmerksamkeit und nehmen Bild-Scroll-Fläche auf dem
Bildschirm ein. Sie sind ein Hingucker und sollten auch so gestaltet werden.
Plakativität und Erkennbarkeit auf Mini-Bildschirmen ist oberstes Gebot. Achten
Sie bei Bildposts auf die „Safe Zones" Manche Plattformen lassen nur bestimmte
Formate (Quadrat, Rechteck in bestimmten Seitenverhältnissen) zu, und schnei-
den je nach Ausspielform/-Gerät ggf. Teile des Bildes weg.

Zu Bildposts sollten Sie Begleittexte (Caption) stellen, die den Kontext herstel-
len oder das Bild/die Grafik einordnen, Zusatzinfos liefern. Auch Links auf Ihre
Website können dort meist untergebracht werden (oder auch z. B. in einem ersten
Kommentar).

Die Story. Stories – einst erfunden von Snapchat – sind kurze hochformatige
Multimedia-Shows. Sie bestehen aus hochformatigen Snaps, auch Slides genannt.
Ein Slide ist in der Regel ein plakativ betextetes Bild. Die Geschichte wird also
über mehrere betextete Bilder erzählt, die nacheinander angeschaut werden. Auch
kurze Videoschnipsel können Teil einer Story sein. Stories sind im Schnitt zwischen drei und 11 Slides lang. Wenn Sie eine Story erstellen, denken Sie daran:
Vermeiden Sie Längen in der Dramaturgie. Als statistisch ideal gelten fünf bis
sieben Slides. Auch Ein-Slide-Stories können funktionieren.

Stories wenden sich typischerweise an die engere Community, die Abonnenten.
Zum Beispiel können Sie für „Behind the Scene"-Berichte und Blog-artige Reise-
tagebücher verwendet werden. Wollen Sie über Ihre bestehende Community hinaus wahrgenommen werden, ihre Reichweite steigern, oder gar viral gehen, wählen
Sie besser ein anderes Format.

Vertical Video: Toks, Reels, Shorts. TikTok (oder vielmehr die Vorgänger-
plattform Musical.ly) hat das Format bekannt gemacht. Dabei geht es um hochformatige Kurzvideos von einer Dauer von 15-180 s (rein technisch geht meist
mehr). Reels gehören zum Content-Mix bei Instagram, Shorts heißt das vergleichbare Format bei YouTube.

Die Erfolgsgeschichte der Verticals begann auf TikTok mit Tanzmoves, Karaoke-/Parodie/Lipsync-Videos und kleinen musikalischen Darbietungen. Mittlerweile gibt es alle denkbaren journalistischen Inhalte als Tok/Reels. Ähnlich wie bei den Stories können auch hier Texte und interaktive Elemente auf die Videos gelegt werden.

Vertical Video ist – Stand 2025 – das Format, das am meisten Wachstumspotenzial unter den Social Formaten aufweist, auch auf den Plattformen YouTube und Instagram. Die erzwungene Kürze (und damit Schnelligkeit des Erzählens) ist bei den Jungen gelernt und besonders wichtig, wenn Sie die unter 30-jährigen erreichen wollen.

Querformat-Videos gehören zum klassischen Bestandteil aller Social-Media-Plattformen von YouTube bis X. Wichtig ist: Wenn Sie ein Video speziell für diese Plattformen erstellen, dann muss es schnell auf den Punkt kommen, auch wenn es sich um ein längeres Video handelt. Für langsame Erzählstrategien zum Stimmungsaufbau und zur Sympathielenkung fehlt dem Publikum schon auf YouTube jegliche Zeit. Auf den anderen Plattformen wäre dergleichen unverzeihlich.

Am besten mit der Tür ins Haus fallen, mit dem Höhepunkt beginnen und das Niveau bis zum Ende halten. Kein Intro am Anfang (ggf. nach ca. 30 s). Ein guter Start kann sein, eine Ultrakurzinfo zum Inhalt des Videos an den Anfang zu stellen: „nach diesem Video wisst ihr/könnt ihr, …".

Livestreams. Die meisten Social-Media-Plattformen ermöglichen Video-Livestreams, auf Twitch sind Livestreams die Kerninhalte, auf YouTube sind Livestreams aber ebenso üblich und gelernt. Sie können diese Funktion nutzen, um direkt vor Ort mit ihrem Smartphone live zu senden. Oder Sie nutzen die entsprechenden Funktionen über den Desktop – damit können Sie auch Streaming-URLs aus professionellen Videoquellen auf diese Plattform bringen. Darüber hinaus gibt es Tools, die Ihnen ermöglichen, denselben Stream gleichzeitig auf mehrere Plattformen zu bringen, zum Beispiel Twitch und YouTube. Der Fachbegriff dafür lautet Simulcast.

Livestreams werden im journalistischen Bereich häufig z. B. von Pressekonferenzen, aber auch als Livereportage angeboten. Auch im E-Sport-Bereich/ Gaming sind Livestreams gang und gäbe. Ausschnitte aus Livestreams können dann im Nachgang wieder verwendet werden, um als On-Demand zweitverwertet zu werden (z. B. auf YouTube).

Livestreams auf Social-Media-Plattformen können vom Publikum in Echtzeit kommentiert werden. Damit eignen sie sich auch für Frage-Antwort-Formate mit der Community. Doch beachten Sie, dass bei größeren Events eine effektive Kommentar-Moderation nur bedingt möglich ist, da die Kommentare live einlaufen und sofort rezipiert werden. Bei journalistischen Livestreams, etwa bei Breaking-News-Fällen ist also immer zu überlegen, ob man – sofern die Plattform das zulässt – die Kommentare nicht doch besser ausschaltet. In jedem Fall ist zu empfehlen, mit einer Wörter-Blacklist oder ggf. KI-Hilfe zu arbeiten, sodass ein gewisser Vorfilter gegenüber sexistischen und Hass-verbreitenden Kommentaren existiert.

Streamer:innen ohne einen Background in einer Redaktion nutzen für die meist einfache Regie eine Streaming-Software wie das Gratis-Tool OBS (Open Broadcaster Studio); das lässt auch Bild-in-Bild-Kompositionen zu (Kamera- und Bildschirm-Ansicht in einem Sendebild).

Audiodiskussionen. Social Media geht auch als Audio – in Form von Gesprächen, Podiumsdiskussionen o. ä. Populär gemacht (vor allem unter Medienleuten selbst) hat das neu-alte Format das Start-up Clubhouse während der Corona-Pandemie Anfang der 20er-Jahre. Mittlerweile gibt es diese Audiodiskussionen auch auf anderen Plattformen (X nennt die Funktion z. B. „Spaces"). Allerdings ebbte der „Clubhouse-Hype" nach der Pandemie schnell wieder ab, die Plattform existiert nicht mehr. Für Podcaster:innen oder auch für spontane Debatten kann das Format allerdings immer noch relevant sein (dann eben über andere Plattformen).

Von klassischen Podiumsdiskussionen im Hörfunk oder Fernsehen unterscheidet die Social-Media-Variante vor allem, dass auch Leute aus dem virtuellen Publikum auf die „Bühne" geholt werden und mitdiskutieren. Für Journalist:innen gilt wie immer: Gerade darin liegt der Reiz, aber auch die Gefahr, dass ihre Veranstaltung von anderen „gekapert" wird.

Eine gute Podiumsdiskussion benötigt deshalb auch auf Social Networks nicht nur die professionelle Vorbereitung für die Moderation und die Haupt-Gäste (wie im linearen Programm auch), sondern darüber hinaus eine Person, die live checkt, wen man sich da auf Podium holt – um eben nicht von Aktivisten und Radikalen gekapert zu werden.

6.3   Die spezifischen journalistischen Formate

Plattform, Zielgruppe und deren Nutzungssituation – auf diese drei Faktoren muss ihr Content formal, inhaltlich und dramaturgisch angepasst sein. Aus Sicht der Nutzenden heißt das: Ihr Content muss sich natürlicherweise in die Sozial-Media-Nutzung einfügen. Die Frage „Warum wird das jetzt ausgerechnet mir angezeigt" darf sich gar nicht stellen, und bei Videos – z. B. auf YouTube – muss es eine Antwort geben auf die Frage: „Warum soll ich (!) mir das (!) jetzt (!) anschauen?".

Grundsätzlich können journalistische Inhalte funktionieren, die

> auf einen Blick erfassbar sind,
> * eine subjektive und individuelle Note aufweisen,
> * für eine Special-Interest-Gruppe geeignet sind,
> * einen hohen Nutz- oder Unterhaltungswert haben,
> * man leicht teilen kann und
> * über die sich gut diskutieren lässt,
> * die passgenau auf die eigene Community/Zielgruppe abgestimmt sind und
> * auf die Plattform mit ihren technischen Möglichkeiten, Trends und Algorithmen angepasst sind

Hier ein paar typische Beispiele für Formate, die dank Social Media entwickelt wurden oder in Social Media besonders häufig verwendet werden – im klassischen Journalismus aber eher weniger dominant sind.

Das Tutorial ist in der Regel ein Video, seltener eine Bildergalerie, Präsentation oder eine Grafik, die einem eine Tätigkeit erklärt. Etwa, wie ich ein Weißbier einschenke, einen bestimmten Zaubertrick vorführe oder ein Fahrrad repariere. Letztlich sind auch viele Koch-Videos oder Schminktipps Tutorials. Kennzeichen des Tutorials im Gegensatz zu einem klassischen Ratgeberstück, wie man es aus dem TV kennt: Es richtet sich an den, der wirklich genau in diesem Moment z. B. eine bestimmte Waschmaschine reparieren möchte; das Video muss nicht parallel auch alle anderen Zuschauer unterhalten und erfreuen wie im TV (wenngleich Unterhaltungswert auch in Tutorials sinnvoll ist).

Deshalb ist es wichtig, dass man jeden Schritt genau sieht und jeder Schritt im Detail erklärt wird. Störendes und Verzögerndes wird weggelassen. Klassische Tutorials finden häufig ihren Weg zu den Nutzenden über eine Suche (Abb. 6.1).

Listen (neudeutsch: „Listicles") gehören zum Standardrepertoire des Journalismus. Es ist ein sehr altes Genre. Man könnte sogar sagen, „schon der liebe Gott hat diesen Trick genutzt" (Clickbait-Überschrift) – in den „Textkacheln" mit den zehn Geboten, die er laut Bibel dem Moses mitgab. Doch so richtig populär sind Listicles mit dem Onlinejournalismus geworden und insbesondere durch Social Media. Typische Überschriften lauten etwa „Zehn Tipps für bessere Urlaubsfotos", oder „Fünf Apps, die jeder Journalist braucht". Der Clou bei Listen ist ein psychologischer: Die Liste verspricht schnelle Informationen ohne die

Abb. 6.1 Tutorials gehören zu den wichtigsten Formaten auf Videoplattformen wie You-Tube oder TikTok. Die Reihe „so geht Medien" vom Kanal „alpha Lernen" bietet eine Reihe von Tutorials dazu, wie man auf YouTube erzählt… (Quelle: https://www.youtube.com/watch?v=jVEciISA2js&list=PLQCjYOHAlAK8OBnC42pvJBwoj9lDkFpqL)

Mühe, sich durch Texte quälen zu müssen, die Zahl verspricht Überschaubarkeit und Relevanz sowie eine Konzentration auf das Wesentliche; deshalb werden sie gerne angeklickt. Listen lassen sich übrigens oft auch als Bildgrafiken darstellen.

Die Infografik vereint zwei Vorzüge: Sie ist so leicht teilbar wie ein Foto und kann dabei – wie ein Bild – „mehr als tausend Worte sagen", das heißt, einen komplexen Zusammenhang auf den Punkt bringen. Infografiken sind also ideal für Soziale Netzwerke. Allerdings sollte man hier noch mehr als beispielsweise bei einer Infografik in einer Zeitung darauf achten, dass das Schaubild schnell erfassbar und nicht zu komplex ist. Sie muss auch beim flüchtigen Blick auf das Smartphone noch ansprechen. Jeder Kontext kann in die textliche Beschreibung des Bildes.

Reviews/Rezensionen von Gadgets, Tools, Büchern etc. gehören zwar zum klassischen Repertoire, aber der subjektivere Zugriff des Web-Journalismus erlaubt eine individuelle Note. Allerdings empfiehlt es sich, subjektive Bewertungen auch als solche zu kennzeichnen.

Reviews im Netz können später immer auch erweitert werden, wenn z. B. nach längerem Gebrauch Fehler auftauchen. Aber oft finden sich kritische Hinweise zu den besprochenen Produkten in den Kommentaren der User – die damit zur wertvollen Ergänzung werden. Eine Sonderform der ausführlichen Review von Medienprodukten (z. B. Filmen) kann eine Reaction sein (s. dazu unten).

Als Kleinform der Besprechung sei außerdem das **Unboxing-Video** genannt: Es zeigt das Auspacken eines neuen Produkts. So kann sich das Publikum einen ersten Eindruck vom Gerät machen, sieht den Lieferumfang und nicht zuletzt ist er am spannenden Moment des Auspackens beteiligt – ein Phänomen, das an Weihnachtsabende erinnert … Es versteht sich von selbst, dass Unboxing-Videos nur

Abb. 6.2 Gewitzte Infografiken sind prädestiniert für eine virale Verbreitung. Die wurde hier noch durch den Einsatz von Creative Commons unterstützt – was anderen Medienhäusern das Posten erlaubte. Dem Bierpreis entnehmen Sie: Der Post stammt noch aus dem zeitlichen Umfeld der ersten Auflage dieses Buches… Bild: Screenshot/BR

Sinn machen, solange ein Gegenstand noch nicht überall zu haben oder jedenfalls noch nicht allzu lange auf dem Markt ist.

Haul-Videos sind verwandt mit dem Unboxing-Video (von Englisch „Haul" für Fischzug, Ausbeute); im Haul zeigt der/die Influencer:in seine jüngsten Einkäufe und begründet sie. Eine sehr subjektive Form der Kaufberatung – und eine Möglichkeit, über sich selbst Auskunft zu geben. Klassischerweise gibt es den Haul im Bereich Beauty (Kosmetik, Kleidung) – er ist allerdings auch für andere Bereiche anwendbar.

Produktbesprechungen dieser Art sind übrigens auch deshalb so beliebt, weil sie einen Blick auf die Person werfen, die ihren „Einkauf" vorstellt – d. h. auch dem „Personenkult" (Fandom) um Influencer entgegenkommt. Und aus Creator-Sicht sind Hauls Einnahmequellen: Weil die entsprechenden Links zu den besprochenen Geräten in Online-Shops Einnahmen für den Blogger generieren – nämlich als Provision von Online-Händlern wie Amazon.

What's in my Bag ist ein ähnliches Format, das einfach den Inhalt einer Tasche vorstellt, und zwar Teil für Teil. Den Siegeszug startete dieses Format ganz personenbezogen – es ging häufig um den Handtascheninhalt von Influencerinnen. Doch was zunächst etwas merkwürdig klingt, kann auch im journalistischen Kontext sinnvoll sein: Was hat eine Leistungssportlerin in ihrer Sporttasche, was hat der Bergsteiger dabei? Und ein Arzt in der Arzttasche? Auch das erzählt eine Geschichte. Gerade wer mit Berufsbildern arbeitet, wird feststellen, dass das Interesse an der jeweiligen „Ausrüstung" beim Social-Media-Publikum oft größer ist als bei Journalisten …

Eine schöne Weiterentwicklung des Formats im Rahmen eines journalistischen Porträts ist ein Blick auf den **Homescreen** des Smartphones (welche Apps nutzt …). Was sowohl Nutzwert hat (interessante Apps und Nutzungsgewohnheiten) als auch etwas über die Person aussagt, die das Smartphone nutzt.

Das **„Follow me around"** ist eine kleine Reportage über das Umfeld, in dem man sich gerade befindet. Klassische Influencer:innen auf den großen Plattformen führen so beispielsweise durch ihre Wohnung oder auch nur ihr „Studio". Das Format ist aber perfekt journalistisch nutzbar – um zu zeigen, wie es vor Ort aussieht und wie die Arbeitsbedingungen sind – z. B. das Ambiente bei einem Parteitag, backstage bei einem Konzert, am Rande des Staatempfangs. Ein Follow me around kann in Social Media die ideale Form eines „Behind the Scenes" darstellen. Klassischer Einstiegssatz: „Ich nehm' Euch mal mit hinter die Bühne". Das Follow me around nimmt dabei immer die Ich-Perspektive ein, jemand nimmt einen dramaturgisch bei der Hand und führt einen durch die Szenerie.

Der Rant, ein modernes Wort für eine Polemik, ist ein Kommentar mit klarer Richtung, oft maßloser Kritik, Subjektivität und Betroffenheit bis hin zur Wut. Rants wirken wegen ihrer „Bauchbezogenheit" authentischer, ehrlicher als wohlabgewogene Kommentare und sind in der Regel auch nicht langweilig. Wer einen Rant verfasst, schreibt sich ein Thema, eine Emotion von der Seele, gewinnt möglicherweise Publikum. Wenn man die richtige Zielgruppe trifft, kann man vielleicht sogar Empörungswellen anfachen und neue Abos unter den Mit-Empörten gewinnen. Mit Rants macht man sich aber meist auch Feinde…

Die Parodie wird im Social Web auf zweierlei Weise populär: zum einen als Nachspielen oder auch nur das Nachsynchronisieren von bekannten Inhalten (bekanntes Beispiel: Star-Wars-Ausschnitt auf Schwäbisch synchronisiert). Zum anderen als Verballhornung von Realität – dann meist im Rahmen eines Mems. Häufig entstehen solche Meme im politischen Umfeld, etwa um das Verhalten eines Stars, einer Filmrolle oder Politikers zu überzeichnen und sich darüber lustig zu machen; im Worst Case als Teil eines Shitstorms. Ein eher harmloses, aber sehr bekanntes Beispiel ist das Mem #merkelraute. Siehe zu Memes auch das Kap. „Was ist, und wie funktioniert Social Media".

Lip-Syncs sind eine Sonderform der Pardodie. Dafür wird eine Tonspur, meist ein Spruch, Zitat einer prominenten Person oder aus einem Kultfilm, mit dem Videobild des Creators als Sprechperson kombiniert. Das kann zu sehr witzigen Konstellationen, Ton-Bild-Scheren führen, wenn z. B. eine moderne junge Frau mit der Bogart-Stimme aus dem Film „Casablanca" spricht: „Ich schau dir in die Augen, Kleines".

„Bullshit-Bingo" ist eine Grafik (Bilddatei), die sich über Klischees, Leerformeln und Phrasen (Bullshit) lustig macht, indem sie diese aufzählt. Gerne sind auch Anglizismen oder Killerphrasen im Visier. Man kann das Format auch journalistisch als Meinungsform nutzen. Zum Beispiel indem man Argumente und Narrative der Gegenseite etwa im Streit um die Klima-Politik als Bullshit-Bingo aufsetzt und damit in satirischer Form vorwegnimmt und zugleich lächerlich macht/ entlarvt. Oder indem man anlassbezogen Phrasen einsetzt, die typischerweise zu einem bestimmten Ereignis gebraucht werden (z. B. ein Wahlabend-Bullshit-Bingo) (Abb. 6.3).

Social Bullshit-Bingo

Reichweite explodieren lassen? So geht's!	Du wirst nicht glauben, was dann passiert ist!	Die Wahrheit über über XY, die dir die Medien verschweigen!	Unpopular Opinion, aber...
Mind = Blown 🐱	Warum hat mir das niemand früher gesagt	Spoiler: Es ist einfacher, als du denkst!	"Puh, das ist unangenehm, aber..."
Breaking: Das wird alles verändern!	Diesen Fehler machen 99 % der Menschen!	Leute, wir müssen reden	Plot Twist: Es hat wirklich funktioniert!
Wie ich es in nur 30 Tagen geschafft habe...	Warum hat mir das niemand früher gesagt?	Diese 5 Tipps werden dein Leben verändern!	Ihr müsst jetzt ganz stark sein...

Abb. 6.3 Ein Bullshit-Bingo mit Phrasen, wie sie in typischen Social-Media-Posts verwendet werden, um Klickanreize zu schaffen

Das Selfie steht – neben anderen Ego-Dokumenten von Journalisten – am Höhepunkt der schon erwähnten Hinwendung zur Ich-Perspektive. So hatte Moderatorin Ellen DeGeneres bei der Oscar-Verleihung 2014 einen enormen Erfolg mit einem Handy-Foto von sich selbst und vielen Hollywood-Stars – und das Genre damit auch unter Promis populär gemacht. Das Foto entstand während der Gala und zeigt unter anderen Brad Pitt, Angelina Jolie, Meryl Streep, Jennifer Lawrence und Julia Roberts. Gemacht hatte das Foto Bradley Cooper. Hier verschwimmen die Grenzen von Journalismus, Medienmarketing und Werbung (das Foto wurde mit einem Handy des Sponsors gemacht).

Andererseits können Ego-Dokumente wie dieses dazu beitragen, Authentizität zu suggerieren, jedenfalls zu beweisen, dass man „vor Ort" ist, wenn man berichtet. Insofern hat auch das Journalisten-Selfie seinen Platz in der Online-Berichterstattung. Inzwischen ist zwar eine gewisse Selfie-Müdigkeit eingetreten – tot ist es aber noch nicht. Und wer jetzt über Selfies als Eitelkeitsdokumente lästert, möge kurz an die Kollegen denken, die seit jeher Fotos von sich selbst mit prominenten Interviewpartnern in ihren Redaktionsbüros hängen haben (Abb. 6.4).

„**Making ofs" können für Authentizität** und Medienkompetenz nützlich sein, ebenso Outtakes. Diese Formen lassen einen Blick auf die Produktionsbedingungen zu, unter denen Medieninhalte entstehen. Gemeint sind damit nicht nur Filme,

Abb. 6.4 Ein ikonisches Gruppenselfie der jüngeren deutschen Geschichte aus den Sondierungen zur Ampelkoalition 2021. Hier zeigen sich Politiker:innen von FDP und Grünen noch harmonisch. Das Bild gilt einerseits als Beispiel gelungener politischer Kommunikation und (inszenierter) Authentizität – und wurde andererseits zur vielfältigen Grundlage für zahllose Memes. (Quelle: Screenshot)

sondern auch Texte und Fotos zur Entstehungsgeschichte einer Recherche oder Reportage. Leider sind Making-ofs nicht wirklich geeignet, die Fan-Basis zu erhöhen. Denn für Making-ofs interessieren sich in der Regel nur Hardcore-Fans; und niemand teilt ein Making-of zu einer Marke, einem Film, einer Geschichte, die er nicht schon kennt und schätzt. Allerdings sind diese Formate geeignet, die bereits bestehende Fangemeinde zu unterhalten oder zu informieren. Gerne technisch als Story umgesetzt.

Reactions sind im weiteren Sinne Repliken auf Aussagen eines anderen Creators oder einer anderen öffentlichen Person. Im engeren Sinne ist damit aber meist ein bestimmtes Videoformat gemeint. Dabei werden abwechselnd Ausschnitte aus einem Film gezeigt und besprochen. Das passiert ganz klassisch z. B. mit Blockbustern. Der YouTube-Kanal „Popcorn in Bed" der Creatorin Cassie ist typisch dafür; die „Reaction" z. B. auf „Das Boot" dauert eine ganze Stunde und enthält mindestens die Hälfte Originalmaterial aus dem Film.

Jenseits von klassischen Rezensionen wird aber häufig auf Videos anderer Creator oder auch auf journalistische Beiträge „reactet", und zwar formal gesehen in der gleichen Weise. Ausschnitt für Ausschnitt wird ein Beitrag gezeigt und auseinandergenommen. Ein typischer deutscher YouTube-Kanal, der Medienkritik betreibt, wäre Massengeschmack-TV. Ein anderer, der aus Historikerperspektive auf Geschichtsdokus reactet, ist Geschichtsfenster. Für Langformate interessant können auch Reactions auf aufgezeichnete Pressekonferenzen sein (wo man nicht nur die eigene Einordnung zu den Antworten, sondern auch zu den Fragen der Kollegenschaft geben kann).

Im Falle von öffentlichen Auseinandersetzungen oder Shitstorms (s. das entsprechende Kapitel) können Reactions auch eine Waffe sein. Sie erlauben es, gezielt die Äußerungen anderer öffentlich bzw. vor der eigenen Community zu sezieren. Nicht selten folgt auf die Reaction wieder eine gegen-Reaction und so fort. Schmerzlich musste das z. B. die Redaktion des funk-Kanals Strg_F. Ende 2023 erfahren: der Influencer Rezo „zerlegte" in einer Reaction einen Bericht des Magazins, und in einer Kaskade von Reactions auf Reactions von immer mehr Streamerinnen und YouTubern sah sich die Redaktion einem veritablen Shitstorm gegenüber, der zum vorübergehenden Stop der Produktion führte, weil die Glaubwürdigkeit der Redaktion Schaden gelitten hatte.

Dieser Fall zeigte auch, dass Reactions häufig auch live unter Einbezug der Community entstehen, meist auf der Plattform Twitch (manchmal auch YouTube). Die Plattform Twitch, die wie klassisches TV linear und live genutzt wird, auch als Hintergrundmedium, belohnt die Creators auch für pure Sendezeit. Reactions sind mit wenig Aufwand und häufig auch ohne Vorrecherche herstellbar, generieren also billig schnell Content. Auch deshalb ist das Format so beliebt.

Zur Illustration auch im Unterschied zum klassischen Journalismus sei der oben genannte Fall „Reaction auf Pressekonferenz" genannt. Im klassischen Journalismus nimmt man aus der Pressekonferenz die zwei, drei wichtigen Passagen, die man für relevant hält. Nun hat man ein Format, das nicht nur die Pressekonferenz in voller Länge zeigt (wie viele Livestreams), sondern diese Pressekonferenz wird dann auch noch durch eingestreute eigene Kommentare des Creators weiter in die Länge gezogen (Abb. 6.5).

Ask me Anything (AMA) ist meist ein Videoformat, bei dem vorher eingesammelte Fragen und/oder Live-Fragen aus den Kommentaren in einem Livevideo beantwortet werden. Sinnvoll ist es vor allem dort, wo es eine Person gibt, die vor der Kamera Auskunft geben kann. Das Format lässt den Host/die Creatorin/die befragte Person nahbar erscheinen, man kann die Person kennenlernen.

In einer journalistischen Herangehensweise kann man das Format abwandeln nach dem Motto „prominente Person X stellt sich heute euren Fragen im Livestream". Somit ist die Community verantwortlich für die Fragen an X. Je weniger die Fragen vorselektiert werden, je weniger „dramaturgische" Lenkung durch die Redaktion, desto authentischer kann ein AMA sein.

Formate aus User-Kommentaren sind Social Media im ureigenen Sinn. Ask me Anything ist nur eine der möglichen Formen – man kann das auch „kleiner" machen, indem man nur Fragen zu einem bestimmten Thema einsammelt und in einem On-Demand-Video bearbeitet. Häufig machen es sich Prominente Creator auch zum Spaß, die gehässigsten Kommentare gegen sich vorzulesen und humor-

Abb. 6.5 Thumbnail eines Reaction-Videos auf eine Serie über ein Ski-Internat auf YouTube. Die Reaction wird so als journalistisches Genre eingesetzt, das in dem Fall dem Publikumsinteresse nach einem Realitätscheck der Serie nachkommt. Ähnliches würde außerhalb von Social Media vielleicht in einer Filmrezension thematisiert. Eine emotionale Bildsprache und ein knackiger Titel erhöhen den Klickanreiz. Spoiler zum Video selbst: Eine Kritik ist nicht unbedingt ein Verriss! (Quelle: Screenshot aus YouTube)

voll zu kommentieren (**Mean Comments,** „Mean Tweets"). Dieses Format erfüllt gleich mehrere Funktionen:

Es bezieht die User ein und
* dokumentiert, dass Kommentare gelesen und wahrgenommen werden;
* es antwortet auf die Kritik und
  „erzieht" die User, indem es allzu unflätige Kommentare der Lächerlichkeit preisgibt.

Liveblogs sind im Wesentlichen eine Mischung aus Blog und Ticker – angereichert mit Post von Augenzeugen, Promis, Betroffenen, Zuschauer:innen aus den Sozialen Netzwerken. Mehr zu diesem Format im Kapitel „Kuratieren - alle sind ‚Blattmacher'".

6.4 Formatentwicklung für Social Media

Die Formatierung von Inhalten ist für ein gutes Konzept oft mit entscheidend. Formate unterscheiden sich von nicht-formatiertem Content dadurch, dass eine regelmäßige Serie von Posts immer dramaturgisch gleich aufgebaut und gleich gestaltet ist – wie eine Rubrik in der Zeitung. Ein Format kann dabei einen ganzen YouTube-Kanal prägen, bei Instagram oder Facebook gibt es aber meist mehrere Formate (oder „Mikroformate") als wiedererkennbaren Content neben aktuellem oder anderen nicht-formatieren Posts.

Entwickeln Sie im Rahmen des Konzepts für Ihren Kanal am besten gleich ein, zwei prägende Formate mit, die z. B. wöchentlich posten wollen. Zum Beispiel ein Bildpost-Format wie „das Zitat der Woche" (Zitatkachel), oder den „Held des Tages". Oder auch nur eine Tafel mit dem jeweils heutigen Wetter.

Viele dieser Formate liegen im Grunde auf der Hand und existieren schon bei anderen Accounts. Adaptieren Sie das für sich, probieren Sie aus – und messen Sie genau, wie das bei der Community ankommt. Wenn Sie aber z. B. einen ganz neuen YouTube-Kanal planen, lohnt es sich, mehr Aufwand in die Formatentwicklung zu stecken. Videos sind aufwändig und teuer – eine systematische Vorgehensweise kann sich also auszahlen und Flops vermeiden helfen. Bewährt hat sich dabei ein Vorgehen, das ganz von der Zielgruppe ausgeht und die ständige, iterative Fortentwicklung des Formats im Blick hat

Die Design-Thinking-Methode kommt eigentlich aus der industriellen und Software-Produktentwicklung und wurde in den letzten Jahrzehnten von Gelehrten der Universität Stanford und der Innovationsagentur IDEO entwickelt und von SAP-Gründer Hasso Plattner gefördert. Der Vorteil dieser Methode ist, dass sie Sie quasi zwingt, von den Bedürfnissen und Problemen der angestrebten Zielgruppe auszugehen – noch bevor Sie selbst anfangen, Formatideen für Ihren Content zu formulieren. Wichtiger Bestandteil ist dabei die Befragung von Menschen aus der Zielgruppe und das Testen von Protoypen mit der Zielgruppe (inkl. Interviews mit den Menschen zu Aspekten der Prototypen).

Am Anfang steht also das (angenommene oder erforschte)

- Bedürfnis/Problem und
- Verstehen der Zielgruppe, dann die
- Generierung von Ideen, dann das
- Erstellen von Prototypen, dann das
- Testen der Prototypen mit Personen aus der Zielgruppe und die
- weitere Verbesserung – bis zur „Marktreife".

Im Rahmen des Design-Thinking-Prozesses für ein Format sollten Sie sich ruhig mit einer Handvoll Leuten eine Woche Workshop-Zeit für einen sogenannten „Sprint" nehmen, bis Sie einige unterschiedliche fertige Prototypen haben, die man zeigen kann.

Und denken Sie dran: Das Wesentliche bei diesem Prozess ist, dass Sie immer wieder Ihren Content, Ihr Format verbessern – zusammen mit Testgruppen und auch noch später: Wenn Sie das Format auf einem echten Account publizieren. Dort können Sie zusammen mit der Zielgruppe und echten Nutzungs-Daten das Format weiter verbessern (Abb. 6.6).

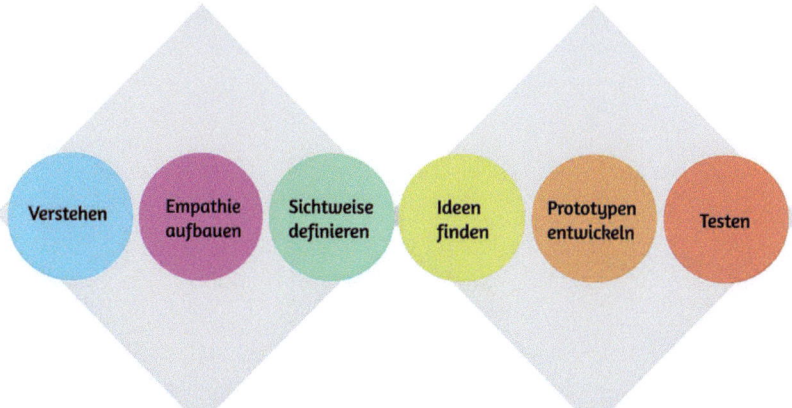

Abb. 6.6 Schematische Darstellung der Phasen eines Design-Thinking-Prozesses. Die ersten drei Phasen dienen dazu, das angenommene Nutzerbedürfnis besser zu verstehen (Problemraum). Welches Bedürfnis soll ein journalistisches Format erfüllen? Dann geht es daran, Lösungen in Form von Formatideen dafür zu entwickeln (Lösungsraum). Ein wesentliches Merkmal des Prozesses: Das iterative (sich wiederholende) Vorgehen mit dem Ziel der ständigen Verbesserung von Prototypen. Wichtig dabei sind Tests mit Personen aus der angestrebten Zielgruppe

Das Social Media Team in der Redaktion

7

Zusammenfassung

Social Media stellt für die Organisation und die Workflows in Redaktionen eine gewaltige Herausforderung dar, die über diejenige eines „normalen" Online-Auftritts weit hinausgeht. Ideen, Formate für Posts müssen für eine Vielzahl von Ausspielwegen entwickelt werden, der Content muss geplant, hergestellt, abgenommen und publiziert werden. Nach der Veröffentlichung müssen die Kommentare moderiert, Feedback zurück in die Redaktion gespiegelt werden, Ideen aus der Community eingebracht werden. Und das im Grunde rund um die Uhr, auch am Wochenende, denn Social never sleeps …

Schlüsselwörter

Social Media · Social-Media-Redaktion · Redaktion · Team · Community-Manager · Social-Media-Manager · Social-Media-Redakteur · Alarmkette · Workflows · Rollen

7.1 Journalistische Rollen im Social-Media-Team

Mindestens drei journalistische Rollen können definiert werden, die es braucht, um einen Social-Media-Kanal ordentlich zu betreiben:

Erstens eine redaktionelle (Team-/Kanal-)Leitung, die Strategien und redaktionelle Konzepte entwirft und die Kanalentwicklung vorantreibt.

S. Primbs, *Social Media im Journalismus*, Journalistische Praxis, https://doi.org/10.1007/978-3-658-48485-9_7

Zweitens den/die RvD, der selbst täglich plattformtaugliche Themen identifiziert und Content im Alltag erstellt (ggf. unterstützt von einer Mediengestaltung). Drittens jemanden fürs Community-Management, der/die Kommentare im Blick hat und das Feedback in die Redaktion zurückspiegelt. Die Community-Leute kümmern sich neben Social Networks ggf. auch noch um Kommentar- und weitere Interaktionsmöglichkeiten der eigenen Webseite und eigene App.

Fürs Community-Management werden in manchen Redaktionen (hoffentlich nur als Unterstützung) weniger gut ausgebildete Personen (Werkstudierende, Hilfskräfte) eingesetzt. Und nicht immer werden die drei Rollen auch mit drei Personen bzw. gleichzeitigen Schichten besetzt sein, die „Personalunion" ist bei kleineren Accounts durchaus nicht ungewöhnlich. Dennoch sollte man sich bewusst machen, dass die drei Rollen: Teamlead, RvD und Community-Management nicht nur eigene Aufgaben, sondern auch eigene, vollwertige Qualifikationen darstellen. Für alle drei braucht man ggf. unterschiedliche Talente, Fähigkeiten und Resilienz; letztere vor allem im Community-Management, wo häufig auch mit negativen Kommentaren und Hass umgegangen werden muss.

Eine Sondersituation ergibt sich, wenn Sie die Plattformen auch mit Livestreams befüllen wollen – z. B. bei Events (s. unten). Das bedarf einer Team-Erweiterung: Während des Livestreams sind dedizierte Sonder-Schichten für Community-Management nötig, meist ist es auch sinnvoll, jemanden für die technische Administration vorzuhalten.

Die typische Online-Seite einer Redaktion oder einer Medienmarke ist meist nur eine Verlängerung (viele Tageszeitungsauftritte) oder im besseren Fall eine Übersetzung der Marke ins Netz. Oder die Zeitung ist die gedruckte Onlineseite. Wie auch immer: Beides basiert im Wesentlichen auf dem klassischen Kommunikationsmodell: Die Medienmarke dominiert und publiziert. Statt in eine Zeitung werden Artikel oder Videos in einem von der Medienmarke definierten und dominierten Umfeld ins Web gestellt.

In Social Media treten oft ganz stark die Personen neben die Kommunikation der Medienmarke. Reporterinnen, Korrespondenten und Kolumnistinnen oder Hosts sind in Social Media als Personen nämlich oft erfolgreicher als die „abstrakten" Ressorts der Redaktionen, für die sie arbeiten. Für wen aber spricht der Host, die Reporterin? Für sich? Für die Redaktion? Muss abgenommen werden, was er/sie im Dienst postet? Das sind Fragen, die Sie in der Social-Media-Strategie und in internen Guidelines beantworten sollten.

7.2   Ein Setting für eine Redaktion

Welche Social-Media-Auftritte es sinnvollerweise im Umfeld einer größeren Nachrichtenredaktion gibt und wie sie bespielt werden können, soll folgendes Setting zeigen. Sie können es ggf. für Ihre Redaktion anpassen, es wird funktionieren, auch wenn Sie keine Breaking-News-Situationen oder Ähnliches zu bewerkstelligen haben, beispielsweise für eine Wissens- oder Kulturredaktion arbeiten.

Normalerweise haben Sie mehrere mögliche Absender in Social Media: die Medienmarke/das Medienhaus, die Nachrichtenredaktion, einzelne Personen (prominente Autor:innen, Hosts, Reporter:innen) und Sendungen/Formate – etwa ein Nachrichtenmagazin oder ein Ressort.

Allerdings haben Sie auch unterschiedliche Inhalte, die unterschiedliche Bedürfnisse befriedigen: Eilmeldungen, klassische Nachrichten, Analysen und Kommentare, Reportagen sowie Ihre (TV-)Sendung oder Artikel, gar Online-Formate, die mit Nutzern arbeiten (Social TV), Aufrufe zu Kommentaren, Online-Debatten etc. Auch einzelne solche Formate, einzelne Ressorts können einen eigenen Account haben. An Ende haben Sie aber immer in etwa folgendes einfaches Grundsetting. Die Positionen des Social-Media-Teams können – je nach anfallendem Aufwand – für jedes Netzwerk eigens besetzt sein oder mehrere Netzwerke gleichzeitig betreuen (Abb. 7.1).

Grundsetting Microblogs (X, Bluesky, Mastodon)
- Accounts von Redakteuren und Reporterinnen, die über ihre Beiträge, ihre Recherchen berichten. Die Accounts werden im Rahmen des Social-Media-Konzepts als persönliche Accounts geführt. In der Beschreibung auf X wird auf die Doppelfunktion persönlich/beruflich hingewiesen: persönlicher Account mit beruflichem Background. Es wird angegeben, wo man arbeitet. Für diese Accounts sind die Redakteure selbst verantwortlich.
- Ein klassischer Nachrichtenaccount, der sowohl Eilmeldungen als auch Nachrichten publiziert. Für diesen Account ist der/die aktuelle RvD vom Dienst inhaltlich verantwortlich (der nicht selbst publizieren muss, aber die Entscheidungen zum Beispiel über Eilmeldungen fällt).

Wenn diese beiden Ebenen, Person und Nachrichtenmarke funktionieren, und sich weiterer Bedarf ergibt, sind zusätzlich zu diesem Grundsetting vor allem auf Nachrichten-Getriebenen Plattformen wie X (etc.) denkbar: spezifische Eilmeldungs-Accounts; Accounts für bestimmte Redaktionen (etwa Innenpolitik, Landespolitik, regionale Gliederung); automatische befüllte Accounts mit sehr vielen

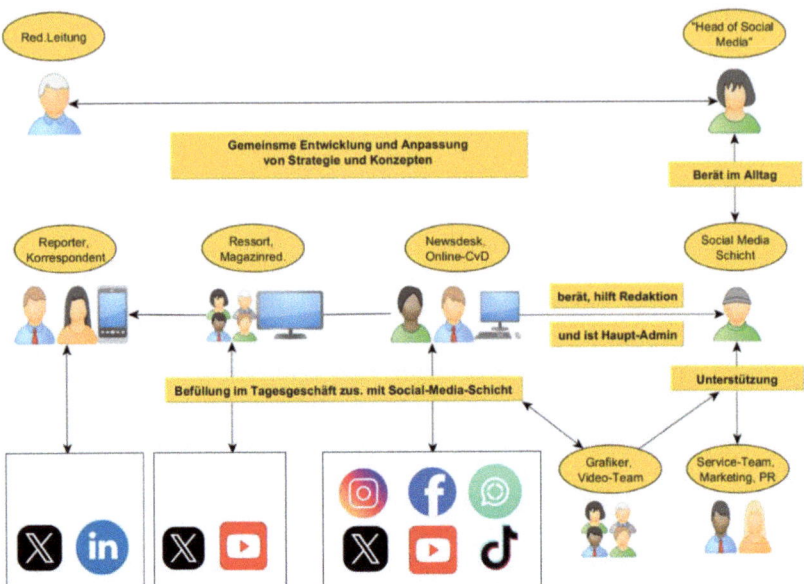

Abb. 7.1 Schematische Darstellung eines prototypischen Social-Media-Workflows in einer viele Ausspielwege bedienenden News-/Politik-Redaktion. In der Praxis werden oft mehrere Rollen von einer Person übernommen. Kommunikation findet natürlich auch quer zu den Pfeilen statt. Wichtig ist, dass das Social-Media-Team Zugang und Gehör in der Redaktionsleitung findet und bei der Erstellung von Konzepten und Strategien eingebunden ist. Die Social-Media-Schicht umfasst das ganze Team inklusive des Community-Managements; das Team bringt dann auch das Feedback und die Anregungen aus der Community in die Redaktionsworkflows ein. X steht hier stellvertretend auch für die alternativen Microblogging-Dienste wie Bluesky, Mastodon oder Threads. Magazine und Reporter:innen sind natürlich nicht auf die angegebenen Plattformen beschränkt. Grafik: Stefan Primbs mit Logo-Artwork von © Harris from Graphicmaster, Creative Ram, Iconsea, Cute-Cloud from Pixabay, hafizdzakimcd, ylan from TiTiLee, CanRaise via Canva.com

Inhalten. Denken Sie aber auch bei automatisch befüllten Accounts dran: in Sozialen Netzwerken ist man immer ansprechbar, fällt immer ein Mindestmaß an Community-Management an.

Facebook, Grundsetting
- Eine Seite für die Nachrichten, in der aktuelle Berichte und Nachrichten verkündet werden.

- Posten Sie auf Facebook zunächst nicht mehr als vielleicht 20 Mal pro Tag (zeitlich gut verteilt); es darf auch weniger sein (Minimum für Nachrichtenmarken 5 Posts/Tag, ansonsten: 1–3 Post/Tag).
- Bedenken Sie, dass Facebook-Posts mehrere Stunden bis zu einigen Tagen „aktuell" sind und den Nutzern angezeigt werden. Es lohnt sich also nicht, jedes kleine Update der Nachrichtenentwicklung auf Facebook neu zu posten.
- Legen Sie Ihre Postings außerdem dialogisch an: Ihre Nachrichten sollen Gesprächsstoff sein.
- Ein Mix aus Linkposts, Bildern, Videos/Reels und (weniger wichtig) Stories ist sinnvoll.

Instagram, Grundsetting
- Eine Seite für die Nachrichten, in der ausgewählte (!) Berichte und Nachrichten als Grafiken oder Videos/Reels oder Stories erzählt werden.
- Posten Sie auf Instagram nicht mehr als vielleicht dreimal pro Tag (zeitlich gut verteilt), fünf Posts pro Woche sollten es auf der anderen Seite mindestens sein.
- Instagram kennt keine Links und keine Aktualisierungen – posten Sie nur mehr oder weniger abgeschlossene Geschichten/Fakten, die auch einige Tage „Haltbarkeitsdatum" haben.
- Legen Sie Ihre Postings außerdem dialogisch an: Ihre Nachrichten sollen Gesprächsstoff in den Kommentaren sein. Ein Call to Action ist hilfreich.
- Ein Mix aus Bildern, Videos/Reels und (weniger wichtig) Stories ist sinnvoll. Reels erreichen häufig Menschen außerhalb des Abonnentenkreises, die bisher nicht erreicht wurden, Stories fast ausschließlich den engeren Abonnentenkreis.

Als Medienhaus mit Videoredaktion oder als TV-Sender sorgen Sie dafür, dass inhaltlich brisante und interessante Themen schnell auf YouTube landen. Geschwindigkeit und Suchmaschinenoptimierung in der Überschrift zählen bei Nachrichtenthemen besonders. Denken Sie daran: YouTube ist nicht nur Mediathek und Social Network, sondern (immer noch) auch Suchmaschine.

YouTube, Grundsetting

- Ein Kanal für Ihre Medienmarke oder für ein spezielles Format
- Posten Sie mindestens einmal wöchentlich. Bei weniger Content lohnt sich kein Kanal (er wird auch nicht wahrgenommen werden). Täglich ein Video ist für eine Medienmarke angemessen. News-Kanäle oder TV-Sender auch mehr.
- YouTube ist nachhaltig, Inhalte langlebig – „Wasserstandsmeldungen" ergeben dort wenig Sinn.
- Wichtig ist die Algorithmus/SEO-Optimierung der Texte (Überschrift, Beschreibung).
- Jedes Video braucht ein individuell gestaltetes, klick-anregendes Thumbnail – das muss in ihre Aufwandsschätzung eingehen.
- Je nach Zweck sollten die Videos eigene Closer (Videoverpackung) mit einem Call-to-Action (z. B. „Abonniere jetzt den Kanal", oder „Hier geht es zur ganzen Doku").
- Nutzen Sie Shorts (z. B: knackige Videozitate oder eigene Formate) um ihren Zuschauerkreis zu erweitern.
- Nutzen Sie das Community-Tab, um auf Themen auf Ihrer Webseite hinzuweisen (Conversion)

Wichtig ist, dass das Social Team nicht nur auf auf den Plattformen postet und moderiert, sondern die Perspektive von Social Media in die allgemeine Redaktionsarbeit einbringt. Meist macht das die Social Kanal- oder Teamleitung oder der/die RvD des Tages. Sie sorgt dafür, dass die Anforderungen von Social Media in allen redaktionellen Konzepten und bei der Aufbereitung von Nachrichten/Recherchen oder berücksichtigt werden. Und sie bringt auch das User-Feedback in die Redaktionskonferenzen ein.

Außerdem beobachtet das Social Team die Themenlage und Thementrends in den Sozialen Netzwerken und beeinflusst damit auch das redaktionelle Themensetting. Und sie bringt das Feedback, Lob und Kritik aus der Community ein – ist ggf. auch sensibel für Kritik und warnt die Redaktion, wenn eine Kritikwelle oder gar ein Shitstorm droht. So tritt in einer modernen Nachrichtenredaktion neben die Agenda der Agenturen und die klassische Nachrichten-Agenda anderer Medien der Aspekt: Was ist denn gerade auf X Thema oder trendet auf Instagram? Worüber diskutieren die Fans und welche Ideen und Wünsche kommen aus der Community?

Die Bedeutung von Social Media bedingt, dass der/die Social-Media-Redakteur:in direkt in die Entscheidungsprozesse einer Redaktion (ggf. nicht nur der Online-Redaktion!) einbezogen wird; denn Social Media sollte bei allen redaktionellen Themenplanungen und Konzeptentwürfen von Anfang an mit geplant werden – inklusive der Ressourcen, die man braucht, um Inhalte für Soziale Netzwerke aufzubereiten, Nutzenden-Reaktionen zu bearbeiten, Nachfragen beantworten zu können oder einfach nur, um unter Umständen auch einzubringen, wie man mit Followern, Nutzern und Fans gemeinsam ein Thema vorantreiben kann, mit Debatten, mit Abstimmungen, mit eigenen Erfahrungen aus der Community und mit User-generated-Content.

Redaktionen, bei denen der/die Social-Media-Redakteur:in immer nur am Ende der Nachrichtenkette steht à la „macht dann noch mal einen Post daraus ", verpassen also nicht nur Reichweitenchancen, sondern auch Gelegenheiten zur inhaltlichen Verbesserung und Entwicklung ihres journalistischen Produkts. Außerdem besitzen Social-Media-Fachleute Erfahrung mit den Empörungs-Ökonomien der Sozialen Netzwerke. Sie können normalerweise schon vorzeitig erkennen, wenn ein Thema oder seine Umsetzung geeignet ist, einen Shitstorm zu provozieren.

7.3 Planung eines Events

Redaktionen sind immer häufiger auch in Events involviert: Podcasts, die in Sälen vor Menschen aufgezeichnet werden, Podiumsdiskussionen, Townhall-Debatten zur Wahl o. Ä. Wenn Sie ein Event/eine Veranstaltung planen, oder auch nur die journalistische Begleitung eines Events, dann ist es unabdingbar, nicht nur die klassischen Medienkanäle, sondern auch Social Media mitzudenken. Ein Konzept dazu beschreibt die klassischen Fragen: Wer was wann wo und zu welchem Zweck macht sowie die personelle Besetzung für Social Media und ein Worst-Case-Szenario. Hier die wichtigsten Fragen an Ihr Konzept:

- Welche Ziele sollen mit Social Media erreicht werden (Reichweite, Rücklauf, Bewerbung der Veranstaltung, Berichterstattung über die Veranstaltung, Generierung von Inhalten etc.)?
- Welche Sozialen Netzwerke bedienen wir mit diesem Event?
- Was findet auf welchem Netzwerk statt?
- Wer bedient die Sozialen Netzwerke?
- Wie funktioniert die Zulieferung/Produktion von Inhalten dafür?
- Wie kommuniziert man während der Veranstaltung im Team (WhatsApp-Gruppe? MS Teams? Slack?)

- Welcher Hashtag wird eingesetzt; ist dieser vielleicht schon „belegt" (Suche)? Wie wird er bekannt gemacht? Gibt es einen eigenen, vom allgemeinen Hashtag abweichenden „exklusiven" Hashtag für die eigene Berichterstattung?
- Sind die Social-Media-Inhalte vor Ort präsent (beispielsweise über eine „Social Wall")?
- Wird Echtzeitberichterstattung über einen Liveblog oder X bedient? Wie spielt dies ins Konzept?
- Gibt es einen/mehrere Livestreams?
- Wer macht Fotos, generiert O-Töne – und wie werden sie publikationsfertig aufbereitet?
- Wie kommunizieren die Redaktion und das Backoffice mit den Leuten vor Ort?
- Wie ist eine ausreichende, sichere Internetverbindung vor Ort sicherzustellen?
- Welche Software ist nötig?
- Wer macht noch Berichterstattung vom Event? Sind Absprachen möglich? Ist gegenseitige Promotion vereinbar?
- Gibt es eine Antwortensammlung zu häufig gestellten Fragen zu einem Event fürs Community-Management?
- Gibt es ein Worst-Case-Szenario mit Lösungsansätzen?
- Krisenkommunikationsplan?

Besprechen Sie organisatorische Punkte mit dem Veranstalter, insbesondere kommunikationsbedingte Angelegenheiten wie #Hashtags (auf die Plakate?, Kommunikation vor Ort?), aber auch die technischen Voraussetzungen wie die drahtlose Internet-Verbindung. Bedenken Sie: Wenn Sie in einem leeren Saal ein WLAN für die Allgemeinheit testen, heißt das noch lange nicht, dass es auch gut für einen Livestream funktioniert, wenn Hunderte Menschen mit ihren Smartphones vor Ort sind.

Außerdem brauchen Sie – anders als ein Konsument – vor allem Upload-Kapazitäten. Consumer-Internetverbindungen oder Hotel-WLANs haben meist eine gute Download-, aber eine schlechte Upload-Kapazität. Notfalls bauen Sie eine eigene Infrastruktur auf (zum Beispiel mit einem Satellitendienst wie Starlink).

Sorgen Sie dafür, dass auch die Social-Media-Leute vollen Zugang haben und akkreditiert sind. Wenn möglich vereinbaren Sie frühzeitig ggf. exklusive

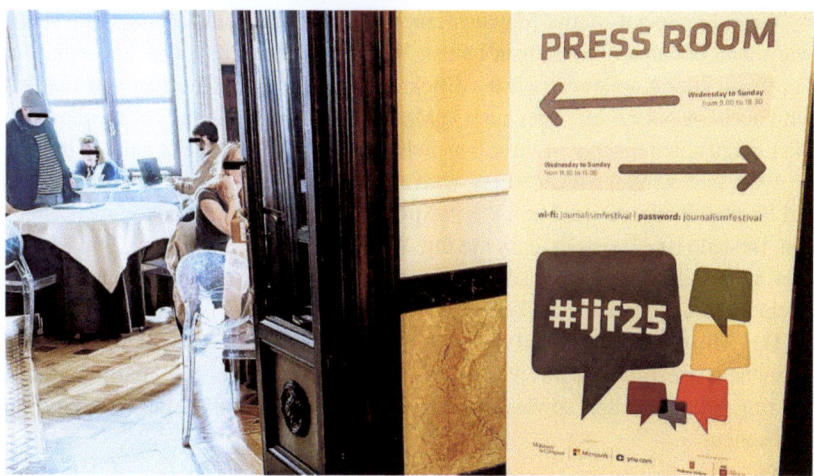

Abb. 7.2 Hashtags gehören immer noch zum Repertoire von Online-Aktionen oder Events. Beim Internationalen Journalismusfestival Perugia ist der Hashtag sogar Bestandteil des Plakat-Hauptmotivs. Foto: Stefan Primbs

Inhalte wie Fotos oder kleine Videos/Interviews mit auftretenden Künstlern vom roten Teppich oder vorbereitete Gags für Social Posts. Oft ist es auch nützlich, die Pressemappe und ggf. Redetexte vorher schon zu kennen. Arbeiten Sie Inhalte dazu vorab aus, die man mit Start der Veranstaltung verbreiten kann. Nützlich sind auch vorbereitete Vorlagen für Bilder, Infografiken, die dann mit aktuellen Zahlen, Zitaten etc. gefüllt werden (Abb. 7.2).

7.4   Webseite Social-Media-tauglich machen

Viele Journalisten arbeiten nicht direkt für Social Media, sondern für Medien-häuser, die Online-Produkte erstellen. Social Media wird als Vertriebskanal für diese Produkte gesehen; Facebook und X sind demnach Wege, die Publicity her-stellen und entsprechende Links verteilen sollen. Viele geteilte Inhalte/Links gelten als Erfolgskriterium und sorgen im Idealfall auch für mehr Traffic und Reichweite auf den Webportalen – die sogenannten Referrer aus Social Media. Oft wird dabei den eigenen Accounts die zentrale Rolle bei der Verteilung der Inhalte eine große Rolle zugesprochen. Doch diese Rolle wird überbewertet.

Wenn Sie Social-Media-Manager einer Magazinmarke sind, müssen Sie sich – wie schon erwähnt – vor Augen halten: Viel wichtiger als das, was Sie selbst auf Facebook oder X teilen, ist oft der Effekt dessen, was die Menschen von sich aus auf Facebook oder X etc. oder auch in Messengern oder – ebenfalls noch relevant – via E-Mail teilen (nachdem sie es beispielsweise auf Ihrer Webseite gelesen haben).

Wer einen Artikel wirklich liest, wird eher geneigt sein, diesen seinen Freunden auf Facebook oder X, per Mail, WhatsApp oder wie auch immer zukommen zu lassen. Deshalb ist es wichtig, dass Sie Ihre Webseite, Ihr Blog, Ihre App, Ihre Mediathek so gestalten, dass jeder, der etwas interessant findet, den betreffenden Inhalt leicht an seine Freunde schicken/teilen kann.

Das Mittel der Wahl sind die Social-Sharing-Buttons. Sie sind vor allem für Besuche interessant, die ihre Webseite per Desktop aufrufen (im Smartphone sind Sharing-Möglichkeiten sowieso integriert). Folgende Dienste sind Standard auf Webseiten.

- Facebook
- X
- WhatsApp
- per Mail versenden
- Link in die Zwischenablage kopieren

Weitere mögliche Sharing-Buttons sind LinkedIn, Reddit oder Pinterest oder Telegram und auch die X-Alternativen (Mastodon, Bluesky). Bauen Sie die Buttons auffällig und nutzerfreundlich ein.

Wenn Nutzende Inhalte/URLs teilen, spielen Soziale Netzwerke (Facebook, X etc.) und Messenger (WhatsApp) automatisch Überschriften und kurze Anreißtexte aus. Es ist in Ihrem Interesse, dass dort Texte und Bilder stehen, die attraktiv wirken und Ihren Intentionen entsprechen. Überprüfen Sie also, wie die Inhalte Ihrer Seite in Sozialen Netzwerken dargestellt werden, achten Sie auf Bilder und Überschriften.

In der Regel ziehen sich diese Titel und Description (im technischen Sinn) als Teaser (Vorspann, Anreißertext) und eine beliebige Bilddatei von der Seite. Das kann im schlimmsten Fall auch das Logo für den Wetterbericht sein, der vielleicht auf jeder Ihrer Portalseiten verlinkt ist.

Probleme treten auch auf, wenn Sie den Artikel umschreiben/fortschreiben. Denn X und Facebook speichern Überschrift/Vorschautext für jede URL ab, sodass, nachdem diese einmal gepostet wurde, immer dieselbe Überschriften/

Vorschautext-Kombination erscheint. So kann es passieren, dass Sie beispielsweise einen Text zum Start des Oktoberfests am Vormittag betiteln mit „Vor dem Start des Oktobertests" und am Mittag weiterdrehen. Nach dem Anzapfen lautet der Text auf Ihrer Webseite „Ozapft is – Oktoberfest ist gestartet". Sie posten das auch eilig auf Facebook – dummerweise zieht sich Facebook nach wie vor den alten, veralteten Vorschautext vom Vormittag. Auf Facebook ist ihr Artikelstand immer noch von vor dem Beginn der Veranstaltung.

Dagegen gibt es Abhilfe: Sie brauchen für den neuen Dreh eine neue URL, also eine ganz neue Webadresse.

Besonders bei attraktiven Web-Specials sollten Sie auf die Linkvorschau achten. Denn dafür wird oft ein Neben-CMS verwendet oder eine Software, die von der üblichen abweicht. Und während mit immensem Aufwand multimedial Geschichten recherchiert und gebaut werden, ja sogar eigene Pressemitteilungen dafür **geschrieben** werden, wird die Frage, wie eine Verlinkung in Sozialen Netzwerken aussieht, oft vergessen. Die Folge: Wer das Web-Special dann auf Facebook oder in WhatsApp teilt, sieht als Teaser einen technischen Text und als Bild ein nichtssagendes Navigationselement oder das Logo eines technischen Dienstleisters. Dabei gehört die Social-Network-Shareability zu jedem Testlauf, den eine Webseite durchlaufen muss.

▶ **Nothelfer Facebook debug** *Wie Facebook Ihre Seite sieht, können Sie unter* https://developers.facebook.com/tools/debug *abfragen. Einfach ins Eingabefeld die URL einsetzen. Falls Ihnen auffällt, dass Facebook zu Ihren URLs veraltete Teaser anzeigt, können Sie durch händische Eingabe dieser URL in das Facebook-Debug-Feld auch erreichen, dass künftig die aktualisierte Version erscheint.*

Kommentarspalten auf den Webseiten und in News-Apps sind mittlerweile keine Selbstverständlichkeit mehr. „Rechtsaußensprüche, Beleidigungen und Verschwörungstheorien" machte der damalige Online-Chef der Süddeutschen Zeitung, Stefan Ottlitz, schon 2014 in vielen Kommentarspalten aus. „Was als Ort herrschaftsfreier Dialoge gedacht war, entwickelt sich zu einer Plattform für Mobbing und Beschimpfungen", konstatierte Jürgen Scharrer in „Tendenz – Das Magazin der Bayerischen Landeszentrale für Neue Medien". Die Süddeutsche Zeitung zog aus dem Befund die Konsequenz: Statt Artikel standardmäßig kommentieren zu lassen, konnte man auf sueddeutsche.de seither nur noch wenige Themen diskutieren, und das in Debattenform. Qualität statt Quantität im Diskurs. Ansonsten könne man ja auf Facebook über die dort verlinkten Artikel/Themen diskutieren.

Andere folgten dem Beispiel, oder wählten andere Methoden, der Kommentarflut Herr zu werden: Zum Beispiel eine Anmeldepflicht für User, die kommentieren wollen, eine Klarnamenspflicht oder Kommentare nur für bezahlende Abonnenten. Parallel schlossen auch etliche Blogger die Kommentarspalten. Allerdings ist ein Verzicht auf Kommentare und Kommentarvielfalt auch immer ein Verlust.

Welchen Weg Ihr Medienhaus, Ihre Webseite, Ihre App einschlagen sollte, sei Ihrer Unternehmenskultur und Ihrem Dialogbegriff (in Bezug auf Ihre Zielgruppe) anheimgestellt. Aber wenn Sie Kommentare anbieten, machen Sie es professionell und sparen Sie nicht am Community-Management!

7.5   Transparenz, Fortschreibung, neue Nachrichtenstände

Artikel im Web kann man fortschreiben – das ist ein großer Vorteil gegenüber Printredaktionen, die zum Redaktionsschluss eine finale Version abliefern, die nicht mehr an eine veränderte Nachrichtenlage angepasst werden kann. Allerdings hat die „finale Version" auch einen Vorteil: Sie ist zitierfähig, man kann sich fix auf sie beziehen.

Warum ist das für Social Media von Bedeutung? Weil Online-Artikel kommentiert werden, und zwar auf den eigenen Webseiten, sofern Kommentare zugelassen sind, und auch in den Sozialen Netzwerken, wo Artikel geteilt werden (von den Medienhäusern, aber noch mehr von privat). Wenn nun ein Artikel fortgeschrieben wird, machen die Kommentare unter Umständen keinen Sinn mehr. Das fängt von Hinweisen auf Rechtschreib- und sachliche Fehler an, die später korrigiert werden, und hört bei inhaltlichen Fortschreibungen wie, dass eine Meldung bestätigt wird, auf. Es ist also wichtig, inhaltliche Scheren zwischen Kommentaren und einem Artikel/Inhalt, auf den sie sich beziehen, zu vermeiden. Hier einige Tipps:

- Bei wirklich neuen Drehs schreiben Sie einen neuen Artikel (ist auch gut für Google News etc.).
- Updates kennzeichnen Sie idealerweise mit dem Hinweis auf das Update zu Beginn des Artikels, auf jeden Fall aber als Endnote/Postskriptum am Ende des Artikels (Text: „in einer früheren Version des Artikels …")
- Korrekturen kennzeichnen Sie wie Updates, wenn es sich um inhaltliche Berichtigungen handelt. Wenn Sie von Kommentatoren auf Tippfehler oder Rechtschreibfehler aufmerksam gemacht wurden, bedanken Sie sich in den Kommentaren dafür.

- Wenn Sie ein Blog schreiben, können Sie Korrekturen auch mit einer Schrifttype „Durchgestrichen" kennzeichnen. Dann bleiben die korrigierten Infos ~~durchgestrichen~~ stehen, das Richtige steht im Normaltext da.

7.6   Mehr Nähe mit Heimatliebe und Fußball-Fans

Redaktionen denken für ihre Social-Media Accounts häufig an klassischen journalistischen Stoff: Nachrichten, Berichte, Analysen, Reportagen etc. Das ist auch das klassische Geschäft. Wenn wir uns aber ansehen, was im Sport- oder auch regionalen Bereich in Social Media erfolgreich ist, sind es häufig auch Seiten, die mit Identifikation und „Fandom" (also mit der Anhängerschaft einer Person, eines Vereins, s. Glossar…) spielen. Deshalb sind einige Redaktionen dazu übergegangen, nicht nur allgemeine Sport-Seiten auf Facebook zu unterhalten, sondern beispielsweise Seiten für alle Bundesliga-Vereine.

Im Bereich Regionalität sehen wir Facebook-Seiten und Gruppen für viele Hobbys, aber auch für Gegenden und Ortschaften. Sie tragen Namen wie „Der Bayerische Woid, einfach schee", „Du bist ein echter XY-Städter, wenn" oder „Mit Vergnügen München". Letzteres ist die Seite eines Stadtmagazin-Anbieters. Dieser hyperlokale Zugang, der nicht den Fokus auf Journalismus, sondern auf lokale Identität, Service und Nostalgie setzt, kann auch für klassische Lokalredaktionen ein Weg sein, Publikum an sich zu binden.

Die Community managen

8

Zusammenfassung

Eine Community bildet eine mehr oder weniger lockere Gemeinschaft von Menschen, die bereit sind, mit uns und zu unseren Themen mitzudiskutieren, mitzudenken, mitzumachen. Erst eine Community bringt Leben in unsere Online-Angebote und/oder Sozialen Netzwerke. Sie ist mehr als nur eine Gruppe von Rezipienten, so wie ein Team mehr ist als nur ein zusammengewürfelter Haufen Leute. Doch wie baut man eine Community auf? Wie geht man mit ihr um? Und was macht man mit Störern und Trollen? Empathie und Gelassenheit sind angesagt, und wenn es sein muss: Konsequenz.

Schlüsselwörter

Social Media · Community · ChatGPT · Kommentare · Moderation · Feedback · Empathie · KASI-Methode · Blocken · User · Trolle · Shitstorm · Krisenkommunikation · Öffentlichkeitsarbeit · Kommunikationskonzept · Beteiligungskonzept

8.1 Formale und informelle Community: Definition

Das Wort „Community" kann im Zusammenhang mit Social Media mehrerlei bedeuten.

1. Ein Soziales Netzwerk oder ein Forum etc., bei dem man Mitglied werden kann („die TikTok-Community").
2. Die Anhängerschaft eines Auftritts beispielsweise bei Facebook oder Instagram, die da immer wieder kommentiert und miteinander diskutiert.
3. Eine gewachsene Anhängerschaft einer Marke, einer Person, einer Weltanschauung oder eine Institution/Gruppe (z. B. die Rammstein-Community, die woke Community, die vegane Community).
4. Freunde eines Hobbys oder eines Interesses im wirklichen Leben, zum Beispiel alle Fans der romantischen Klaviermusik. Oder alle Modelleisenbahn-Freunde.

Aus Marketingsicht ist diese Form der Community eine Special-Interest-Zielgruppe. Der Begriff Zielgruppe beschränkt sich aber wieder auf das – für uns nicht mehr aktuelle – Sender-Empfänger-Modell. Der Community-Begriff hebt dagegen darauf ab, dass diese Gruppe untereinander agiert und wir Teil davon sind.

Rein formal ist im Folgenden unter Community gemeint: Die Leute, die in Ihren Social-Media-Angeboten interagieren und ggf. in Kommentarspalten diskutieren, mit dem ganzen Potenzial einer Community im Sinne der Einleitung.

Im Idealfall entwickeln sich die Besucher, und Nutzerinnen einer Seite/Marke zu einer echten Community. Um diese Fans muss sich der Community-Manager kümmern. Letzteres ist eine Rolle im Redaktionsablauf und ein Berufsbild im Journalismus. Die Community, das sind nämlich viel mehr als nur Konsumenten, Zielgruppe oder Zuschauer/Hörer/Leser. Im Grunde ist dafür die alte Facebook-Begriff „Fans" nicht verkehrt. Denn diese Leute mögen ihren Account, sie bringen sich ein. Diese konstruktive Gruppe ist am wichtigsten, die hat Ihre Zeit mehr verdient als die Störer und Hater.

Viele Online-Aktionen von Medienhäusern zum Beispiel, die auf Teilnahme von Usern setzen, funktionieren eher schlecht als recht. Auch, wenn sie gut konzipiert und geplant sind. Das liegt daran, dass eben meist keine „echte" Community da ist, auf die man von Haus aus bauen kann und die erst mal mitmacht. Es ist das Dilemma des leeren Wirtshauses: Niemand ist gerne der erste, einzige Besucher in einer Gaststube. Niemand ist gern der Erste in einem Forum, in einem Chat, bei einer Aktion.

Wer eine neue Kneipe aufmacht, sorgt also dafür, dass die Bude nicht leer ist, er lädt Leute ein, stellt Leute an, die viele Fans und Freunde haben, in der Szene bekannt sind. Und er kümmert sich um seine Stammkunden. Machen Sie es genauso: Die echten Fans in Ihren Netzwerken sind es, die Ihren Projekten diesen ersten Punch geben und die den Kern der Teilnehmerschaft stellen. Fans geben Ihnen also etwas zurück. Und treue Fans gewinnen Sie nur selten mit einem einzelnen Projekt in einer begrenzten Zeit. Sie sind der Lohn von gutem Community-Management.

Ziel von Community-Management für Ihren Auftritt ist, die Community einerseits wachsen zu lassen, also viele Fans/Follower/Abonenntinnen zu gewinnen. Andererseits, diese Community so zu moderieren, dass sie konstruktiv in den Dialog mit Ihrer Marke tritt und als Diskursraum funktioniert. Denn Ihr eigener Content ist ja nur die halbe Miete (wenn überhaupt). Interessant wird es erst, wenn die Leute sich auch untereinander etwas zu sagen haben, Ihre Inhalte mit den eigenen Meinungen und Haltungen anreichern und sie zum Ausgang spannender Dialoge machen. Nur wenn Ihre Community in diesem Sinne konstruktiv ist, lässt sich mit ihr auch arbeiten. Und dann taugen Ihre Mitglieder auch als Botschafter Ihrer Inhalte und Marke, als Fans im besten Sinne.

Freilich – je sachlicher, neutraler, nachrichtlicher, politisch neutraler ihr Social-Media-Account ist, desto schwieriger wird es, eine echte Community in diesem Sinne zu bilden. Denn die Distanz, die so ein Angebot den Gegenständen entgegenbringt, über die sie berichtet, diese Distanz schafft auch ein wenig Distanz zum Publikum. Denn dieses brennt ja – und zwar je nach Weltanschauung ganz unterschiedlich – für die politischen Themen.

Um da zumindest ein wenig Nahbarkeit, Commitment und Gemeinschaft herzustellen, bietet sich an, neben den rein nachrichtlichen Themen auch Community- und Identitäts-bildende Posts in seinen Publikationsplan einzubauen. Man mag bei einer Regionalmarke in politischen Dingen uneins sein – der gemeinsame Dialekt, regionale Bräuche – und wenn einem gar nichts mehr einfällt: das Wetter und die Feiertage, das schöne Wochenende verbinden einen doch irgendwie und stellen einfache Themen dar, über die alle sprechen können.

8.2 Social Media Redakteur:in vs. Community-Manager

Community-Managerin, Social-Media-Redakteur, Social-Media-Managerin – die Rollen und Titel können unterschiedlich je nach Redaktion vergeben sein und sind als Berufsbilder noch in der Entwicklung. Wenn die Rollen getrennt sind, dann ist Aufgabe des Social-Media-Redakteurs:

- Konkrete Umsetzung der Social-Media-Strategie in Abstimmung mit den anderen Gewerken (Redaktion, Marketing, PR) sowie journalistischen Kolleg:innen, die für Inhalte zuliefern, Mediengestaltern etc., sofern Sie in einem Medienhaus arbeiten.
- Erstellen der Inhalte
- Veröffentlichen der Inhalte in den vorgesehenen Sozialen Netzwerken. Inwieweit der Community-Manager die Posts selbst erstellt oder arbeitsteilig vorgegangen wird (Social-Media-Redakteur, Mediengestalter, PR-Abteilung etc.) ist im Konzept verankert.
- Weiterentwicklung des Social-Media-Auftritts (Strategie, Konzept, Zielgruppenansprache, Reviews)

Der/die Community-Manager:in ist Spezialist für den Dialog in den Kommentaren. Der Eindruck, den eine gut moderierte Kommentarspalte hinterlässt, ist nicht zu unterschätzen. Ebensowenig, wie sehr ein verlotterter Kommentarbereich abschreckt. Spezial-Aufgaben des Community-Managements sind:

- Moderation der Kommentare und der Beiträge der Nutzer gemäß der Netiquette. Das beinhaltet mindestens das Löschen untragbarer bzw. auch rechtlich heikler Kommentare sowie das Beantworten von Fragen, erschöpft sich aber nicht darin.
- zur Anzeige bringen/melden von strafbaren Kommentaren
- Dialog mit dem User. Schließlich ist ein Social-Media-Auftritt ein Dialogversprechen auf Augenhöhe, das es einzuhalten gilt.
- Identifizieren von Multiplikatoren und besonders aktiver Fans, die man „pflegen" sollte
- Identifizieren von „Trollen", die immer wieder die Diskussion auf der Seite stören oder andere Fans provozieren und schlimmstenfalls vergraulen
- Identifikation von sich anbahnenden Kommunikationskrisen („Debattenkrieg" zwischen Fans, Shitstorm etc.)
- Aufnahme des Inputs aus der Community (Vorschläge, Tipps, Korrekturen) – und darauf reagieren
- Einbringen von Community-Feedback und -Ideen in Redaktionskonferenzen etc.
- Motivation der „echten" Community durch Antworten, Liken, Herzen, Bedanken, Loben von Kommentaren, gelegentlich auch Small Talk …

▶   **Kenne Deine Community!** Der gute Community-Manager kennt seine
Pappenheimer. Er weiß, wer immer wieder kommentiert, teilt, repostet, kurz,
wer ein echter Fan ist. Und er muss wahrnehmen, was da läuft. Er vermittelt
die Stimmung der Community in die Redaktion. Und er warnt, wenn etwas
falsch läuft, bereitet die Redaktion ggf. auf Krisenkommunikation vor. Deshalb empfiehlt es sich, eine Fanpage oder einen X-Account etc. immer nur
von sehr wenigen Leuten als Community-Manager betreuen lassen (und
nicht etwa von vielen Leuten in wöchentlich wechselnden Schichten). Denn
nur wenn einer dranbleibt, erwirbt er die nötige Vertrautheit mit der Community und ein Gespür für deren Stimmung.

Achten Sie auf eine einheitliche Ansprache, wenn – wie bei tagesaktuellen Redaktionen – größere Teams die Community abwechselnd managen; und vor allem auf einheitliche, konsequente Moderation. Diskutieren
Sie in gemeinsamen Runden Einzelfälle, was man geantwortet hatte, wie
von den Usern darauf reagiert wurde. Wenn einmal streng, einmal lax moderiert wird, wissen die User nicht, woran sie sind, fühlen sich ggf. ungerecht behandelt. Die gemeinsamen Diskussionsrunden werden Sie als
Team einheitlicher agieren lassen und helfen, gemeinsame Standards zu
etablieren.

8.3   So bekommst Du eine gute Community

Ist für die Erledigung der Standardaufgaben gesorgt, kommt die erfolgsent-
scheidende Frage: Wie erschaffen Sie sich nun eine große und konstruktive Community? Es ist dieselbe Frage, die sich der oben erwähnte Wirt stellen muss: Bei
ihm geht es nicht nur um die Getränkekarte oder die Deko. Er muss sich auch fragen, wie er für eine Atmosphäre und Stimmung sorgen kann, in der sich die Leute
wohlfühlen, wo sie miteinander in Kontakt treten und angeregte Gespräche führen.
Und wo sie nicht angepöbelt und belästigt werden.

Der „Wirt" muss zur Stelle sein, wo er gebraucht wird, ansprechbar. Aber er
darf sich nicht aufdrängen, wenn alles gut läuft. So ein Gastgeber ist auch der
Community-Manager. Er muss also die Fans/Follower bei Laune halten, sodass
diese konstruktiv kommentieren bzw. den Dialog mit Ihnen eingehen. Denken Sie
daran: Nur die wenigsten Ihrer Fans werden aktiv mit Ihren Inhalten arbeiten. Diejenigen, die es tun, sind also wertvoller als die passiven Leser. Pflegen Sie diese,
erziehen Sie sie, wenn nötig. Ein Schuss Persönlichkeit und Haltung in der Nutzer-
ansprache ist dabei angebracht.

Tipps:

- Moderieren Sie konsequent-freundlich und „auf Augenhöhe"!
- Belohnen Sie die konstruktiven unter Ihren Fans mit Likes, Reposts, Herzchen (was das Netzwerk hergibt) oder auch mit Dank als Antwort.
- Beantworten Sie ernst gemeinte Fragen schnell (aber korrekt) und freundlich.
- Weisen Sie Störer auf unpassende (nicht: kritische) Kommentare hin und löschen Sie diese!
- Bitten Sie dabei sehr freundlich um Verständnis. Oft reagieren Nutzer sogar freundlich auf konsequente Moderation. Denn ihr „Kommentar von gestern" ist ihnen später selbst peinlich.
- Denken Sie daran: Auch wenn jemand mal etwas Unpassendes kommentiert, so ist er doch an Ihren Inhalten interessiert und bereit, aktiv mitzuwirken. Geben Sie ihm eine zweite Chance.
- Im Wiederholungsfall oder bei fehlender Einsicht drohen Sie das Verbannen aus der Community an. Auch ein Wirt muss dafür sorgen, dass notorische Schläger und Pöbler nicht die guten Gäste vergraulen.
- Geben Sie Ihren Fans Privilegien – am besten in Form von exklusiven Inhalten oder Geschenken (z.B. Freikartenverlosung), Redaktionsbesuchen etc. Jeder möchte gerne privilegiert sein.
- Arbeiten Sie konstruktiv mit den Vorschlägen und Wünschen Ihrer User. Deren Ideen, Tipps, Bilder etc. können die Basis sein für gute Inhalte.
- Kennen, lieben und erziehen Sie Ihre Trolle (und ziehen Sie notfalls die Notbremse).
- Pflegen Sie eine Datenbank mit Standardantworten auf häufig gestellte Fragen und Standardreaktionen auf bestimmte Verhaltensweisen.

8.4   Warum eine Community mehr ist als eine Menge

Echte Fans sind wie erwähnt viel mehr als Leser/Zuhörer/Zuschauer/Zielgruppe: Fans interagieren. Fans sind bereit, etwas für den Gegenstand ihrer Verehrung zu tun. Fans sind die ersten, die Bilder schicken, wenn Sie einen Fotowettbewerb ausrufen. Fans schreiben die ersten Kommentare unter Ihre Beiträge und brechen damit das Eis. Fans weisen Trolle in die Schranken – und nehmen Ihnen damit unangenehme Arbeit ab. Fans stehen auch zu Ihnen, wenn ein Shitstorm über Sie

hereinbricht. Sie sorgen für Unterhaltung am Stammtisch in Ihrer Community. Und sie liefern Ihnen Stoff, mit dem Sie wiederum arbeiten können.
Fördern Sie echte Community, geben Sie ihrer Community die Ehre, mittun zu können. Laden Sie ihre Fans ein, backstage zu kommen, hinter die Kulissen Ihrer Marke zu schauen. Zeigen Sie ihnen neue Formatideen und bitten Sie um die Einschätzung – damit respektieren Sie die Community und bekommen zugleich wertvolle Informationen. Ihre Fans sind Kapital. Sind kostenlose Werberinnen, kreative Mitarbeiter, Markenbotschafterinnen.

Eine Community-Manager:in ist wie ein Fanbetreuer im Sport. Dabei werden Sie schnell feststellen: Es ist nicht nur wichtig, viele Fans zu haben. Sondern auch mit diesen zu arbeiten. Denn wenn Fans Markenbotschafter sind, dann können diese im schlimmsten Fall auch falsche Botschaften aussenden, sich danebenbenehmen. Gutes Community-Management besteht dann umso mehr darin, die guten Fans zu belohnen und die schlechten Fans eben nicht in den Dingen und Verhaltensweisen zu bestärken, die die Community und die guten Fans stören. Denn der Weg vom fanatischen Fan (eigentlich ein Pleonasmus) zu einem Troll ist unter Umständen kurz.

8.5   Umgang mit Trollen: nicht füttern!

Trolle sind User, die in Internetforen, Kommentarspalten von Webseiten oder auf Facebook etc. regelmäßig die Community aufmischen. Das Thema Trollfabriken wird weiter unten behandelt. Die Mittel der „gewöhnlichen" Trollerei sind:

- Posten von schrägen und extremen Meinungen/Thesen, wobei der Troll diese Meinung nicht teilen muss. Er postet sie häufig nur, weil er weiß, dass er damit provozieren und Reaktionen hervorrufen kann.
- Absichtliches Missinterpretieren von anderen Kommentaren.
- Anwendung von Schwarzer Rhetorik (z. B. Strohmann-Argumente, Zitate verkürzen, Derailing…)
- Jedes Thema zu Grundsatzdiskussionen missbrauchen – die dann ergebnislos verlaufen oder in eine Radikalisierungsschleife laufen.

Der wahre Troll zeichnet sich also zunächst durch eine unbändige Lust am Kommentieren aus. Er kommentiert aber nicht, weil er am Thema interessiert ist, sondern weil er Reaktionen braucht, Aufmerksamkeit um jeden Preis erregen will.

Um Trolle richtig einschätzen zu können, sollten Sie diese kennen und im Redaktionsteam/Community-Management-Team auch über diese sprechen (und darüber, wieweit Sie das jeweilige Verhalten tolerieren wollen).

► „Wer nicht in Moderation investieren will, soll keine Foren anbieten oder zumindest nicht über deren Qualität jammern." Wolfgang Blau 2014 – damals Digitalchef des Guardian, über Community-Management.

Die Grenze zwischen aktiven Mitgliedern einer Community und Trollen ist fließend. Denn auch wenn der Troll oft nervt, so hat er doch seine Funktion. Er sorgt dafür, dass diejenigen User, die ihn widerlegen, neue Argumente bringen, womit die Diskussion vorangetrieben wird. Foren ganz ohne Trolle sind meist tote Foren. Und wenn alle nur vernünftig wären, bestünden die Debatten nur noch aus „Verwende die Suchfunktion, das Thema hatten wir schon" oder „Google ist dein Freund". Denn in der Tat: Jedes Thema war schon mal da. Deshalb lohnt es sich, diese aktiven Mitglieder immer wieder einzubinden – auch wenn sie sich gelegentlich danebenbenehmen oder provozieren. Und falls es der Trollerei zu viel wird, hilft oft die „golden Regel" im Umgang mit Trollen: „Don't feed the trolls", das heißt: erkennbare destruktive Provokationen einfach ignorieren.

Diese Nachsicht sollten Sie allerdings gegenüber Trollen nur üben, solange deren Fragen auch immer mal wieder sehr interessant sind, und die Wirkung ihrer Beiträge im Großen und Ganzen konstruktiv bleibt. Es gibt nämlich auch einen Typ von User, der sich einen Sport daraus macht, in Foren herumzustänkern – und zwar ausschließlich, um andere Nutzer gegen sich aufzubringen. Diese bösartigen Trolle sollten Sie aus Ihrer Community verdrängen und beispielsweise bei wiederholten Verstößen gegen Ihre Netiquette bannen, sodass Sie nicht mehr an Ihren Debatten teilnehmen können.

Hater und Fanboys sind eine Sonderform der Trolle. Sie scharen sich um Marken oder prominente Personen und stehen sich gegenüber. Die Fanboys verteidigen mit irrationaler Anhänglichkeit die Objekte der Bewunderung, die Hater schießen sich dagegen auf ein Objekt ihrer Abneigung ein. Diese Phänomene sind in verschiedensten Bereichen anzutreffen – vom Sport (FC Bayern gegen Dortmund) über Technikspielzeug bis hin zu klassischer Musik. So gibt es im Diskussionsbereich von heise.de beispielsweise Apple-Hater (das sind meist Android-Fanboys) und Apple-Fanboys ebenso wie es in Klassikforen (immer noch) Karajan-Fanboys (oft sind das Harnoncourt-Hater) und Karajan-Hater gibt (obwohl beide Dirigenten schon tot sind)…

Da die jeweilige Abneigung bzw. Anhänglichkeit oft geradezu pseudoreligiöse Züge annimmt, macht es keinen Sinn, zwischen beiden Gruppen zu vermitteln. Der Community-Manager sollte allerdings Sorge tragen, dass die Auseinandersetzungen zwischen Hatern und Fanboys zivilisiert und über Argumente ablaufen – im Idealfall mit Gewinn für die Mitleser.

8.6 Verschwörungstheorien, Hetze, Fakenews

Während Trolle oft noch im Grunde „gutartig" sind, haben viele Medien Erfahrungen mit Volksverhetzern, Verschwörungstheoretikern und Verbreitern von Falschnachrichten machen müssen. Lassen Sie nicht zu, dass Ihre Kommentarspalten für Hetze, Misinformation, Verleumdung und die Verbreitung von abstrusen Verschwörungstheorien genutzt werden. Methoden für den Umgang mit Hetzern bietet das Netzwerk No Hate Speech an. Auch wenn etliche der Tipps nicht für Journalisten geeignet sind, sondern eher für Mitdiskutanten, sind sie doch lehrreich. Schauen Sie, was Sie für sich als geeignet adaptieren oder abändern können (https://no-hate-speech.de/de/).

- Moderieren Sie konsequent nach Netiquette (das kann man gar nicht oft genug betonen)!
- Lassen Sie sich nicht auf Diskussionen über die Netiquette ein (und diskutieren Sie nicht über „Zensur")!
- Legen Sie die Taktiken der Propaganda offen. Zum Beispiel „Einige Leute versuchen hier gezielt vom Thema abzulenken, um ihre Propaganda zu streuen. Das lassen wir nicht zu". Oder: „Verschwörungstheorien haben hier keinen Platz" …
- Berichtigen Sie Falschaussagen; eine Suche über Ihr eigenes Onlinearchiv oder die Faktencheck-Plattformen (Faktenfinder, Faktenfuchs, Mimikama …) hilft oft.
- Bringen Sie Volksverhetzung und anderen Straftaten (Drohungen, Holocaustleugnung etc.) zur Anzeige.
- Lassen Sie sich nicht aus der Ruhe bringen, manchmal hilft auch ein gelassenes „wenn Sie das so sehen" oder „schade, dass Sie das so sehen".

8.7 Kommentar-Guidelines: Was gehört in eine Netiquette?

Netiquette – das Wort(spiel) stammt aus der Urzeit des Internets und mutet seltsam altmodisch an. Gemeint ist damit eine Ansammlung von Regeln, an die sich User halten sollen, die in einer Community, auf einer Seite oder auf einem Blog kommentieren. Moderner und klarer: Kommentarrichtlinien. Man kann auch beides synonym verwenden. Vorweg: Eigentlich braucht man sie nicht, wer sich brutal danebenbenimmt, den müssen wir auf unserer Seite nicht dulden; dass wir die Kommentare löschen können, ist klar. Wir sind Hausherr. Dennoch sind Kommentarrichtlinien nützlich aus folgenden Gründen:

- Um User, die bei jeder Kommentarlöschung gerne Zensur-Vorwürfe erheben, auf die Regeln aufmerksam zu machen und damit zu zeigen, dass man nicht willkürlich moderiert.
- Um auch für sich selbst eine Richtschnur zu haben, nach der man moderiert, und um in einem Team eine „Linie" zu etablieren (jenseits eines Bauchgefühls).
- Um die „gutartigen" User:innen, die mal über die Stränge schlagen, auf bestimmte Verhaltensweisen aufmerksam zu machen, die man nicht dulden möchte.
- Um das Signal zu geben, dass in den Diskursräumen, die Sie anbieten, bestimmte Regeln gelten, die einen sinnvollen Diskurs möglich machen und zum Mitdiskutieren einladen.

Folgende Inhalte haben sich für eine Netiquette als sinnvoll erwiesen:
- Bleiben Sie sachlich!
- Bleiben Sie beim Thema!
- Gehen Sie auf die anderen User ein!
- Wiederholen Sie sich nicht in immer neuen Kommentaren!
- Posten Sie nichts, was Sie wortgleich auch auf anderen Seiten posten!
- Behandeln Sie alle im Diskurs (und auch die Personen, über die im Post berichtet wird) mit grundsätzlichem Respekt (auch wenn Sie deren Handeln nicht gut finden sollten).
- Das beinhaltet auch, dass rassistische oder andere gegen Gruppen gerichtete feindliche/abwertende Äußerungen nicht geduldet werden.

- Ebenso wenig werden sexistische oder sich auf das Äußere von Menschen beziehende Inhalte nicht geduldet (es sei denn, das Äußere einer Person ist das Thema – aber dann auch mit Respekt).
- Beleidigen Sie nicht! Unterstellen Sie nicht.
- Posten Sie nichts, was sie anderswo aus dem Netz kopiert haben!
- Äußern Sie Ihre Meinung und nicht unbelegte Tatsachenbehauptungen!
- Posten Sie keine Links! Hintergrund dieser Regel: Als Community-Manager müssten Sie alle Links überprüfen, die auf der Seite gepostet werden (Werbung? Illegales?). Zweitens wollen Sie in der Regel eine Diskussion auf Ihrer Seite, deshalb sollten dort auch alle relevanten Argumente zu lesen sein.
- Nutzende mit obszönen Nick-Names und Profilbildern werden geblockt (diese Maßnahme richtet sich gegen Sexismus und Porno-Bots).
- Kommentieren Sie in deutscher Sprache (damit alle mitlesen können).
- Strafbare Äußerungen (z. B. Volksverhetzung, Aufruf zu oder Gutheißen von Gewalttaten) werden zur Anzeige gebracht.
- Bei mehreren Verstößen gegen die Netiquette trotz Verwarnung werden Sie „geblockt" und können nicht mehr kommentieren.
- Machen Sie keine (fragwürdigen) medizinischen oder rechtlichen Aussagen/Ratschläge.

Verfassen Sie Ihre Kommentarrichtlinien so, dass deutlich wird: Ihnen geht es um eine gute Diskussion, nicht um Hausherrengetue und Machtausübung. Am besten, Sie kleiden das Ganze als Tipps für Kommentare, denn mit guten Kommentarrichtlinien und guter Dialogkultur ist allen geholfen, Ihnen, und Ihren Usern – zumindest den Nicht-Trollen darunter. Auf der anderen Seite: Sie können ihre Community über alles diskutieren lassen – aber nicht über die Netiquette selbst, jedenfalls nicht dann, wenn sie gerade angewandt wird. Die Regeln sind zunächst gesetzt. Wie immer gilt: Am Ende entscheiden Sie, wie streng Sie selbst Ihre Richtlinien auslegen und wo Sie Fünfe gerade sein lassen können. Beispiel für Kommentarrichtlinien: http://www.br.de/netiquette.

Das Thema „Schutz von Protagonisten" wird immer wichtiger im Journalismus. Wenn z. B. die Menschen in Ihren Videos auf YouTube damit rechnen müssen, dass sie in den Kommentaren beleidigt, für krank erklärt, sexistisch beurteilt, sozial herabgewürdigt werden, werden Sie keine Protagonist:innen mehr finden, die sich das antun. Löschen Sie also konsequent Kommentare, die sich über das

Äußere oder die vermeintliche psychische und körperliche Befindlichkeit auslassen. Am besten auch vermeintliche Komplimente – die als sexistisch verstanden werden können. **Sie sollten dabei Diskriminierung benennen** und dennoch empathisch bleiben. Den Kommentierenden ist vielleicht nicht in jedem Fall ein großer Vorwurf zu machen – von den Älteren ist so mancher vielleicht in seinem Umgang noch nicht auf der Höhe der Zeit, erkennt nicht aktuelle Empfindlichkeiten und hat die Debatten um Alltagsrassismus und Alltagssexismus nicht in der Weise reflektiert, wie das in akademischen Milieus geschieht. Und die Jüngeren sind vielleicht Reality-TV-Formate gewohnt, wo die Protagonist:innen zur Steigerung des „Gesprächswert" ja bewusst der Fremdscham und dem Lästern des Publikums ausgeliefert werden.

Werfen Sie also nicht mit Urteilen wie „Rassistin" oder „Sexist" um sich, sondern klären Sie in ruhigen Worten empathisch auf, warum Sie einen Kommentar löschen (nämlich, weil sich jemand verletzt, herabgewürdigt, nicht respektiert fühlen könnte).

▶   **Meinung versus Tatsachenbehauptung** Unbelegte Tatsachenbehauptungen tragen meist nicht konstruktiv zu einer Diskussion bei, sondern führen zu unproduktiven Diskussionen über deren Wahrheitsgehalt. Das ist aber noch nicht das Schlimme daran. Für falsche Tatsachenbehauptungen oder üble Nachreden in den Kommentaren können unter Umständen auch Sie als derjenige, der diese weiterverbreitet, haftbar gemacht werden. Denn aus einer unbelegten Tatsachenbehauptung wird leicht eine Verleumdung oder eine Geschäftsschädigung. Andererseits sind Sie – beispielsweise bei einem Lebensmittelskandal – vielleicht sogar dankbar für Hinweise aus der Leserschaft. Tipp: Öffnen Sie für Hinweise und Infos von Usern einen Kommunikationskanal in die Redaktion, der nichtöffentlich ist (zum Beispiel ein Mailformular).

8.8   Grundsatzdiskussionen im Kommentarbereich

Soziale Medien sind nicht nur Plattformen für den Austausch von Gedanken und Bildern, sie haben sich leider auch zu Schlachtfeldern kultureller Konflikte entwickelt. Ob es um politische Lager wie Rechts und Links geht, um Ernährungsweisen wie Veganismus versus Fleischkonsum oder die hitzige Debatte zwischen Meinungsfreiheit und Cancel Culture.

Das macht auch vor Ihren Kommentarspalten nicht halt. Vor allem dann, wenn durch den Algorithmus unterschiedliche Zielgruppen erreicht werden und dann in der Diskussion aufeinandertreffen. Dann wird nicht mehr über den konkreten Beitrag gesprochen, sondern über Grundsatzfragen diskutiert – was am Ende meist eskaliert. Den anderen wird der grundsätzliche Respekt, das „ich bin ok – du bist ok" entzogen, den eine gute Dabatte braucht. Das Resultat sind Verschwörungstheorien, Beleidigungen, Unterstellungen.

Schauen wir uns das typische Kampfgebiet Landwirtschaft und Ernährung an: Veganer:innen argumentieren aus ökologischen und tierethischen Gründen gegen den Konsum tierischer Produkte, während Fleischesser:innen auf individuelle Freiheit und Essenslust, kulturelle Traditionen etc. pochen. Beide werden auch Gesundheits-Argumente anführen. Was am Ende aber herauskommt, ist der auf der einen Seite Vorwurf der Tierquälerei oder des Mordes (am Tier). Der Fleischesser, Landwirt oder Metzger als Monster.

Die andere Seite wird das als übergriffig und überheblich empfinden und mit abwertenden Kampfbegriffen kontern. Denn in der Grundsatzfrage „Ist es legitim, Tiere zu halten/töten, um diese zu essen?", besteht eigentlich keine gemeinsame Basis für eine Diskussion. Vermittelnde Stimmen werden auf der Strecke bleiben. Weitere typische Kulturkampffragen sind: Gendern, Religionsfragen, Abtreibung etc.

Die Herausforderung in einer polarisierten digitalen Welt liegt nun darin, Räume für respektvollen Austausch zu schaffen. Doch wie bekommen Sie das hin? Dabei hilft Ihnen nun die Netiquette – und ein Stück Glaubwürdigkeit in der Moderation. Hier ein paar Hinweise:

- Oft ist es schon bei der Themenerstellung klar, dass man ein heiß umkämpftes Thema anpackt. Je umstrittener, desto eher wird Ihr Post angezweifelt oder gar angefeindet werden. Wappnen Sie sich mit Hintergrundinformationen zur Recherche, Antworten auf vorhersehbare Fragen und Links mit weiterführenden Informationen zum Thema.
- Selbst, wenn Sie selbst einem der beiden Lager angehören – lassen Sie es ihrer Moderation nicht anmerken und geben Sie sich neutral (es sei denn, ihr Medium hat in den Kulturkampffragen eine klare Haltung, dann können Sie dies äußern).
- Viele Grundsatzfragen sind für die Identität der Menschen elementar. Bleiben Sie bei der Moderation empathisch. Es geht – selbst wenn den Leuten das selbst nicht bewusst ist – nicht immer nur ums Schnitzel, es geht dabei um ein ganzes Selbstverständnis, bis hin zum Menschenbild der Person.

- Bestehen Sie darauf, dass allen Diskutierenden (und den Leuten, über die Sie im Post berichten) der nötige Respekt entgegengebracht wird. Wenn z. B. Landwirte, die einfach ihre Arbeit tun, deswegen herabgewürdigt werden, ist das ebenso zu ahnden, als wenn missionarische Veganer als Spinner bezeichnet werden.
- Weisen Sie immer wieder auf die Netiquette hin, was und warum sie Kommentare löschen und verbergen – damit sich Diskutierende an die Regeln halten können.
- Belohnen Sie respektvolles Verhalten, etwa durch positive Erwähnungen oder Hervorhebung konstruktiver Beiträge.
- Wenn Sie für Ihre Redaktion eine Haltung festgelegt haben, können Sie auch mit Counter-Speech (Gegenrede) gegen andere Haltungen argumentieren (z. B. wenn es ums Gendern geht).

8.9 Empathisch moderieren mit KASI

Empathisch, sachlich, empowernd, einladend – so sollte man in den Dialog mit der Community gehen. Doch gerade, wenn es Kritik und polarisierende Debatten gibt, ist das nicht so einfach. Hier ein paar Tipps und Regeln und Hintergründe, damit Sie eine gute Ansprache finden.

Hilfestellung dabei, gute Antworten auf Vorwürfe und kritische Kommentare zu finden, bietet die sogenannte KASI-Methode (nach Marc Ziegele und Dominique Heinbach). Sie verweist auf die verschiedenen Aspekte von Kommunikation. Auf die kognitiven (K), die affektiven (A) und die sozial integrativen (SI).

▶ • Kognitiv: Das bedeutet, das Community-Management gibt (weiterführende) Informationen, bereichert die Diskussion mit Links oder widerspricht Falschbehauptungen. Gefördert wird eine sachliche Atmosphäre.
  - Affirmativ: Das bedeutet, das Community-Management erkennt und respektiert die Gefühle der Leute, gibt Anerkennung (z. B. durch Lob). Gefördert wird dadurch das Selbstbewusstsein der Menschen, die sich dann eher trauen, sich weiter zu äußern.
  - Sozial-Integrativ: Das Community-Management steigert das Wir-Gefühl der Community – das dann wiederum zu stärkerem Austausch führt (und auch die Bindung an den Account stärkt).

Fragen Sie sich also vor der Antwort auf einen kritischen Kommentar: Was will die Person eigentlich? Was treibt sie um? Wenn jemand während der Pandemie erkrankt war, und das auf die Impfung zurückführte, hilft es ihm wenig, wenn man ihm „kognitiv" antwortet: nämlich, wie (un)wahrscheinlich es ist, dass seine Erkrankung auf die Impfung zurückzuführen ist – davon abgesehen, dass auch die Redaktion nicht weiß, woher eine Erkrankung wirklich kommt.

Besser ist es, hier „affektiv" im Sinne einer empathischen Moderation etwa zu schreiben: „Es tut uns leid, dass Sie erkrankt sind und wir wünschen Ihnen gute Besserung. Wir können leider keinen ärztlichen Rat erteilen oder zu den Ursachen der Erkrankung etwas sagen – Infos zur Impfung und den seltenen Nebenwirkungen haben wir hier [LINK auf einen Artikel zum Thema]".

Sozial-integrativ wären eher Kommentar-Antworten, die auf das gemeinsame Wertegerüst der Community oder ihrer Marke rekurrieren. Zum Beispiel, indem Sie eine tendenziell polarisierende Äußerung zurückweisen und etwas schreiben wie „Wir wollen uns hier nicht gegeneinander aufbringen lassen" oder „in unseren Kommentarspalten gilt ein ‚leben und leben lassen' und jeder soll nach seiner Facon selig werden – bitte respektiert Euch gegenseitig, egal, welche Ernährungsgewohnheiten ihr habt, wen ihr liebt und wem ihr am Samstag bei der Bundesliga zujubelt."

In die sozial-integrative Ecke gehören manchmal auch Kommentare, die Lob verteilen. Zum Beispiel, wenn jemand einen Störer oder eine Haterin meldet: „Danke, dass Sie mithelfen, unsere Community konstruktiv zu halten" etc. Und integrativ wirken auch Beiträge und Kommentare, die einen Einblick in Ihre Redaktions- und Moderationsarbeit liefern, die das Publikum auch Ihre Seite sehen lassen.

Zur KASI-Methode sind einige Broschüren online zugänglich, etwa von Landesmedienanstalten. Googlen Sie danach, um tiefer in das Thema einzusteigen und weitere Beispiele zu finden.

Bei der Formulierung empathischer Antworten ist auch die KI gut. Sie können z. B. eine typisch journalistisch-siebengescheite „kognitive" Antwort formulieren und ChatGPT davon ausgehend um eine Formulierungshilfe bitten. Und noch ein Nebeneffekt: Die KI kann auch helfen, als Community-Manager:in mehr professionelle Distanz zum Dialog wahren, was die persönliche Resilienz stärkt (Abb. 8.1).

Auf der anderen Seite sind auch Menschen, selbst wenn sich diese wütend oder aggressiv zeigen. Führen Sie sich das immer wieder vor Augen. Der Kommentar unter einem Post ist Ausdruck einer Gemütslage, in der die Person sich gerade befindet. Und denken deshalb Sie daran, dass auch Sie den Respekt zeigen, den Sie von Ihrer Community fordern.

Abb. 8.1 Es lohnt sich häufig, die KI um Rat zu fragen, um bessere Antworten zu erhalten. Die Frage wurde hier bewusst patzig und unempathisch formuliert, um eine gewisse Fallhöhe zur ChatGPT-Musterantwort zu zeigen … (Quelle: Screenshot aus ChatGPT)

▶   • Vermeiden Sie Ironie; war es in den 2010er-Jahren noch gängig, dass man Kommentare ironisch beantwortete, hat sich gezeigt: Ironie wird immer als herablassend empfunden (und oft auch gar nicht verstanden). Ausnahme: Sie arbeiten für ein Satire-Format oder Ähnliches.
   • Verzichten Sie auf Belehrungen (z. B. über Rechtschreib- oder Grammatikfehler). Werden Sie nicht oberlehrerhaft, wenn Sie Falschbehauptungen korrigieren.
   • Vermeiden Sie Vorwürfe und treffen Sie Sachaussagen. Statt jemanden einen Rüpel zu nennen, schreiben Sie lieber: „Von Ihrer Aussage fühlen sich Menschen verletzt". Die Wahrscheinlichkeit, dass der/die Angesprochene seinen Sprachgebrauch (vielleicht auch sein/ihr Denken) überdenkt, wird dann höher sein.

- Vermeiden Sie Fachbegriffe und versuchen Sie, so klar und einfach wie möglich zu formulieren. Das macht ihre Aussage für viele verständlicher – und lässt sie nahbarer erscheinen als eine allzu akademische Sprache.

8.10   Hetze, Nazi-Codes und Schwarze Rhetorik

Je polarisierter die Gesellschaft, je aufgehetzter die Menschen – desto vergifteter ist der Diskurs in den Sozialen Netzwerken. Deshalb ist es wichtig, dass Ihr Community-Management mit den wichtigsten Tricks der Schwarzen Rhetorik und der Agitation extremistischer Gruppen sowie mit Ihren Symbolen vertraut ist. Denn nur so können Sie vergiftete Kommentare erkennen und löschen bzw. adäquat darauf reagieren.

Ein paar typische Mittel der Schwarzen Rhetorik und Agitation sind zum Beispiel Derailing, der Strohmann oder Whatsaboutism. Derailing ist die Methode, durch Verallgemeinerung den Diskursgegenstand auf ein anderes Feld zu führen, das dem Agitator nützt. Nehmen wir an, ihr Post behandelt die Wohnungsnot – dann werden sich schnell Kommentatoren finden, die nicht nur über den Anteil des Zuzugs an der örtlichen Wohnungsnot reden wollen, sondern über die gesamte Flüchtlingspolitik seit 2015 diskutieren wollen. Machen Sie hier einen Cut – und führen Sie die Diskussion auf den eigentlichen Gegenstand zurück: die konkrete Wohnungssituation, über die Sie berichtet hatten. Wo genau Sie diesen Cut ansetzen, ist natürlich Ihre redaktionelle Entscheidung. Aber wenn Sie ihn nicht machen, werden alle Ihre Debatten von diesen vergifteten, polarisierenden Großdiskussionen überlagert.

Eng verwandt mit dem Derailing ist der Whatsaboutismus. Gemeint ist ein Ablenkungsmanöver, das ebenfalls die Diskussion auf etwas anderes lenken will nach dem Motto: „Und was ist damit?", oder „Der ist doch genauso schlimm". Nehmen wir an, Sie berichten über ausländerfeindliche Übergriffe – und es kommen in den Kommentaren Hinweise auf islamistische Straftaten, ist das ein klassischer Whatsaboutism – und hat in Ihren Kommentaren zu ausländerfeindlichen Übergriffen nichts zu suchen.

„Strohmann" nennt man die Methode, die Aussage einer Person so zu überzeichnen bzw. verzerren, dass sich leicht dagegen argumentieren lässt. Ein Strohmann wäre etwa, auf die Aussage „Ich bin für eine Begrenzung der illegalen Zuwanderung" mit einem Satz zu reagieren wie: „Wenn wir jede Zuwanderung stoppen, wird unsere Wirtschaft zusammenbrechen" – denn der Ausgangssatz will ja nicht „jede Zuwanderung stoppen".

Ein anderer rhetorischer Trick ist das Einbringen von anekdotischen Erlebnissen oder Singularitäten, um damit einen Beweis gegen eine ganze These zu bringen. Ein verregneter Sommer ist noch kein Argument gegen den Klimawandel und
das geschilderte angebliche Erlebnis einer Bekannten noch kein Beleg dafür, dass
man sich in Deutschland nicht mehr auf die Straße trauen kann. Bei den anekdotischen Kommentaren ist aber Vorsicht angebracht: Sie wissen nicht, ist die Geschichte erfunden?, eine Urban Legend?, oder tatsächlich schmerzvoll erlitten?
Bleiben Sie in dem Fall auf alle Fälle empathisch.

Wie geht man nun mit diesen Mitteln der Schwarzen Rhetorik um? Eine effektive (nicht immer empathische) Methode ist, beim wiederholten Versuchen den
Manipulationsversuch deutlich zu machen. Etwa so: „Sie versuchen jetzt schon
zum dritten Mal mit einem Kommentar, die Diskussion vom eigentlichen Thema
wegzulenken. Diese Form von Whataboutismus lassen wir gemäß unserer Netiquette hier nicht zu".

Es gibt noch jede Menge Methoden der Schwarzen Rhetorik, die in
Kommentarspalten vorkommen: perfide Andeutungen oder Dog Whistling, Meta-
phern wie „Goldstücke" (statt Flüchtlinge/Geflüchtete), scheinbar beschreibende
Begriffe wie „Globalisten" (bezugnehmend auf antisemitische Verschwörungstheorien) etc. Seien Sie auch vorsichtig, wenn Sie Wörter für Ungeziefer (Zecken,
Ratten etc.) sehen, diese werden häufig in menschenverachtenden Zusammenhängen verwendet. Am besten führen Sie diese Wörter in Ihren Blacklists auf (Listen von Wörtern, die bewirken, dass Kommentare mit diesen Wörtern in die Prä-
moderation verschoben werden, also zunächst einmal nicht erscheinen).

Ein weiteres Problem sind Codes und Zeichen aus extremistischen Lagern.
Dass man keine Hakenkreuze und andere verbotene nationalsozialistische Begriffe
posten darf bzw. dafür auch juristisch zur Rechenschaft gezogen wird, ist mittlerweile allgemein bekannt. Besonders Rechtsextremisten haben in den letzten Jahren
aber auch auf den ersten Blick unscheinbare Zeichen regelrecht „gekapert", um
diskursiv in die Vorderhand zu geraten. Untenstehende Liste basiert auf Veröffent-
lichungen der Verfassungsschutzämter, erhebt aber keinen Anspruch auf Voll-
ständigkeit, sondern soll vor allem sensibilisieren.

14: Steht für eine rassistische Parole aus den USA, die die Sicherung der weißen
„Rasse" fordert.

88: Bezieht sich auf den achten Buchstaben des Alphabets („H") und wird als
Kürzel für den verbotenen „Hitlergruß" verwendet (auch: „2x44").

1488: Eine Kombination aus den Codes „14" und „88".

18: Die Zahlen stehen wegen ihres Platzes im Alphabet für die Initialen Adolf
Hitlers.

28: Setzt sich aus den Buchstaben „B" und „H" („Blood and Honour")

C18: Das „C" steht für „Combat" (Kampf), 18 (s. oben).

168:1: Symbolisiert gewaltverherrlichend die Anzahl der Todesopfer eines Anschlags durch einen amerikanischen Rechtsterroristen im Jahr 1995.

1919: Die doppelte „19" steht für zweimal den Buchstaben „S"

311: Dreimal der elfte Buchstabe („K"), KuKluxKlan.

444: Steht für den vierten Buchstaben „D" und wird als Code für die Parole „Deutschland den Deutschen" verwendet.

GNLS: Kürzel für eine englische Phrase; deutsch: „Gute Nacht, Linke".

RAHOWA: „Racial Holy War"

WP: White Power.

ZOG: Zionist Occupied Government. Bezieht sich auf eine antisemitische Verschwörungstheorie.

Außerdem gibt es eine Reihe von Emojis, die man kennen sollte:

♥ 🤍 ♡ (Schwarz, Weiß, Rot): Die Farben des deutschen Reiches (vor 1918) – Oft in der Reichsbürgerszene verwendet.

🙋 ♂ (Winkende Person): Kann einen „Hitlergruß" symbolisieren.

⚡ ⚡ (Zwei Blitze): Siehe oben 19

🧛 (Vampir): Wird in antisemitischen Kontexten verwendet.

🐑 (Schaf): Abwertender Begriff für Menschen genutzt, die als unkritisch dargestellt werden („Schlafschafe").

Wichtig ist bei den interpretationsfähigen Zeichen, den Kontext zu beachten. Das Taucher-OK (Daumen und Zeigfinger bilden einen Kreis, Finger gespreizt) wird mittlerweile auch als Zeichen von Rassisten missbraucht und soll eine weiße Überlegenheit markieren.

Das blaue Herz steht für Verbundenheit und Sicherheit in einer Freundschaft – wird aber auch als Zeichen für die AfD (wegen der Parteifarbe Blau) verwendet. Überhaupt können alle Farben auch in Parteizusammenhängen verwendet werden.

Islamistische Parolen kommen oft mit arabischen Schriftzeichen und Fahnen daher – und was Sie nicht verstehen, sollten Sie ohnehin nicht in Ihren Kommentarspalten stehen haben (die Netiquette besteht auch deshalb auf der deutschen Sprache als Kommunikationsmittel). Relativ neu ist das „rote Dreieck". Es wird von der Anti Defamation League als Aufruf zur Gewalt gegen Juden und Freunde des Staates Israel verstanden, kann aber auch nur generelle Sympathie für einen palästinensischen Staat ausdrücken.

Auch bei den Linksextremisten sind es eher spezifische Bildzeichen wie das RAF-Symbol, die geballte Faust (symbolisiert Kampfbereitschaft) und „Hammer und Sichel", die für die entsprechende politische Richtung stehen. Aber auch Buchstabenfolgen wie ACAB (All Cops are Bastards, als Zahlenfolge 1312) oder AFA

(Antifaschistische Aktion, als Zahlenfolge 161) können in Kommentaren vorkommen und sollten von der Redaktion entsprechend eingeordnet werden. Ebenso das A im Kreis (Anarchismus).

Solche Symbole oder Codes können auch kurzfristig aufkommen – so etablierte sich das Z als Symbol derer, die den Angriffskrieg Putins gegen die Ukraine unterstützten und ist in Deutschland teilweise unter Strafe. Ebenso das Sankt-Georgs-Bändchen (Schwarz-Gelbe Schleife mit drei schwarzen und zwei gelben Streifen). Informieren Sie sich also immer wieder über fragwürdige Parolen und Zeichen unter anderem auf den Seiten der Bundeszentrale für politische Bildung und den Verfassungsschutz-Ämtern der Bundesländer.

Krisen meistern, Shitstorms bestehen

9

Zusammenfassung

Das schöne deutsche Wort „Shitstorm" bezeichnet laut Duden einen „Sturm der Entrüstung" und Häme im Internet, der meist mit beleidigenden Äußerungen einhergeht. Ziele sind vornehmlich Unternehmen und/oder Prominente, gelegentlich auch vorher nicht bekannte Privatpersonen. Geäußert wird die Entrüstung vorwiegend in den Sozialen Netzwerken. Etwas schwammig wird der Begriff auch für kleinere Wellen der Kritik verwendet. Kennzeichnend ist jedenfalls eine massive, ggf. Tage anhaltende virale Verbreitung der Kritik über Soziale Netzwerke, teils indem kritische Posts geteilt werden, teils durch immer neue oder neu wiederholte Vorwürfe und Schmäh- oder Spott-Inhalte. Auch Medienschaffende stehen immer wieder im Zentrum von Shitstorms, wenn ihre Wortwahl, ihre Kommentare oder auch Fehler Empörung hervorrufen.

Schlüsselwörter

Social Media · Community · User · Trolle · Shitstorm · Ironie · Nopology · Krisenkommunikation · Öffentlichkeitsarbeit · Kommunikationskonzept · Beteiligungskonzept

9.1   Wann ist ein Shitstorm ein Shitstorm?

Das, was man als Shitstorm bezeichnet, baut sich in der Regel in Wellen auf. Zuvor kommt natürlich der Stein des Anstoßes, ein leichter oder schwerer Fehler, eine Respektlosigkeit im Umgang, ein Verstoß gegen die Political Correctness etc. Was dann kommt, scheint zunächst nur Sturm im Wasserglas zu sein, einige aufgeregte Kommentare, die Sie locker abmoderieren. Das ist noch kein Shitstorm. Und manchmal ebbt die Welle hier ab – wenn Sie gut auf die Kritik reagiert haben. Glück gehabt – und Kompetenz bewiesen.

Wenn Sie kein Glück haben, dann steigen Leute von außen in die Empörungs-maschine ein, die vielleicht gar nicht Ihr Stammpublikum sind, die Sie nicht kennen, und bei denen Sie keine „Gnade" oder „mildernde Umstände" zu erhoffen brauchen. Die tragen die Empörung weiter – z. B. zu Interessengruppen, Betroffene Ihres Fehlers. Die Kritik findet nun nicht mehr nur auf Ihren Seiten statt, sondern auch in Posts Dritter in verschiedenen Sozialen Netzwerken. Diese zweite Welle der Kritik ist die letzte Chance, durch eine kluge Reaktion etwas zu retten, noch glimpflich davonzukommen.

Richtig gefährlich – auch längerfristig – wird es dann in der dritten Welle, und dann ist es auch richtig, von einem Shitstorm zu sprechen: Wenn die Kritik die eingefahrenen Interessengruppen in Sozialen Netzwerken überschreitet und die klassischen Medien (Zeitungen, TV, Online-Portale) anfangen, die Kritik aufzu-greifen und negativ zu berichten. Dann ist es meist zu spät, mit Erklärungen um Verständnis zu bitten – der Zorn wird sich auf Sie entladen. Häufig geht es dann auch nicht mehr um Fehler, sondern Ihre berufliche und moralische Eignung für den Journalismus wird infrage gestellt. Das kann Karrieren bremsen und das Image Ihrer Redaktion nachhaltig schädigen.

9.2   Shitstorms verstehen – die Buschfeuer-Metapher

Doch warum entstehen manchmal Shitstorms? Und manchmal – bei ähnlich ge-lagerten Fehlern – nicht? Um das zu verstehen, hilft eine kleine Metapher. Kritik-wellen im Netz kann man in gewisser Weise mit der Entstehung eines Buschfeuers vergleichen. Beide entstehen nicht aus dem Nichts, sondern benötigen bestimmte Voraussetzungen, um sich zu entzünden und unkontrolliert auszubreiten. Es ist eben nicht nur der Fehler, sondern auch das gesellschaftliche und zeitliche Umfeld sowie ihre eigene Reaktionsfähigkeit.

Da ist zum einen das Thema, gewissermaßen das Holz, aus dem sich das Feuer später nährt. Das sind etwa gesellschaftliche Tabus oder klassische Kulturkampf- oder Reiz-Themen aus den Bereichen Sexismus, Rassismus/Antisemitismus. **Der Zündfunke ist dann gewissermaßen ihr Fehler,** der unpassende Spruch, über den sich einige aufregen, eine missverständliche Werbekampagne etc. Ihr Fehler wird zum Schlachtfeld und Zankapfel des Kulturkampfs zugleich. Eine angespannte gesellschaftliche oder politische Lage (wie während der Pandemie), aufgestauter Frust, anstehende Wahlen und Ähnliches begünstigen die Entstehung eines Shitstorms ebenso wie eine Dürre das Buschfeuer.

Ohne Wind bleibt ein Feuer lokal begrenzt. Erst starke Böen tragen die Glut weiter und lassen das Feuer über weite Flächen hinweg lodern. In der digitalen Welt übernehmen Influencer:innen in sozialen Medien diese Rolle: Mit ihrer Reichweite sorgen sie dafür, dass sich die Empörung in Windeseile verbreitet. Deshalb ist es wichtig, die „Kritiker" und ihre Kommunikationsmittel zu kennen, und vielleicht auch weitere Motive für deren Agitation zu recherchieren.

Und jetzt sind Sie dran: Ist Ihre Feuerwehr vorbereitet? Haben Sie genügend Löschkapazitäten? Mittel, den Brand zu begrenzen und eine gute Strategie dafür? Nicht umsonst häufen sich Shitstorms gegen Medien an Feiertagen, wenn Redaktionen nur notdürftig besetzt, Führungsteams im Urlaub sind.

Zu den fehlenden Kapazitäten (Personal) kommt dann noch die mangelnde Abstimmung. Wenn man aber uneinheitlich reagiert, sich falsch entschuldigt oder widersprüchliche Statements abgibt, verschlimmert dies die Lage nur. Das Feuer kann durch äußere Einflüsse noch verstärkt werden, etwa durch interne Leaks (Posts von Mitarbeitenden). Jeder weitere Fehler oder jede neue Enthüllung wirkt wie Öl im Feuer und verstärkt die Flammen.

Sowohl Buschfeuer als auch Shitstorms lassen sich nicht immer verhindern, aber ihre Ausbreitung kann eingedämmt werden. Gute Vorbereitung, kluge Kommunikation und schnelles, entschlossenes Handeln können verhindern, dass aus einem kleinen Funken ein unkontrollierbares Inferno wird.

9.3 Exkurs: der moderne Kulturkampf

Die Empörungswellen hinter vielen Shitstorms sind immer öfter Teil eines modernen Kulturkampfs. Seien Sie also auf der Hut, wenn Sie Themenkomplexe behandeln, die in der Kampfzone dieses „Kriegs der Weltanschauungen" stattfinden – denn dann ist ihr Content potenziell immer Shitstorm-gefährdet.

Dieser moderne Kulturkampf dreht sich um gesellschaftliche Werte, Normen und Identitäten – und wird in Social Media mit aller Wucht ausgetragen – die Teilnehmenden nutzen dabei alle Mittel der Emotionalisierung, des Virtue Signallings und des „Rage Baits" (s. Kap. „Social Media und der Journalismus"). Der Konflikt wird vor allem durch Begriffe wie Wokeness und Identitätspolitik geprägt, die je nach Perspektive positiv oder negativ bewertet werden.

Der Begriff „woke" stammt ursprünglich aus der afroamerikanischen Bürgerrechtsbewegung und bedeutet im positiven Sinn „wach" oder bewusst sein gegenüber sozialer Ungerechtigkeit und Diskriminierung. Dahinter stecken Konzepte wie Identitätspolitik und Postkolonialismus, die sich auf die Interessen bestimmter sozialer Gruppen konzentrieren – z. B. ethnische Minderheiten, Frauen oder LGBTQ+-Menschen. Ziel ist es, historische und systematische Ungleichheiten zu erkennen und zu bekämpfen.

Gegner argumentieren unter anderem, dass dieser Kampf zur Spaltung der Gesellschaft führe, weil die Unterschiede anstatt der gemeinsamen Werte oder ein Common Sense betont würden. Sie warnen vor einer „Cancel Culture" und der Einschränkung von Meinungsfreiheit. Sie pochen auf die individuelle Verantwortung des Einzelnen für sein Geschick, und wollen Traditionen sowie eine nationale oder kulturelle Identität bewahren.

Beispiele für Konflikte im Kulturkampf sind

• Sprache & Cancel Culture: Debatten über das „Gendern" oder das Streichen von Inhalten aus Büchern/Filmen, die als „problematisch" empfunden werden (z. B.: wg. Alltagsrassismus, kultureller Aneignung, Sexismus etc.).
• Geschlechterfragen: Diskussionen über „Trans-Rechte", etwa bei Sportwettbewerben oder Toilettennutzung oder das Selbstbestimmungsgesetz.
• Bildung & Geschichte: Streit darüber, wie Kolonialismus, Rassismus oder Geschlechterrollen zu interpretieren seien und in Schulen vermittelt werden sollten.

Verwandt mit diesen zentralen Diskussionen sind Debatten über Fleischkonsum/Tierrechte/Veganismus oder auch die Asyl- und Migrationspolitik, auch wenn diese Themen nicht direkt in die obigen Muster fallen. Auch bei diesen Themen sind heftige Auseinandersetzungen in den Kommentarspalten die Regel.

Ebenso kann auch die Nachrichtenlage solche „Kulturkämpfe" auslösen – wir haben das während der Corona-Pandemie gesehen („Impfgegner" vs. „Null-Covid-Verfechterinnen") oder auch im Umfeld des Angriffskrieges Russlands gegen die Ukraine („Putinversteher" vs. Ukraine-Unterstützerinnen). Gemein ist diesen Kämpfen eine starke Moralisierung der eigenen Weltanschauung, sodass es für viele dabei nicht um eine Frage von wahr/richtig oder falsch, sondern um gut oder böse geht. Eine Ausgangslage, die für eine konstruktive Debatte oder ein gelassenes „leben und leben lassen" wenig Spielraum lässt.

9.4   Der Shitstorm: Kritik bis zur Krise

Vorbereitung ist die beste Strategie! Bezeichnenderweise hört man im Medienbereich häufig als Antwort auf eine Kritikwelle, man habe ja provozieren wollen, um eine Debatte anzuregen. Dumm nur, dass man dann davon überrascht ist, wenn sich jemand provoziert fühlt – sprich: wenn es einen Shitstorm gibt. Deshalb die wichtigste Regel: Bei Inhalten, die Kritik erwarten lassen, sollte die Strategie zum Umgang mit einer solchen Reaktion schon vorher abgesprochen sein – am besten auch mit erfahrenen Social-Media-Fachleuten, die die Dynamiken im Netz kennen.

Diese Strategie muss dann später situativ auf die konkrete Situation angepasst werden. Es müssen auch in dem Fall alle „Player" einbezogen werden. Dazu gehören in einem Medienhaus außer Redaktion und PR zum Beispiel auch externe Autoren oder Protagonistinnen von Artikeln, die ggf. auch persönlich von Usern auf Facebook und Twitter angegriffen werden.

Zur klugen Vorbereitung gehören auch Guidelines für den Umgang mit heftiger Kritik: Zum Beispiel, wer verständigt werden muss, wenn sich eine Kritikwelle ankündigt (Alarmkette), wie Absprachen getroffen werden (z. B. eine Chatgruppe) und welche Expert:innen im Haus mit Rat und Hilfe zur Seite stehen können.

Gefährlich und langfristig imageschädigend sind Shitstorms vor allem dann, wenn sie sich so ausweiten, dass sie die jeweiligen Sozialen Netzwerke überschreiten und auch die Massenmedien die Kritik aufgreifen. Und gefährlich sind Shitstorms für die betroffenen Personen, die auch psychisch damit umgehen müssen.

> Grundsätzlich gilt: Jeder Shitstorm hat eine Vorgeschichte, die vor allem
>
> - im Anlass der Kritik/Empörung und
> - im frühen Umgang damit liegen.

Ein kluger Umgang mit Kritik ist besonders wichtig, denn während sich der Anlass oft nicht vermeiden lässt (bzw. einfach ein Fehler ist, und Fehler passieren gelegentlich), so lässt sich in den ersten Reaktionen auf Kritik doch Wesentliches richten und geraderücken, sodass es gar nicht zu einem echten Shitstorm kommt.

Ein heftiger Shitstorm kann auch positive Effekte für ein Unternehmen oder ein Medium haben – wenn er richtig aufgefangen wird. Denn selten erhalten Sie eine derartige Aufmerksamkeit. Diese Aufmerksamkeit lässt sich ausnutzen, um dem Image der Marke eine positive Wendung zu geben: durch absolut professionellen Umgang damit und durch eine überraschende, unerwartete Reaktion, die gleichzeitig hilft, Vorurteile gegen Ihre Marke, Ihr Unternehmen, Ihr Medienhaus abzubauen.

Tipps fürs Community-Management: Ruhe bewahren!
- Vorgesetzte informieren, ggf. die Pressestelle etc. einbinden
- Nicht vorschnell als Community-Manager inhaltlich antworten!
- Bei erster Kritik Zeit gewinnen durch Verweis auf interne Rücksprache („Ich geb's an die zuständige Stelle weiter, wir melden uns"). Dann aber auch antworten!
- Kritisierte Inhalte (auch die eigenen) und Kommentare als Screenshot sichern, damit hinterher nachvollzogen werden kann, was passiert ist, wer was gepostet hat!
- Recherche über den Shitstorm: Welche Teil-Öffentlichkeiten sind empört? In welchen Netzwerken ist die Kritik schon angekommen?
- Wer steckt hinter der Kritik? Wortführende, Influencer identifizieren!
- Was sind die eigentlichen Punkte der Kritik, und was sind die Begleit-Diskurse, die den Nährboden bilden (z. B. Diversity, Rassismus, Klimawandel etc.).
- KEINESFALLS den Content löschen, der kritisiert wird (Ausnahme: Er richtet weiter Schaden an – z. B. Verleumdung – dann aber transparent und abgesprochen löschen).

Während obige Liste die „Aufgaben" des Community-Managements darstellen, müssen dann innerhalb eines Medienhauses mehrere Stellen eingebunden werden: Verlagsleitung/Geschäftsleitung, Pressestelle, ggf. Juristen. Diese legen dann die Linie, die Haltung ihrer Redaktion fest, mit der man nach außen geht. Wichtig dabei: Beziehen Sie alle Beteiligten mit ein. Das heißt: auch die (ggf. freien) Autoren, Protagonisten, die dabei eine Rolle spielen. Denn sie alle können auf den diversen Sozialen Netzwerken mit einem Shitstorm konfrontiert werden und sich genötigt sehen, öffentlich zu antworten. Das könnte ggf. ihre ganze Strategie zu Fall bringen. Wenn sich die Chefredaktion hinter einen Autor stellt und den Abdruck verteidigt – wirkt es nicht gut, wenn die Kollegenschaft sich für denselben Artikel entschuldigt.

Entwickeln einer Strategie
- Hören Sie auf die Analyse Ihrer Social-Media-Expert:innen
- Nehmen Sie die Kritik als solche ernst – selbst, wenn Sie diese nicht teilen oder für übertrieben halten.
- Beziehen Sie ggf. Betroffene aus der Gruppe der Kritik-Übenden mit ein, um deren Perspektive zu verstehen – worum geht es diesen eigentlich, wo sind die Pain-Points?
- Haltung entwickeln: Entweder zum kritisierten Inhalt/Sachverhalt konsequent stehen (mit Verständnis für die Kritik). Oder zurückrudern, Missverständnisse oder falsche Informationen richtigstellen und sich entschuldigen. Fehler ggf. immer zugeben! Alle Beteiligten, die für die Redaktion sprechen, sollten sich an diese Linie halten.
- Noch einmal: Fehler passieren, und Fehler sind zuzugeben.
- Bedenken Sie: Sie tragen Verantwortung für Mitarbeitende und Protagonisten ihrer Geschichten!
- Bedenken Sie: Wir sind Journalist:innen und beugen uns in unserer aufklärerischen Arbeit weder einem Mob noch dem Druck von Lobby-Gruppen.
- Fragen Sie sich: Wie kommt die Reaktion beim Publikum, oder besser: den unterschiedlichen Teil-Öffentlichkeiten an?
- Wo veröffentlichen Sie Ihre Stellungnahme (Pressemitteilung oder nur ein Post oder eine Antwort auf die Kommentare?)
- Seien Sie sich bewusst: Ihre erste inhaltliche Reaktion sollte das Thema „richtig" erledigen. Nichts ist unangenehmer, als wenn Sie nachlegen müssen (erst eine halbherzige, dann eine richtige Entschuldigung).

Nach diesem Strategiefindungsprozess, der durchaus wenige Stunden (aber nicht Tage!) dauern kann, hier eine Palette an Lösungen und Angeboten:

Mögliche Reaktionen – und der Weg dorthin
- Eine offizielle Erklärung/Statement der Redaktion oder eine Pressemitteilung zum Sachverhalt. Dieses erste Statement kann – wenn Eile geboten ist, durchaus auf X/Twitter oder einem anderen Netzwerk erfolgen. Als Beispiel kann die Reaktion des ZDFs zum Shitstorm gegen Frau

Müller-Hohenstein genannt werden, die im Umfeld einer Fußballübertragung die Redewendung „innerer Reichsparteitag" gebrauchte. Die schnelle Reaktion des ZDF-Hierarchen noch in der Nacht deeskalierte und schaffte es dank X sogar noch in die Morgenausgaben der Zeitungen, die sonst nur über den Sturm der Entrüstung berichtet hätten.

- Debatte bündeln: Einen (!) Ort für die Debatte über die Kritik schaffen, etwa ein Post zum Thema oder eine Artikelseite auf Ihrem Portal mit Kommentarmöglichkeit – damit die User nicht alle Postings/Debatten mit der immer gleichen Kritik „verderben" und Sie nicht überall die gleichen Fragen beantworten/diskutieren müssen.
- Ein ausführliches journalistisches Online-Stück zum Thema, das die Kritik aufnimmt, über den gesellschaftlichen Hintergrund berichtet und den Sachverhalt darlegt (wie konnte es dazu kommen?).
- Identifizieren Sie die wichtigsten Meinungsmacher (Multiplikatoren mit den meisten Followern, der höchsten Bedeutung) und bieten Sie eine öffentliche Debatte mit diesen an.
- Wenn der Shitstorm angezettelt wurde, zum Beispiel durch den Aufruf eines Multiplikators (Rapper, Star, Netzpersönlichkeit), dann kann es auch eine Strategie sein, offenzulegen, wer oder was hinter einem Shitstorm mit welchem Ziel steckt. So machen Sie deutlich, dass das nicht Ihre Community ist oder die Allgemeinheit, sondern dass es sich um eine abgekartete Aktion einer Pressuregroup oder einer aktivistischen Teil-Öffentlichkeit handelt.
- Wenn Sie eine Entschuldigung anbieten, machen Sie es richtig: Nicht „wenn sich jemand beleidigt fühlen sollte, tut es uns leid" – das wäre eine „Nopology" – sondern: „Es fühlen sich Menschen beleidigt, wir bitten um Entschuldigung" (nicht: „wir entschuldigen uns").

Ist der sogenannte Shitstorm eher eine Spottwelle, ist es manchmal am besten, ihr mit Selbstironie und Humor zu begegnen. Allerdings: Humor sollte gekonnt sein und keinesfalls dazu führen, dass sich die Kritiker nicht ernst genommen fühlen. Die wichtigste Botschaft: Jeder Shitstorm ist anders und verlangt andere Reaktionen – in jedem Fall aber eine taktisch kluge.

9.5 Möglichkeiten bei Sabotage und Spam-Terror

Während auf legitime, auch scharfe, möglicherweise unfaire Kritik in Sozialen Netzwerken am besten mit Offenheit und Ehrlichkeit (und bei offensichtlich unfairer auch mit Humor oder mit Zurückweisung) zu reagieren ist, gibt es auch Phänomene, die tatsächlich Gegenmaßnahmen erfordern, die nicht zum normalen Umgang mit Shitstorms gehören. Das Problem ist nämlich: Eine Facebook-Seite oder ein Instagram-Account sind durchaus anfällig für Sabotage. Einige Hundert organisierte Anhänger einer Pressuregroup reichen aus, um beispielsweise Ihre Seite mit gleichlautenden Kommentaren zuzuspammen, Ihre Bewertungen (falls Ihre Unternehmen bei Facebook oder Google als „Ort" registriert ist) in den Keller zu treiben und nicht nur krude Botschaften auf Ihrer Seite zu verbreiten, sondern auch noch alle anderen Fans der Seite zu verärgern und zu desinformieren. In so einem Fall müssen Sie abgestimmt, aber schnell handeln, um den Schaden in Grenzen zu halten (Abb. 9.1).

1. Greifen Sie die Kritik auf und lassen Sie einen Beitrag zu, in dem über die betreffende Frage diskutiert wird. Berichten Sie ggf. auch redaktionell über die Pressuregroup, die dahintersteht, und den Sachverhalt, um den es geht. Gehen Sie auf legitime Kritik durchaus ein.
2. Legen Sie für die Mitlesenden die Strategie der Störer offen: z. B. „eine Gruppe von Leuten, die sich (z. B.) auf Telegram verabredet haben, versuchen hier die Diskussion zu unterwandern. Wir lassen uns davon die Laune nicht verderben – und moderieren streng nach Netiquette …"
3. Moderieren Sie konsequent aus anderen Beiträgen die Kommentare weg, die nicht zum Posting gehören (sondern einfach reingespammt wurden). Dort soll über die anderen, geposteten Themen diskutiert werden.
4. Nehmen Sie Bezug auf Ihre Netiquette und löschen Sie Kommentare mit wortgleichem Inhalt bzw. Links auf Propagandaseiten; wer immer dasselbe postet, ist offenkundig nicht an einem Dialog interessiert.
5. Bei wiederholten Verstößen gegen die Netiquette – Störer sperren!
6. Nutzen Sie ggf. die Blacklist von Facebook und geben Sie wiederkehrende Schlagworte und Beleidigungen ein. So erscheinen Kommentare, die diese Wörter enthalten, gar nicht auf Ihrer Facebook-Seite. Wichtig: die Blacklist wirklich nur bei illegitimer Vorgehensweise der Kritiker einsetzen, da diese – wenn Sie sie nicht auf Beleidigungen und offensichtlich unflätige Wörter beschränken – eine offene Diskussion gänzlich

5 STUFEN - STURM WARNUNG

LEISER ZUG

Vereinzelte Kritik von Einzelpersonen:, Community weitgehend ruhig, kein Medienecho.

Maßnahmen: Aktive, authentische und individuelle Reaktion auf die Kritik. Redaktion einbeziehen. Frage: Wurden Fehler gemacht?

BRISE

Wiederholte heftige Kritik von Einzelnen, kritische Rückfragen aus der Community.

Maßnahmen: Kontaktaufnahme mit Redaktionsleitung, ggf. Pressestelle, Q&A erarbeiten, Recherchen zu den Kritikern.

STURM ZIEHT AUF

Andauerde Kritik von Einnzelnen, Community steigt in Debatte ein, Thema auch auf anderen Kanälen. Erste Presseanfragen.

Maßnahmen: Einbezug der Chefredaktion, "Krisenstab" bilden, Stragie festlegen (entschuldigen oder nicht?), Statement der Redaktion (!) vorbereiten.

STURM

Vernetzte Protestgrupe formiert sich, Kritik auf allen Social Kanälen. Medienberichte, Blogs, Podcasts.

Maßnahmen: Chefredaktion/Verlag (!) mit Stellungnahme, Kontakt zur Protestgruppe aufnehmen und Dialog anbieten?, Diskussionsort (Post?) eröffnen, um Dialog zu bündeln.

ORKAN

Protest wird zur Kampagne, personelle Konsequenzen werden gefordert. Community verbündet sich mit Kritik. Massiv Druck von den Medien.

Maßnahmen: Für eigene Sichtbarkeit in der Diskussion sorgen. Kein Dialog mit Einzelpersonen. Vielleicht FAQ zum Thema iinkl. eigener Position herausgeben. Maßnahmen einleiten und über Umsetzung berichten.

Abb. 9.1 Eine „Shitstorm-Skala" kann helfen, die Situation einzuschätzen, auch wenn jeder Fall anders ist. Haben Sie schon mal einen erlebt? Erarbeiten Sie für Ihre Redaktion eine eigene Shitstorm-Skala mit Ihren Alarmketten und einem „Krisenstab"... Die Skala enthält (mit freundlicher Genehmigung) Elemente der Shitstorm-Skala von Barbara Schwede und Daniel Graf. https://schwedin.ch/blog/shitstorm-management-mechanismen-verstehen-und-richtig-reagieren

unmöglich macht. Das trifft dann auch die positiven Fans, deren Kommentare mit diesen Begriffen ja ebenfalls unterdrückt werden.

7. Sollten Teile Ihrer Präsenz, die Sie nicht moderieren können (etwa Bewertungen), betroffen sein, informieren Sie die jeweilige Plattform, damit der Schaden in Grenzen gehalten wird.

8. Bei Netzwerken, die ein Schließen der Kommentare erlauben (z. B. YouTube): Schließen Sie die Kommentare, wenn Sie mit dem Moderieren nicht mehr hinterherkommen. Teilen Sie dies der Community mit – z. B: „wir haben für dieses Thema wegen einer Flut an unpassenden Kommentaren die Kommentarspalte geschlossen!"

▶ Am Ende hilft also auch in so einem Falle nur einerseits (inhaltliche) Offenheit und konsequente Moderation.

9.6   Hilfe für Community-Manager:innen und Betroffene von Shitstorms

Journalismus war einmal ein Traumberuf, der Respekt und hohes Ansehen genoss. Das hat sich geändert. Hetz-Begriffe wie „Lügenpresse" machen die Runde und spätestens seit der Pandemie sind Journalistinnen und Journalisten immer häufiger Opfer von Beschimpfungen, haltlosen Vorwürfen oder gar körperlichen Angriffen. Das betrifft Reporter vor Ort, etwa bei Demos wie Anchor-Women im TV, Autorinnen wie Community-Manager, die in den Kommentarspalten mit all dem Hass umzugehen müssen, der einem da manchmal entgegenschlägt. Besonders heftig zeigen sich die negativen Seiten von Social Media natürlich während und nach einem Shitstorm.

Resilienz entwickeln ist ein Gebot der Stunde. Sorgen Sie dafür, dass Ihre Community-Leute nicht zu lange am Stück kritische Kommentare bearbeiten müssen. Lassen Sie sie nicht allein arbeiten. Trainieren Sie sie (z. B. mit der KASI-Methode), damit sie mehr Distanz zwischen sich und ihrer Arbeit sehen! Helfen kann auch die Einschaltung einer KI (s. Kapitel zum Community-Management), weil es doch noch ein wenig Distanz schafft, wenn man nicht selbst auf übelste Kritik noch superfreundlich antworten muss (sondern die KI den „netten Ton" macht). Auch Workshops oder „Supervision" mit psychologischen Fachleuten kann helfen, Resilienz zu steigern.

Zusammenarbeit mit Polizei und Justiz ist aber manchmal ebenso erforderlich: Zeigen Sie Beleidigungen gegen Mitglieder ihrer Redaktion an! Die Hilfe

eines Unternehmensrechtsanwalts kann da wichtig sein – weil Beleidigung ein An-
tragsdelikt ist, und viele Kolleg:innen die Anzeige scheuen (denn sie verlieren dadurch die Anonymität). Lassen Sie Betroffenen von Shitstorms psychologische
Hilfe (und wenn gewünscht eine Auszeit) zukommen. Manchmal ist es auch nötig,
die Wohnungen aus dem Melderegister entfernen zu lassen oder – wenn Kritiker
vor Ort auftauchen – die Polizei auf den Fall aufmerksam zu machen, damit dort
öfter Streife gefahren oder andere Schutzmaßnahmen getroffen werden. Und
immer gilt: Zeigen Sie Empathie und Solidarität mit betroffenen Kolleg:innen auch
dann, wenn diese wirklich Fehler gemacht haben.

Tools für die tägliche Arbeit

10

Zusammenfassung

Wenn eine Redaktion mehrere Social-Media-Plattformen nutzt, wird deren Betreuung schnell unübersichtlich und komplex. Spezielle Tools helfen bei der Planung und Publikation der Inhalte ebenso wie bei den Workflows, der Bearbeitung von Nutzerkommentaren sowie bei der inhaltlichen Auswertung von Sozialen Netzwerken und bei der Analyse des Erfolgs. Bei diesen Tools handelt es sich um Software, genauer gesagt vor allem um Online-Dienste, die in der Cloud stattfinden. Doch der Markt an solchen Tools ist groß und vielfältig. Dieses Kapitel schafft einen Überblick über die wichtigsten Funktionen und Typen von Tools – die genannten Firmen und Marken sind nur als Beispiele (und nicht als Empfehlung) zu sehen; der Markt konsolidiert sich, Namen und Funktionen ändern sich oft recht schnell.

Schlüsselwörter

Social media · Tools · Analytic · Messwerte · Monitoring · Backend-Organisation · Community management · Social Hub · Hootsuite · Distribution · Content Management · Swat.io · Adobe Social · Emplifi

© Der/die Herausgeber bzw. der/die Autor(en), exklusiv lizenziert an Springer
Fachmedien Wiesbaden GmbH, ein Teil von Springer Nature 2025
S. Primbs, *Social Media im Journalismus*, Journalistische Praxis,
https://doi.org/10.1007/978-3-658-48485-9_10

10.1   Publikation und Teamarbeit organisieren

Facebook, X, YouTube, Instagram, TikTok – wer als journalistischer Profi oder im Auftrag einer oder mehrerer Medienmarken in Sozialen Netzwerken unterwegs ist, hat oft mehrere Netzwerke gleichzeitig zu bedienen oder mehrere Accounts innerhalb eines Netzwerks. Es kann extrem lästig – und fehleranfällig – sein, auch nur zwei Social-Accounts zu betreuen. Schnell ist man da mal mit der falschen Identität unterwegs. So muss man sich bei einem Account ausloggen, um zum anderen Account zu gelangen, oder auch um – zum Beispiel – mal persönlich und mal als Marke zu posten.

Im Backend von großen Medienhäusern reicht oft auch nicht eine Schicht/Person pro Tag, um all die Kommentare und Publikationsaufgaben zu bewältigen, die auf Sozialen Netzwerken anfallen. Es wird wird arbeitsteilig gearbeitet. Fragen/Beschwerden beispielsweise müssen ggf. an Autoren, Zuschauerservice, Abo-Service zur Beantwortung weitergeleitet werden. Das wird kompliziert, vor allem bei Schichtwechsel: Wurde die Frage schon beantwortet? Wer ist zuständig?

Tools für Social-Media-Publikation, Community-Management, Monitoring und Analytics sowie Team-Management schaffen Abhilfe. Die meisten Social-Media-Tools müssen autorisiert werden, auf Ihre Social-Network-Auftritte zuzugreifen. Das heißt: Wenn die Server eines solchen Anbieters gehackt werden, oder wenn er pleitegeht, besteht Gefahr für Ihre Auftritte. Sie könnten im schlimmsten Fall gekapert werden.

Neben aller Funktionalität und Kosten sind deshalb Vertrauenswürdigkeit und technische Zuverlässigkeit wichtige Kriterien für die Auswahl. Ebenso zu beachten sind die Vorkehrungen, die der jeweilige Anbieter für den Datenschutz getroffen hat. Denn es fallen automatisch Daten an, die gespeichert werden – Daten von Ihren Fans/Followern/Abonnenten/Kommentierenden, und natürlich auch Daten von Ihnen und Ihren Mitarbeitenden. Und denken Sie dran: Was passiert mit diesen Daten, wenn Sie den Anbieter nach einer bestimmten Zeit wechseln?

10.2   Anforderungen und Funktionen für Social-Media-Tools

Bevor Sie ein Tool anschaffen, machen Sie sich erst Gedanken darüber, welche Bedürfnisse Sie oder Ihr Medienhaus mit einem Social-Media-Tool abdecken wollen. Typische Anforderungen an Tools sind:

- Planen von Vorproduzieren von künftigen Posts (Publikationskalender)
- Posten – (ggf. zeitversetzte) Publikation in den genutzten Sozialen Netzwerken
- Marketing/Werbung in Sozialen Netzwerken
- Kommentarverwaltung, Community-Management und Kommunikation mit dem Nutzer
- Organisation der Arbeit des Social-Media-Teams (FAQ-Listen, Ticketing-System, interner Chat/Kommunikation), ggf. Customer Relation Management (Kundensupport-Ticketing-System)
- Trend- und Themenmonitoring/Beobachtung in Sozialen Netzwerken
- Analytik, Statistik, Auswertung der eigenen Aktivitäten in Sozialen Netzwerken
- KI-Automatismen für Content-Produktion, Publikation und Community-Management

Möglicherweise erfüllt ein Tool Anforderungen von Ihnen (aus der Redaktion) und aus dem Marketing oder einer Pressestelle, und man schafft es sich gemeinsam an. Allerdings haben die meisten Tools einen Schwerpunkt und bewältigen die anderen Aufgaben weniger gut. Die meisten Anbieter bieten abgestufte Tarifmodelle an:

1. Probe- oder Privatversion (gratis)
2. günstige „Blogger-Version" für Leute, die vielleicht ein Blog und einen, zwei dazugehörige X/Instagram/Facebook-Accounts unterhalten
3. Profi-Version für Redaktionen
4. Enterprise-Version mit Erweiterungen für Marketing und Monitoring sowie persönlichem Support für größere Medienhäuser

Die Gratisversion kann meist auf den ersten Blick erstaunlich viel. Doch wenn man professionell damit arbeiten will, stößt man schnell an die Grenzen. Auch will man vielleicht Service und Betreuung oder wenigstens einmal anrufen und etwas nachfragen können. Deshalb können die Gratisversionen durchaus zum Testen verwendet werden, auf lange Sicht bedarf es aber meist professioneller Versionen, die Geld kosten. Man könnte sagen: nur wer zahlt, kann ein professionelles Angebot erwarten.

In den 2010er-Jahren boten auch die Plattformen selbst noch Tools an, die das Arbeiten für Redaktionen enorm erleichterten. Tweetdeck war so etwas speziell für Monitoring und Publikation auf Twitter oder Crowdtangle für das Monitoring auf Facebook und Instagram. Mittlerweile gibt es diese Tools nicht mehr. Offenbar glaubten die Plattformbetreiber nicht, dass sich das Angebot dieser Tools an Medienleute für sie lohnt. Immerhin sind manche „Backends" der Plattformen (Facebook Creator Studio, YouTube Studio) besser geworden, aber wie gesagt: Wer zwei oder mehr Accounts in einem professionellen redaktionellen Setting betreut, wird um ein zusätzliches Profitool nicht herumkommen.

10.3 Profi-Tools für verschiedene Soziale Netzwerke

Eines der ersten Tools dieser Art war Anfang der 2010er-Jahre „Hootsuite" – das Produkt ist heute noch auf dem Markt. Aber es sind einige dazugekommen: die bekanntesten heißen Mitte der 20er-Jahre Swat.io, SocialHub, Facelift, Emplifi, agorapulse, falcon.io etc. Eine Aufzählung von Tools und Funktionen ist aber immer unvollständig und hier stellt sie – wie oben erwähnt – auch keine Empfehlung dar, auch weil sich der Markt schnell verändert. Die Nennung der Firmen mag aber als Einstieg dienen, um selbst weiterrecherchieren zu können.

Planen (und Vorproduzieren), Posten, Moderieren, Monitoren und Auswerten – für jede dieser fünf Funktion gibt es meist einen „Spezialisten", der in einer der Disziplinen besser ist – doch in der Summe bieten Produkte wie die genannten schon sehr viel von dem, was ein redaktionelles Team braucht, um gut arbeiten zu können und um mithilfe der Analysen ihre Accounts fortwährend optimieren zu können.

Testen und vergleichen Sie ausführlich und überlegen Sie gut, welche Funktionen Sie wirklich brauchen bzw. ihnen wie wichtig sind. Denn die Angebote an Firmen für solche Tools sind nicht gerade billig. Dabei sollte man nicht nur darauf achten, welche Funktionen ein Tool hat, sondern auch wie gut es sich bedienen lässt (z. B. ob es auch vom Smartphone aus geht?), wie übersichtlich die Nutzeroberfläche ist, und wie gut die Anleitungen sind.

Denn wenn man in einem größeren Team arbeitet, ist vor allem der Einarbeitungsaufwand nicht zu unterschätzen. Außerdem: Social Media soll Spaß machen – und das tut es mit einer übersichtlichen, ansprechenden Arbeitsoberfläche in jedem Fall mehr als mit einem zusammengefrickelten Stück Software.

10.4   Tools für Grafik, SEO, Videoschnitt

Wenn Sie in einem sehr arbeitsteiligen Umfeld arbeiten, immer ein Grafik-Profi bereitsteht, immer jemand aus der Mediengestaltung da ist, wenn es Videos zu schneiden gilt, werden Sie diese Tools nicht brauchen. Weil aber das bei den meisten, die in Sozialen Netzwerken arbeiten, nicht der Fall ist, gibt es eine Reihe von Tools, die einem bei diesen Arbeiten helfen und speziell auf die Anforderungen von Social Media zugeschnitten sind.

Für Bildposts, Zitatkacheln etc. hat sich zum Beispiel der Onlinedienst Canva etabliert; der cloudbasierte Dienst bietet schon fertige Vorlagen an für Posts auf den unterschiedlichsten Sozialen Netzwerken; da sind nicht nur die richtigen Maße der Bildposts/Kacheln schon vorgegeben, es gibt zudem (kostenpflichtige) Bilddatenbanken, Layoutvorlagen, KI-Funktionen und vieles mehr. Man kann dann z. B. ein Foto hochladen, kurz ins Design einpassen, Schrift darüberlegen – und schon ist der Bildpost fertig und sieht professionell aus!

Canva und die entsprechenden Konkurrenzprodukte (z. B. Adobe Social) lassen einen in der Profiversion auch eigene Vorlagen, eigene Schriftarten hinterlegen – dann kann ein ganzes Team damit professionell arbeiten. Schon die Gratisversion gibt einen guten Einblick in die Möglichkeiten.

Rund um das Thema vertical Video haben sich Dienstleister und Programme etabliert, die es einem leicht machen, aus Videomaterial vertikale Ausschnitte herauszuschneiden und zu publizieren. So bietet auch Canva einen Videoclip-Editor, Bekannt ist auch CapCut., ein Desktop-Videoschnittprogramm das von TikTok selbst gratis zur Verfügung gestellt wird und (wie andere Anbieter auch) KI-Optimierungsfunktionen liefert …

Auch für YouTube gibt es Spezialtools, die das Erstellen von Thumbnails (Video-Vorschau-Bilder) aus einem Film (Standbilder) einfach machen, Hilfe für Tags und weitere SEO-Optimierungen bieten, zusätzliche Funktionen bereitstellen (z. B. automatisches Depublizieren) oder Tipps für den richtigen Publikationszeitpunkt geben. Tubebuddy oder VidIQ seien hier genannt. Wer auf YouTube arbeitet, kann sich damit das Leben einfacher machen.

10.5   Feed-Poster und (schlaue) Link-Schleudern

Wenn Roboter posten, dann ist das nie optimal. Das sollte einem klar sein. Dennoch kann es in Ausnahmefällen sinnvoll sein, auf diese Dienste zurückzugreifen; und es wird auch gemacht. Dabei werden in der Regel zwei Typen von Automationen eingesetzt.

Feedbots werden Dienste genannt, die automatisch die neuen Inhalte eines Blogs oder einer Webseite in Social Networks publizieren (auf X, X-Alternativen oder Facebook), und zwar in Form von Überschriften mit Link. Meist dient als Quelle für die Automaten der RSS-Feed, den ein Blog oder eine Webseite anbietet. Typische Dienste sind „dlvr.it". Aber auch die weiter oben genannten Tools bieten häufig an, Posts aus RSS-Feeds auszuspielen.

Solche „Linkschleudern" haben keinen allzu guten Ruf, weil sie oft als Sparmodell angesehen werden: „Wir sparen uns den Social-Media-Dienst und lassen den Bot twittern." Deshalb sei gesagt: Einen echten Social-Media-Account kann eine Linkschleuder natürlich nicht ersetzen. Dennoch kann der Einsatz eines Bots legitim und sinnvoll sein, weil er ohne allzu großen Aufwand einen Service ermöglicht, nämlich, dass die Leute in kleineren Netzwerken (z. B. X, Mastodon, Bluesky) zumindest Ihre Inhalte abonnieren können.

Automatisiertes Crossposten bedeutet, dass automatisch dieselben Inhalte in zwei Sozialen Netzwerken gepostet werden. Sinnvoll kann das zum Beispiel sein, wenn Sie ein gutes Instagram-Konzept haben und auf Facebook (quasi ohne Mehraufwand) dieselben Inhalte publizieren wollen. Weil Facebook nahezu alle Funktionen und Contenttypen von Instagram „kann" ist das auch technisch kein Problem.

Crossposten ist allerdings umstritten: Die Zielgruppen beider Plattformen sind unterschiedlich, die Facebooker im Schnitt älter als die Instagramerinnen. Besser ist es also, eine Auswahl, den „gemeinsamen Nenner" crosszuposten und „jüngere" Inhalte Instagram, „ältere Inhalte" Facebook exklusiv vorzuhalten.

Ebenfalls sinnvoll kann Crossposting bei X und den anderen Microblogging-Diensten (Mastodon, Bluesky, Threads etc.) sein, da der Content identisch sein kann. Sie werden trotz Crossposting natürlich nicht umhin kommen, alle Accounts getrennt voneinander zu betreuen, denn Fragen und Kommentare tauchen ja überall auf und bedürfen der Antwort bzw. des Community-Managements.

Wichtig:

- Transparent machen (bei Microblogging-Diensten), dass hier „ein Automat/Bot twittert" oder ein RSS-Feed publiziert wird.
- Auf den Kanälen zumindest ansprechbar bleiben, also scannen, ob man erwähnt oder angeschrieben wird, und reagieren.

10.6   Künstliche Intelligenz als Hilfe

Neben den klassischen Funktionen sind moderne Social-Media-Tools teilweise auch „intelligent". Sprich: Sie bieten KI-gestützte Helferlein für Publizieren, Auswerten und fürs Community-Management an (teils auch fürs Gestalten). **Im Community Management hilft die KI** sowohl beim Verbergen und Löschen von Kommentaren, die der Netiquette widersprechen. Dabei lernt die KI vom üblichen Moderationsstil der Redaktion. Es werden also Kommentare verborgen, die ähnlich sind, wie die, die auch die Redaktion verbirgt/löscht. Eine Redaktion, die das Community-Management wirklich wichtig nimmt, wird sich dabei nicht vollständig auf die KI verlassen und ggf. nacharbeiten/nachkontrollieren. Denn eine KI hat – wie auch der Mensch – eine Fehlerquote; Sachen, die verborgen gehören, bleiben stehen, andere werden verborgen, obwohl sie völlig harmlos sind – Stichwort „Overblocking" (s. Glossar). Das hat damit zu tun, dass z. B. Ironie etc. (noch) nicht von einer KI erkannt wird oder dass der Kontext – das, was zuvor kommentiert wurde – nicht in die Würdigung des Kommentars einfließt. Das kann sich allerdings ändern, wenn die KIs besser werden.

Auch beim Antworten hilft die KI. Zum einen können automatisiert Standardantworten generiert werden, zum andern kann man seine eigenen Antwortentwürfe via KI optimieren. Ein möglicher Prompt könnte sein: „Kannst du das empathischer oder freundlicher formulieren?". Mehr dazu im Kapitel über das Community-Management.

Auch Sentiment Analysen werden zum Teil mit KI unterstützt. Dabei analysiert das Tool ihre Kommentare, ob sie überwiegend das Nettes oder was weniger Nettes beinhalten. Das ist im Journalismus zwar nicht so entscheidend, weil man nie sagen kann, ob z. B. ein Artikel positiv kommentiert wird, weil er gut geschrieben ist, oder weil den Leuten der Inhalt, das worüber er berichtet, gefällt. Jedoch sagt die Analyse doch etwas aus über die Stimmung, die in ihren Kommentarspalten herrscht – und die sollte Sie durchaus interessieren.

Ebenso kann die Auswahl der Posts durch eine KI unterstützt werden. So kann Ihnen die KI helfen, zu entscheiden, zu welchem Zeitpunkt Sie was posten sollten. Dabei wird die Aktivität Ihrer Community im Wochen- und Tagesverlauf, werden Suchaufkommen, Mitbewerber, Trends etc. analysiert, um herauszufinden welcher ihrer aktuellen Artikel wann am erfolgversprechendsten z. B. bei Facebook publiziert wird.

In ihren einfachen Formen stellen diese KI-Bots eine Optimierung der obengenannten Linkschleudern dar: Sie wählen aus einem RSS-Feed selbsttätig aus, was gepostet wird und beziehen sich dabei (so das Produktversprechen) auch auf die Trends, die gerade in den Sozialen Netzwerken selbst steil gehen. Dabei hat die Redaktion natürlich Einfluss auf die Auswahl der Posts, z. B. in dem man einen Feed hat, der vollständig publiziert wird (z. B. der „Webseitenaufmacher-Feed") und einen zweiten, aus dem das Tool sich vielversprechende Inhalte herauspickt.

In ihren ausgefeilteren Versionen macht so eine KI aber einfach auch gute Vorschläge für neue Posts – Basis für die Vorschläge sind bisherige Posts oder Videos, die gut liefen, und das, was aktuell auf der Plattform trendet.

Damit sind wir bei den Analytics, und auch da kann die KI helfen. Die Sentiment-Analyse wurde oben schon erwähnt. Vor allem aber ergibt sich durch KI-Techniken wie Gesichtserkennung auch die Möglichkeit, Auswertungen zu erstellen wie: Klicken in meinem Kanal YouTube-Thumbnails mit Personen im Zentrum besser als Thumbs ohne Personen? Oder in Kombination: Welche Emotionen auf einem Thumbnail führen zu mehr oder weniger Klicks auf das Video? Wut oder Freude? Bisherige Auswertungen des Autors führten durchaus zu Erkenntnissen, die nicht banal sind, sondern eher überraschend (beim getesteten Kanal waren beispielsweise Thumbnails ohne Gesichter genauso erfolgreich wie Thumbnails mit Gesicht).

10.7   Linkkürzer und die Durchklick-Statistik

Oft macht es Sinn, Linkkürzer zu verwenden, wenn man in Sozialen Medien auf andere Angebote verweisen will. Dienste wie Bitly (http://bit.ly) oder Tinyurl (https://tinyurl.com/) nehmen die Seitenadresse (URL) und bieten eine kürzere, schönere Version an, die man dann auf z. B. auf X und Microblogs mit ihren Zeichenbeschränkungen oder in anderen Sozialen Netzwerken posten kann. Bei manchen Tools kann man die URLs auch noch individuell festlegen – sodass man sinnvolle Wörter statt einem Buchstabensalat als URL hat.

So lautet der Link auf die Verlagsseite der Buchreihe „Journalistische Praxis" wie folgt:

https://www.springer.com/series/11722?srsltid=AfmBOoqI2qYCYIFDg3To3S-
    B1aRfNjoVYxoZGL0H_1NRaZg_dslaE9AMg

Ein einfacher Gratis-Linkkürzer macht daraus folgende URL:

https://bit.ly/4j4TvIO

Mit Bezahlmodellen, kommen bei Linkkürzern mehr Features hinzu; Sie können z. B. unbegrenzt sprechende Links erzeugen, dann lautete die zugehörige Umleitung:

https://bit.ly/Gelbe-Reihe

Sprechende Links sagen den Usern, was sie hinter dem Link erwarten und können in Texten SEO-relevant sein.

Noch besser ist natürlich, wenn der Linkkürzer auch seine eigenen „Domain" (Bit.ly) verbirgt, und Sie auch die Domain festlegen können.

Beispiel: In der ARD-Mediathek gibt es ein Erklärvideo zu TikTok; es hat im Original folgende URL:

https://www.ardmediathek.de/video/so-geht-medien/warum-ist-tiktok-so-erfolgreich/ard-alpha/Y3JpZDovL2JyLmRlL3ZpZGVvLzE2MThlZTU0LW-M2OGQtNDJlYS1iM2Q0LTRhMGFiYWU3NTgxMA

Daraus macht ein Linkkürzer z. B. eine Adresse, die z. B. so aussieht:

https://1.ard.de/TikTok-erklaert

Freilich kann der Einsatz von Linkkürzern auch problematisch sein. So ein Dienstleister leitet ja den gesamten Webverkehr der betreffenden Links über die eigenen Server und kontrolliert diesen. Da viele Medienunternehmen diese Kürzer nutzen, entstehen hier eigene Datensammlungen über Ihre Seitenbesucher. Theoretisch könnte ein betrügerischer (oder gehackter) Linkkürzungs-Dienst sogar irgendwann einfach alle Links auf ein anderes Ziel umlenken! Die Gefahr ist realistisch: der URL-Shortener cli.gs wurde im Juli 2009 gehackt. Rund 2,2 Mio Kurz-URLs wurden auf eine andere Seite umgeleitet (laut Wikipedia). Und im Sommer 2014 warnte z. B. Bit.ly seine Kunden, dass der Dienst möglicherweise gehackt worden sei.

Ein weiterer Nachteil ist, dass URL-Shortener das Internet intransparent machen. Der User weiß nicht, auf welches Ziel ihn die Kurz-URL wirklich führen wird. Nicht umsonst sind Linkkürzer auch bei Phishing-Betrügern im Einsatz. Transparenz ist aber mit die wichtigste Währung für guten Journalismus. Nutzen Sie deshalb seriöse, rechtlich saubere und technisch zuverlässig Anbieter, die DSGVO-konform sind.

Neben den genannten Vorteilen der „schöneren", kurzen und „sprechenden" URLs sind es vor allem Analysemöglichkeiten, die diese Linkkürzer attraktiv machen.

- Viele Linkkürzer bieten eigene Statistiken über die Verlinkung an. Das heißt, man bekommt exaktes Feedback darüber, wie viele Leute wann genau auf diesen gekürzten Link geklickt haben. So lassen sich ausgefeilte Analysen über das Klickverhalten in Sozialen Netzwerken anfertigen – Daten, aus denen sie z. B. lernen können, wie Sie ihre Conversion-Ziele (die meist mit Links zu tun haben) besser erreichen.
- Sie können sogar für jeden Social-Media-Account oder Post das Klickverhalten auf dasselbe Linkziel einzeln überprüfen, wenn Sie entsprechende eigene Kurz-Links generieren (oder entsprechende Parameter verwenden).
- Tools wie Hootsuite oder RSS-Linkschleudern wie dlvr.it haben außerdem ihre eigenen Linkkürzer eingebaut (der Kürzer ow.ly etwa gehört zu Hootsuite) genau wegen dieser Statistik-Möglichkeit. Wenn Sie diese Dienste ohnehin bezahlen, und diese safe sind, macht es auch Sinn, sie zu verwenden.

10.8 QR-Codes in Social Media verwenden

QR-Codes (und Strichcodes) kennen Sie aus dem Supermarkt, z. B. von der automatischen Kasse oder aus den Zeiten der Pandemie, wo die Impfbestätigung als scanbarer QR-Code auf dem Smartphone vorgezeigt werden musste. Oder als Handy-Ticket bei der Bahn.

Ein „Quick Response Code" ist laut Definition ein quadratischer Code aus schwarzen und weißen Mustern. Er speichert Informationen wie Text, Kontaktinformationen oder Zahlungsdaten, die von einer Kamera, z. B. eines Smartphones, gescannt werden können. Für uns ist vor allem wichtig: QR-Codes können auch Internetadressen (URLs, Links) speichern. Der Nutzer kann dann, ohne etwas manuell eingeben zu müssen, mit seinem Smartphone sofort eine Webseite aufrufen (Abb. 10.1).

QR-Codes erleichtern den Medienwechsel von Bild/Video/Plakat zu einer Webseite/App/Link. Wenn Sie z. B. eine Werbung auf dem TV-Gerät sehen (z. B. in einem Streamingdienst), so brauchen Sie nur den QR-Code mit ihrem Handy zu scannen (Etwa mit der App Google Lens), und sie sind auf der Webseite, auf die der QR-Code verweist. So können Sie genauere Angaben zu einem Video hinter einem

Abb. 10.1 QR-Code, der Sie via Smartphone auf die Seite der Gelben Reihe mit Lehr-büchern zu unterschiedlichen Themen des Journalismus führt (z. B. mit Google Lens an-visieren)

QR-Code anbieten (Recherchequellen, ausführliche Angaben zu einem Rezept) oder – und da sind wir im Bereich Conversion: Sie können eine ausführlichere Be-zahlversion des Contents oder einen Artikel zum Video auf diese Art verlinken. Oder in der gedruckten Zeitung den neuen TikTok-Account ihres Ressorts vorstel-len, ohne dass jemand mühsam einen Link abtippen oder die Suche auf TikTok be-tätigen muss … Experimentieren Sie damit. QR-Codes gibt es zwar schon gefühlt ewig – aber erst seit der Pandemie versteht sie fast jeder und sie sind damit ein sinn-volles Mittel der Wahl im Journalismus.

Ähnlich wie die Linkkürzer können aber auch QR-Codes problematisch sein. Vor allem dann, wenn Sie auch für die Erstellung eines QR-Codes einen Online-Dienst verwenden, der im Grunde wie ein Linkkürzer funktioniert. Dann wird auch dieser Dienstleister den gesamten Webverkehr der betreffenden Links über die eigenen Server leiten mit allen damit verbunden Risiken.

Ebenso sind QR-Codes intransparent (man weiß ja nicht wirklich, was sich da-hinter verbirgt, wenn man einen sieht). Es gibt sogar ein eigenes Wort für den Miss-brauch von QR-Codes: Quishing (analog zu Phishing). So wurden QR-Codes an vielen Parkautomaten durch mit Doubletten überklebt, sodass die Manipulation für Nutzer kaum erkennbar war. Die QR-Codes führten dann statt auf Bezahldienste auf betrügerische Seiten …

Nutzen Sie also für QR-Codes ähnlich wie bei den Linkkürzern nur seriöse, be-währte, rechtskonforme Dienste. Oder weichen Sie auf statische QR-Codes aus, die nicht über einen Drittanbieter funktionieren, für die Sie aber dann auch keine Aus-wertungen bekommen und deren Linkziel sie selbst auch nicht mehr ändern können.

10.9   Social Listening und Monitoring von Themen

Die Social-Media-Plattformen eignen sich, um journalistische Themen zu finden oder zu monitoren – also ihre Entwicklung in Echtzeit zu verfolgen. Lange war X/Twitter dafür das ideale Netzwerk, doch ist das auch bei den anderen Micro-blogging-Diensten möglich.

Für die einzelne Person – etwa eine Fachjournalistin – ist es am einfachsten, auf den Sozialen Netzwerken vor allem jenen Personen zu folgen, die im gleichen Fachgebiet arbeiten oder zum Beispiel auf X Listen anzulegen mit Fachleuten zum Thema oder bewusst auf LinkedIn den Kolleginnen zu folgen.

Doch will man ein etwas breiteres Spektrum monitoren – Politik, Wirtschaft, People – ist dieses Ziel nur bedingt erreichbar. Wer systematisch die Netzwerke fortwährend nach einem Thema scannen möchte, oder eine systematische Konkurrenzbeobachtung oder ein Trendspotting braucht, dem reicht das ebenso wenig wie einer Pressestelle, die monitoren möchte, wie über ein Unternehmen und ihr Führungspersonal in den Sozialen Medien gesprochen wird.

Fürs Trendspotting und das Monitoren von Breaking News gab es bis Anfang der 2020er-Jahre noch brauchbare Gratis-Tools für Redaktionen. Zum Beispiel Crowdtangle (für die Plattformen Instagram und Facebook) oder Tweetdeck (für das damalige Twitter). Doch die Konzerne haben diesen Service für Redaktionen aufgegeben. Bleiben noch Bezahldienste.

„Clipping-Dienste" wie Meltwater, Brandwatch oder Newswhip (um einige „Platzhirsche" zu nennen) scannen die Sozialen Netzwerke in Echtzeit nach vorher eingestellten Suchanfragen/Begriffen, sogenannten Queries. So kann eine Redaktion zum Beispiel erkennen, welche Aussagen während einer TV-Debatte/ eines Fußballspiels etc. besonders heftig diskutiert wurden, einfach, indem man beobachtet, in welcher Minute am meisten Posts zu einem Thema abgesetzt wurden, worüber im Kontext diskutiert wurde.

Achtung: Die meisten Tools dieser Art monitoren erst, wenn man die „Suche" startet – sprich, von dem Moment an, wenn man selbst aktiv wird. Denn eigentlich sind diese Tools gebaut worden, damit Firmen schnell sehen, was über sie in den Sozialen Netzwerken geschrieben wird. Da gibt man einmal den Firmennamen und Produktnamen ein – und damit hat es sich, man erhält jeden Tag einen Social-Pressespiegel.

Der häufige journalistische Usecase mit ständig wechselnden Themen oder auch einer zeitlich rückwärtsgewandten Suche/Recherche (wer hat das Thema zuerst gebracht? Wer waren die entscheidenden Multiplikatoren?...) in den Sozialen Netzwerken ist mit vielen Tools nicht gut abdeckbar.

Für Themenmonitoring und Trendrecherche/-scouting gibt es spezielle Tools, die gewissermaßen Social-Media-Monitoring und die Suche über Webseiten vereint. Storyclash oder Buzzsumo sind Tools (bzw. bieten auch Funktionen) dieser Art. Sie durchforsten die Sozialen Netzwerke nach Posts, die jetzt (oder in einem voreingestellten Zeitraum) gut laufen und nach Webseiten (Links/URLs), die gut laufen. Die „Währung" für „gut laufen" ist dabei „Social-Signals" – also wie bei den anderen Tools Shares, Kommentare, Interaktionen.

Es sind dies die echten Social-Listening-Tools, die einem „mithören" lassen, wenn es auf den „Stammtischen" in den Sozialen Netzwerken hoch her geht: Was geht gerade viral? Worüber diskutiert Deutschland? Wo bahnt sich ein Shitstorm an? Auch für die Bedienung dieser Tools ist Know-How nötig – denn nur wer gut sucht, findet am Ende Informationen, die die tägliche Redaktionskonferenz mit Themenideen aus den Social-Media-Plattformen bereichern.

Auch hier gibt es einen Pferdefuß: Diese Tools decken nicht die ganze Bandbreite der Sozialen Netzwerke ab, sondern „nur" Hunderttausende wichtiger, ausgewählter Accounts. Was Privatleute publizieren, was in entlegenen Foren diskutiert wird, bleibt oft unentdeckt …

Die systematische Konkurrenzbeobachtung funktioniert im Wesentlichen wie folgt: Man legt sich vorher eine Liste mit Accounts an, die man beobachtet – und lässt dann automatisch in Echtzeit auswerten, was diese Accounts mit welchem Erfolg gepostet haben (z. B. mit der Absicht, sich inspirieren zu lassen, ggf. auf Trends aufzuspringen). „Früher" war dies die Domäne des Gratis-Tools Crowdtangle gewesen. Seit dessen Ende muss dieser Service teuer bezahlt werden. Neben den genannten Monitoring- und Listening-Diensten bieten auch Analytics-Anbieter (wie z. B. facelift, Fanpagekarma) solche Echtzeit-Dahsboards an.

10.10 Analytik und Statistik

Im Unterschied zum Themenmonitoring zu redaktionellen Zwecken bezeichnet der Begriff „Analytik" in erster Linie Statistik, Marktforschung und Erfolgskontrolle für den eigenen Account mit dem Zweck, die eigenen Tätigkeiten besser einschätzen und Strategien (weiter-)entwickeln zu können. Die meisten Sozialen Netzwerke stellen mächtige Statistiktools für den eigenen Auftritt, die eigenen publizierten Inhalte zur Verfügung: Facebook/Instagram Insights, X-Analytics, oder YouTube Analytics etc.

Trotzdem kann es sehr sinnvoll sein, Analysetools von Drittanbietern heranzuziehen bzw. zu verwenden, vor allem dann, wenn mehrere Accounts betrieben werden. Denn diese liefern oft Daten, die über die hauseigenen oder Networkeigenen Analysetools nicht so leicht zu kriegen oder herauszufiltern sind. Außerdem stellen sie oft automatisch sinnvolle Reports für die eigene Redaktion oder das Management zusammen – was viel Arbeit abnimmt. Drittens bieten externe Anbieter auch manchmal einen ausführlichen Blick auf die Konkurrenz, und auch von der kann man als Community-Manager und Social-Media-Redakteurin lernen.

Die Arten von Kennzahlen, die ein Analyse-Tool liefern kann, sind vielfältig. Alle Zahlen und auch die Wachstumsraten etc. sind idealerweise auf frei zu wählende Zeiträume einzugrenzen. Knackpunkt ist bei einigen Tools der Blick in die Vergangenheit. Sie scannen nur die Themen ab dem Zeitpunkt, zu dem man das Keyword eingibt, eventuell noch ein paar Tage in die Vergangenheit. Andere Tools können die Plattformen lange Zeit in die Vergangenheit hinein durchforsten. Hier sind wichtige Kennzahlen, die ein Analysetool liefern kann.

Die eigene Tätigkeit
- Zahl der Postings
- Typische Posting-Zeit
- Art der Postings (Anzahl derjenigen mit Bild, Video, Link etc.)

Die einzelnen Postings:

- Zahl der Teilungen
- Zahl der Kommentare
- Zahl der Likes/Favoriten
- Reichweite/Impressions der Postings
- Zahl der Postings
- Die besten Postings
- Verteilung der Posts nach Arten (Bilder, Videos, Links, Status)
- Die besten Postings nach Art des Postings (beste Bilder, beste Videos)
- Die schlechtest laufenden Postings
- Informationen zu Fans, die ein Postings erreicht hat
- Multiplikatoren für ein Posting
- Interaktionsrate/Engagementrate des Posts (Interaktionen durch Reichweite)
- Gewichtete Interaktionen (meist wird ein Share mit drei, ein Kommentar mit zwei und eine andere Interaktion mit ein multipliziert, was den höheren Wert eines Shares oder Kommentars widerspiegelt)

Der Social-Network-Auftritt:

- Zahl der Follower
- Wachstumskurve der Follower
- Wachstumsrate pro Zeitraum

- Aufrufe der Profilseite im Network
- Reichweite des Auftritts (Tages-/Monats-Reichweite aller Posts ohne Nutzende mehrfach zu zählen)
- Summe und/oder Durchschnitt aller Post-Interaktionen
- Zahl der Kommentare

Die Fans/Follower:

- Alter, Geschlecht, Herkunft der Fans
- Alter, Geschlecht, Herkunft der erreichten Personen (Reichweite)
- In meinem Netzwerk aktivste Fans (Multiplikatoren)
- Zeiten, in denen die Fans am aktivsten sind
- Seiten, auf denen die aktiven Fans ebenfalls aktiv sind

Einige Tools bieten eine Art Index, eine Kennzahl, die einem zeigt, wie der eigene Auftritt im Vergleich zu anderen Auftritten derselben Kategorie läuft. Das reicht bis zu ausgefeilten Vergleichsansichten oder SWAT-Analysen. Manche bieten darüber hinaus sogar konkret formulierte Tipps wie „Du solltest an der Qualität Deiner Links arbeiten". Bekannte Anbieter dieser Daten sind unter anderem Fanpagekarma, Facelift oder Emplifi, wobei die meisten Tools mittlerweile auch andere Funktionen anbieten sodass ein Gesamtpaket entsteht, das Publikation, Community-Management, Analytics und Trendbeobachtung (oder einige der hier genannten Funktionen) vereint.

Für den Erfolg Ihrer Medienmarke ist es ebenso wichtig festzustellen, wie die Nutzer mit den Inhalten der Webseite umgehen. Ob Links auf Ihre Webseite von den Nutzern auf Facebook geteilt wurden etc. YouTube misst den Traffic von Videos aus anderen Netzwerken selbst. Wenn Sie aber wissen wollen, welche Ihrer Webseiten-Inhalte von den Usern am meisten auf Facebook oder Twitter geteilt und gepostet wurden, bieten sich Spezialtools wie Buzzsumo.com oder socialcount.co an (Abb. 10.2 und 10.3).

Für die Social-Media-Redaktion ist es wichtig, den Erfolg der eigenen Tätigkeit zu scannen und mit den messbaren Zielen aus dem Konzept, die man sich gesetzt hatte, abzugleichen. Auch relativ vage Zielvorgaben oder Maßnahmen („Wir wollen weniger Links auf die Webseite und mehr eigenständige Facebook-Inhalte posten") lassen sich damit überprüfen, zählbar, messbar machen. Auch die gelegentlichen Änderungen des Algorithmus von Facebook, die in der

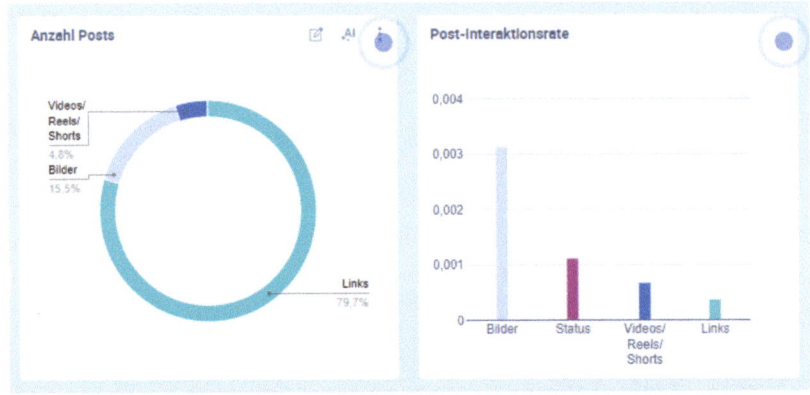

Abb. 10.2 und 10.3 Die Diagramme bilden eine Auswahl an Newsseiten auf Facebook ab. Sie geben einen kleinen Einblick dessen, was einem Tools in der Analyse zeigen können. Zum Beispiel: Wann lohnt es sich zu posten? was soll man posten? Die Statistik zeigt: News-Angebote posten auf Facebook überwiegend Links. Die Analyse rechts zeigt aber, dass Bilder und Videos mehr Interaktionen generieren würden. (Quelle: Screenshots aus dem Tool „Fanpagekarma")

Regel nicht bekannt gemacht werden, spürt man so unmittelbar, also ob Facebook gerade Fotos besser verbreitet oder Videos oder Statusmeldungen. Entsprechend kann man reagieren. Weitere wichtige Indizien können sein: Zu welchen Uhrzeiten sind meine Fans auf Facebook unterwegs bzw. interagieren sie mit meinen Inhalten.

Für Recherche und Themengewinnung bieten derartige Auswertungen übrigens ebenfalls Stoff: Mit Tools, die Accounts von Dritten analysieren, lassen sich nämlich auch Erkenntnisse über Firmen und Politiker gewinnen: Wer hat die besseren Auftritte mit den besseren Themen, Kanzlerkandidat A oder Kanzlerkandidatin B? Ebenso kann man auf die Social-Media-Arbeit von Marken und Behörden schauen.

Analysetools liefern allerdings einfach nur Zahlen. Um diese richtig interpretieren zu können, brauchen Sie die fachliche Einschätzung des Community-Managements mit Gespür für die Fans und dem Wissen über die Inhalte, Rahmenbedingungen, Debatten in Sozialen Netzwerken etc. Erst mit dieser Erfahrung werden die Zahlen zum wertvollen Hilfsmittel, mit dem Sie Ihre Social-Media-Auftritte besser und erfolgreicher machen können.

Recherche und Faktencheck

11

Zusammenfassung

Die Sozialen Netzwerke sind voll von Bildern, Filmen, Informationen aller Art. Eine Fundgrube für jeden Journalisten. Doch neben wertvollen Hinweisen und Dokumenten finden sich falsche Spuren, Fakes und Scherzhaftes. Wie trennt man die Spreu vom Weizen? Wie recherchiert man gezielt und wie nutzt man Social Media neben den klassischen Kanälen für das persönliche und berufliche Informationsmanagement? Ein paar Tricks und Werkzeuge helfen bei den ersten Schritten in die Echtzeit-Archive des Netzes – der Wert dieses unendlichen Archivs wächst mit der Erfahrung.

Schlüsselwörter

Social Media · Recherche · Echtzeit · Twitter · X · Suche · Bildrecherche · YouTube · Telegram · Wikipedia · Crowdtangle · Verifikation · Factchecking · Faktencheck · Debunking

Journalist:innen standen noch nie so viele Quellen, Bilder, Videos etc. zur Recherche zur Verfügung wie heute – nur die Recherche selbst wird dadurch nicht leichter. Viele Redaktionen sind von der Fülle der Inhalte und Möglichkeiten geradezu überfordert. Es würde auch hier zu weit führen, Tipps für jedes einzelne Netzwerk anzugeben, deshalb sind in diesem Kapitel nur die wichtigsten Fälle/Quellen aufgeführt.

Grundsätzlich gilt. Für jeden, der mit Material aus Sozialen Netzwerken arbeitet, sollte gelten: Kenne das Netzwerk, aus dem du dich bedienst, in dem Du recherchierst. So wie sich der Korrespondent in der jeweiligen Region auskennt, aus der er berichtet, und die Fachjournalistin in ihrem inhaltlichen Bereich zuhause ist. Am besten ist man in diesen Netzwerken selbst tätig, hat als Journalist eine eigene Community/Followerschaft, die gar nicht allzu groß sein muss, aber aktiv.

Nur dann ist man in der Lage, mit Suchergebnissen und Phänomenen in diesen Sozialen Netzwerken adäquat umzugehen. Grundsätzlich gilt wie immer bei der Recherche: Prüfen Sie die Inhalte, prüfen Sie die Quelle. Die Quelle, das ist meist zunächst die Person, die das Material ins Netz gestellt hat – zum Glück bieten viele Soziale Netzwerke eine Möglichkeit, diese Person zu kontaktieren.

11.1   Besser finden in Google

Bevor Sie sich in die Tiefen von Spezialsuchmaschinen und Operatoren über die X-Suche einarbeiten: Machen Sie bei Webrecherchen – unabhängig von Social Media – das Beste aus Google, der Suchmaschine, die Sie wahrscheinlich ohnehin meistens verwenden. Gewöhnen Sie sich an, standardmäßig die „erweiterten Suchoptionen" von Google zu verwenden. Damit können Sie beispielsweise eingrenzen, wie alt die angezeigten Inhalte maximal sein sollen, oder welchen Typ von Information sie brauchen. Auf die „erweiterte Suche bei Google" kommen Sie erst, nachdem Sie eine erste Suche durchgeführt haben.

Sie können aber auch gleich folgende URLs eingeben:

Für die erweiterte allgemeine Suche:

https://www.google.com/advanced_search

Für die erweiterte Bildersuche

https://www.google.com/advanced_image_search

So bekommen Sie nicht nur populäre, sondern vor allem auch aktuelle Ergebnisse. Ähnliche Suchoptionen bieten die Google-Konkurrenten Bing und/oder der russische Such-Gigant Yandex. Beide Plattformen sind hervorragend geeignet für die Bildersuche. Selbst wenn Sie die Bilder dann nicht verwenden dürfen, haben Sie doch – z. B. von einem Ort, Tier, Pflanze, Person – schon eine Menge Ansichten gesehen… Und was Google, Bing oder Yandex nicht finden, lässt sich womöglich über Alternativen auffinden wie DuckDuckGo etc..

Googlen über Soziale Netzwerke
wie Facebook, Instagram, LinkedIn oder TikTok geht oft besser als der Plattformeigene Such-Weg. Die richtigen Personenprofile findet Google oft schneller als Facebook, weil man eben nicht nur nach Namen, sondern weiteren Begriffen suchen kann. Bei häufig vorkommenden Namen ist das oft die Rettung. Auch kann man – sofern man den Namen nicht weiß – nach E-Mail-Adressen und nach Handynummern suchen. Auch die Bildersuche erfasst Facebook und Instagram-Fotos.

Sie können natürlich auch wie oben besprochen die „erweiterte Suche" nutzen und ins Feld „Website oder Domain" die Plattform wie „tiktok.com" eingeben. Schneller geht es, wenn Sie sich ein paar Tricks merken. Der Parameter site:Netzwerk.com am Ende ihrer Suchanfrage im normalen Suchanfeld recherchiert dann in dem jeweiligen Netzwerk bzw. in allen Unterseiten der Domain Netzwerk.com. Wer beispielsweise TikTok nach Videos über Bier durchsuchen möchte, gibt bei google ein: „bier site:tiktok.com".

Wichtig ist auch: Wenn Sie nach einer Phrase oder einem Zitat suchen, setzen sie diese in Anführungszeichen, dann werden nur Treffer aufgelistet, die genau die Phrase/das Zitat enthalten (und nicht nur die darin vorkommenden Wörter). Setzten Sie zwischen zwei Suchbegriffe ein AND, müssen beide Begriffe vorkommen für einen Treffer. Diese Operatoren funktionieren auch in den meisten anderen Suchmaschinen. Hier finden Sie weitere Suchoperatoren:

https://support.google.com/websearch/answer/2466433?hl=de

Bedenken Sie aber: Google & Co finden nicht alle Profile in den Netzwerken. Personen, die eine öffentliche Suche ausschließen, werden nicht erfasst, ebensowenig deren Beiträge (wohl aber z. B. von der Facebook-eigenen Suche). Für detailliertere Recherchen lohnt es sich, hinter „site" die „Verzeichnisbäume", sprich die Web-Adressen, unter denen das bewusste Soziale Netzwerk die Datentypen (z. B. Fotos oder Videos) ablegt, zu eruieren und einzugeben.

11.2 Echtzeit-Recherche in X und Co.

Wenn Sie mehr Infos und Bilder zu aktuellen Agenturmeldungen und Medienberichten suchen: Verwenden Sie X, Bluesky und Mastodon. Am besten behelfen Sie sich auch hier mit der erweiterten Suche:

https://x.com/search-advanced

Oder sie merken sich gleich ausgefeilte Such-Operatoren. Die wichtigsten sind „from:absender" – das ist der Urheber eines Tweets (als Absender die X-Handle eingeben);

„since:JJJJ-MM-TT" und „until:JJJJ-MM-TT" begrenzen die Suche auf einen bestimmten Zeitraum. Die Operatoren AND, OR und die Phrasensuche in Anführungszeichen funktionieren auch hier wie in Google.

Wollen Sie beispielsweise alle Tweets von @BR24, in denen Merkel erwähnt ist, und die aus einem bestimmten Zeitraum stammen, finden, so geben Sie ins Suchfeld ein:

from:br24 since:2020-09-19 until:2021-09-29 Merkel

In der erweiterten Suche können Sie nicht nur nach Schlagwörtern und Begriffen suchen, sondern auch Festlegungen nach Sprache, Zeiträumen, Inhalt (Tweets mit Fotos); oder Begriffe ausschließen, also beispielsweise nur „Bayern", aber nicht „FC Bayern". Nutzen Sie diese Möglichkeiten. Schauen Sie sich alle Operatoren an, die die X-Suche bietet, und spielen Sie damit herum. Sie werden schnell sehen: X bietet durch seine Aktualität immer noch eine brauchbare Ausgangsbasis für die Recherche zu aktuellen und politischen Themen.

Für Auslandsjournalist:innen kann es auch sinnvoll sein, in **Telegram** zur recherchieren. Während Russlands Krieg gegen die Ukraine, dem Israel-Palästina-Konflikt oder dem Konflikt in Syrien war Telegram die wichtigste Plattform, auf der aktuelle Bilder und Videos von Augenzeugen zu finden waren. Die Journalistin Jane Lytvynenko hat nützliche Infos über investigative Recherche auf dieser Plattform in einem Workshop zusammengestellt, der als Video auf YouTube zugänglich ist. https://www.youtube.com/watch?v=S_Q1xAuj2jc&t=1s

▶   **X für Big Data – theoretisch super** Millionen von Menschen twittern und fast alle Tweets sind öffentlich. Dadurch eröffnet das Soziale Netzwerk Auswertungen nach bestimmten Suchen, Orten etc. – kurz: Twitter selbst ist Big Data und offen für Datenjournalisten, die an diese vielen Tweets kluge Fragen stellen. So kann man Trends, Themen und ihre Bezugsrahmen in Echtzeit verfolgen. Beispielsweise bei Wahlen oder im Umfeld von Großveranstaltungen herausfinden, was einzelne Personen twittern, welche Themen gerade auf Twitter im Zusammenhang mit dem Ereignis „trenden" und wer die jeweiligen Meinungsführer sind.

Leider ist die API für derartige Recherchen aber mittlerweile nicht mehr frei, sondern sehr kostspielig geworden. Am besten nutzen Sie dafür Tools, wie wir sie im vorherigen Kapitel „Monitoring von Themen" vorgestellt haben.

11.3 Personen und Posts finden

Theoretisch kann man nach all dem recherchieren, was öffentlich in Facebook und Instagram publiziert wurde. Wie Sie Google dafür nutzen können, wurde oben erklärt. Hier ein Blick in die Funktionen der Plattform Facebook selbst:

- Personen und deren Profile
- Offene Gruppen, also Foren, die sich meist einem Thema widmen
- Veranstaltungen und deren öffentlich bekundete Teilnehmer
- Facebook-Seiten, die ohnehin alle öffentlich sind
- Facebook-Orte
- Öffentliche Beiträge
- Videos
- Fotos
- Nahverkehrsangebote
- Facebook-Hashtags (einfach den Hashtag in die Suche eingeben)

Die Facebook-Suche, die Sie oben in der blauen Menüleiste von Facebook finden, ist nicht wirklich benutzerfreundlich. Dennoch ist sie oft der erste Weg zu Seiten, Personen, Gruppen auf Facebook, weil eben der zunächst einfachste – wenn man folgende Tipps und Hintergründe kennt:

- Auf Facebook selbst können nur Facebook-Mitglieder suchen. Auch für die meisten Drittanbieter Tools ist es nötig, sich mit einem Facebook-Profil anzumelden, um in Facebook zu recherchieren.
- Die Facebook-Suche ist nicht tolerant gegen Schreibfehler.
- Die Facebook-Suche findet nur, was die Nutzer zulassen. Das heißt, nichtöffentliche Postings von Nicht-Freunden werden Sie dort nicht finden. Ebenso wenig Beiträge/Content, der in geschlossenen oder geheimen Gruppen gepostet wurde (s. Glossar, „Dark Social"). Was für den Datenschutz von Vorteil ist, ist für den Rechercheur natürlich lästig.
- Die Facebook-Suche bietet unter einem Reiter gute Möglichkeiten der Eingrenzung. Bei Beiträgen beispielsweise nach Autor, Ort oder Veröffentlichungs-Zeitpunkt des Posts. Diese vertiefenden/eingrenzenden Such-Parameter werden nach einer ersten Suche über ein Stichwort angezeigt.

Die Suche in Instagram ist noch schlechter als die in Facebook; am besten funktioniert es noch über die Smartphone-App. Für systematische Recherchen in Instagram sollten Sie also wirklich auf die Google-Suche und auf spezielle Monitoring-Tools zurückgreifen.

11.4   Die Wikipedia als Quelle?

Im weiteren Sinne gehört natürlich auch die Wikipedia als crowdgesourcte Enzyklopädie zum Thema Social Media. Als Lexikon hat die Wikipedia den Untergang der gedruckten Enzyklopädien besiegelt, für viele Journalisten ist sie der erste Anlaufpunkt bei Recherchen. Das ist auch nicht verkehrt. Dennoch sollte Wikipedia nie die einzige Quelle sein. Und bedenken Sie: Weil viele Journalisten nur noch in die Wikipedia schauen, sind auch viele Presseartikel mit zum Teil denselben Fehlinformationen gespickt. Legendäres Beispiel war der falsche Vorname „Wilhelm" von Herrn zu Guttenberg (Ex-Verteidigungsminister), den ein Scherzbold in der Wikipedia hinzufügte und der dann in allen möglichen „Qualitätsmedien" auftauchte.

Außerdem sind die Artikel der Wikipedia von unterschiedlicher Qualität und Aktualität – und teilweise Schauplatz von politischen Richtungskämpfen. Während Pop-Themen meist gut und aktuell sind, wird es in entlegenen Gebieten schon problematischer.… Themenfelder der Gesellschaftswissenschaften (zum Beispiel Geschichte) werden oft mit veraltetem Stand wiedergegeben, während in Naturwissenschaften oft recht aktuelle Forschungsstände dargestellt sind.

Für eine echte Recherche fast nützlicher als die Texte der Wikipedia selbst sind die verlinkten Quellen. So kommt man als Journalist zu Originalinhalten. Nutzen Sie bei Themen aus der Wissenschaft außerdem nach wie vor die Fachlexika (auch Online) und befragen Sie Experten. Und wenn Sie wissen wollen, wie ein Minister mit fünftem Vornamen heißt, rufen Sie sein Büro an…

▶   Schauen Sie innerhalb der Wikipedia in die „Diskussion" der Wikipedia-Autoren zum jeweiligen Lemma, vor allem bei umstrittenen Themen (Kirche, Politik, Gesellschaft, „Kulturkampf-Themen") und bei Biografien.

Interessant ist die Wikipedia für Journalisten übrigens nicht nur als Lexikon, sondern auch die Bildersammlung der Wikipedia bzw. der Wikimedia Commons (http://commons.wikimedia.org/). Die Fotos dort sind unter einer der unterschiedlich lockeren Creative Commons Lizenzen (siehe im Kapitel über Rechtefragen) eingestellt, die oft kommerzielle Nutzung erlaubt, und können ggf. redaktionell genutzt werden.

Eine eigene Rechteprüfung und eine Rücksprache beim eigentlichen Bildautor sollten natürlich, wenn irgend möglich, dennoch erfolgen. Erstens, weil die Rechteangabe im Irrtumsfall nicht vor Nachzahlungen schützt, zum anderen, weil die Rücksprache beim Bild-Hochlader die Chance eröffnet, mehr über das Bild zu erfahren.

11.5   Recherche in Verbraucherkritiken

Der Ratgeberjournalismus hat es nicht leicht in Zeiten, in denen die User selbst die Produkte rezensieren, die sie kaufen. Wer in den Urlaub fährt, checkt heute meist zuerst online die Hotelreviews auf Portalen wie Holidaycheck oder Tripadvisor (und andere); und vor dem Kauf von Büchern oder anderen Produkten liest man die Bewertungen in Amazon.

Und das, obwohl vielen klar ist, dass es bei Rezensionen eine große Dunkelziffer von bestellten Lobhudeleien oder bestellter Schmähkritik am Konkurrenten gibt. Und dass es oft verärgerte Menschen sind, die Kritiken schreiben – während die Zufriedenen sich nicht äußern. Die Diskussionen bei Amazon und in vielen Foren lassen allerdings darauf schließen, dass die Nutzenden das durchaus merken und entsprechende Medienkompetenz entwickeln.

Die Einzigen, die nicht auf diese Quellen zurückgreifen, sind oft der Fachautor, die Rezensentin, die Besprechungen für Medien schreiben. Das liegt zum einen natürlich daran, dass der „Profi"

- Produkte rezensiert, bevor sie auf den Markt kommen,
- nur wenige Tage oder Wochen Zeit zum Testen hat und
- die Rezension am besten gleich mit Verkaufsstart des Produkts veröffentlicht wird

All diese Nachteile haben diejenigen nicht, die das Produkt besitzen und über Monate benutzen. Das erklärt auch die grundsätzliche Glaubwürdigkeit des Laien beim Rezipienten. Denn von Benutzenden werden auch Schwachpunkte aufgeführt, die bei längerem Gebrauch auftreten.

Auch bei Gastrokritiken ist der Online-Rezensent eben nicht die stadtbekannte Kolumnenschreiberin, die womöglich vom Wirt bevorzugt behandelt wird, sondern eben ein Otto-Normal-Gast. Ein moderner Ratgeber-Journalismus sollte diese

User-Rezensionen einbeziehen und sich auf die Dinge spezialisieren, die er besser kann als User. Tipps für besseren Nutzwert:

> - eine Überarbeitung der eigenen Besprechung nach einiger Zeit. Denn die Rezensionen stehen ja weiterhin online und werden gelesen auch dann, wenn sich im Gebrauch herausgestellt hat, dass das hochgelobte Produkt eine „Sollbruchstelle" oder einen Serienfehler hat. Da sieht der preisende Journalist dann tatsächlich alt aus.
> - vergleichende Rezensionen zweier Konkurrenzprodukte. Denn diese Perspektive können User-Besprechungen kaum liefern (User kaufen sich in der Regel ja nur ein Produkt).
> - die besondere Fachkompetenz einbringen, die ein User auch nicht mitbringt.
> - Die Community bitten (d. h. die tatsächlichen Käufer), eigene Eindrücke von einem Produkt in den Kommentaren abzugeben.

Nutzwertiger Rezensionsjournalismus hat jedenfalls nur dann eine Zukunft, wenn er auch von den Amateuren und Influencerinnen lernt. Dazu muss er sich neuen Formaten öffnen und das Beste aus beiden Welten verbinden: die Qualität des herkömmlichen Journalismus mit den Infos und Möglichkeiten aus Social Media. So entsteht für ein echter Mehrwert, eine neue Qualität.

11.6   Verdeckte Recherche und Informantenschutz

Wer auch immer im Internet recherchiert, hinterlässt offensichtliche Spuren – auch in Sozialen Netzwerken. Darauf muss sich eine Redaktion, die auf der Suche nach Informationen und Informanten ist, einstellen. Und sie muss versuchen, Informanten zu schützen, die sich anvertrauen wollen und die man ggf. über Social Media ausfindig gemacht hat. Denn nicht alle Whistleblower sind ihrerseits Medien- oder Computerexpert:innen, manche sind auch einfach leichtfertig. Je nach Gefahrenlage wird man mit unterschiedlich großem Aufwand versuchen, Recherchen verdeckt zu halten. Die meisten Fehler bei verdeckten Recherchen sind dabei gar nicht technisch bedingt, sondern typisch menschlich.

Das fängt bei den ganz offensichtlichen Dingen an: Stellen Sie sich vor, Sie schreiben eine Geschichte mit Insider-Informationen aus einer Firma. Vermeiden Sie immer die Firmen-E-Mail eines Tippgebers! Dessen Webmaster liest mit, meist ganz legal. Ein brancheninterner Fall hat Anfang der 2020er-Jahre bei der Sueddeutschen Zeitung Furore gemacht – im Verlauf dessen der Verlag die E-Mails der Kolleg:innen darauf hin gecheckt hat, wer Informationen aus der Redaktion an ein Medien-Fachorgan durchgestochen haben könnte (Quelle: Medieninsider, https://medieninsider.com/medieninformation-sueddeutsche-zeitung-durchleuchtete-kommunikation-ihrer-redaktion/20288/).

Außerdem: Wenn die Quell-Person für jeden einsehbar mit Ihnen auf Facebook befreundet ist, liegt nahe, dass ein Verdacht firmenintern auf diese Person fallen wird, wenn die „undichte Stelle" gesucht wird. Seien Sie sich bewusst, dass Facebook und X, Xing und LinkedIn Informationskontakte sichtbar machen können, und vermeiden Sie derart offenkundige Spuren.

Richtig schwierig wird der Informantenschutz, wenn auf der anderen Seite Profis Ihre Recherchen behindern oder beobachten wollen. Denn die Spuren, die Sie hinterlassen, ermöglichen es sogar, das Surfverhalten zu beobachten und nachzuvollziehen, Kontakte zu rekonstruieren und die Inhalte von Korrespondenz mitzulesen. Niemand würde eine wichtige Insider-Information per Postkarte versenden. Normale E-Mails sind ebenso einsehbar.

Trotzdem werden immer wieder sensible Informationen per Mail verschickt oder in schlecht gesicherten Cloud-Speichern deponiert. Eine gewisse Abhilfe schaffen hier verschlüsselte E-Mails und Internet-Recherchen über Verschlüsselungsdienste bzw. zwischengeschaltete Proxy-Verbindungen und Anonymisierungsdienste bzw. VPN-Netzwerke. Auch sind Chats über WhatsApp sicherer als E-Mails – weil verschlüsselt.

Ein anderer Weg, relativ sicher Informationen zu tauschen, ist das „Darknet". Der Tor-Browser (https://www.torproject.org) ist ein kostenloser Einsteigerweg in diese Welt. Noch besser ist, wenn Sie sensible Recherchen über einen eigenen Rechner abwickeln, der nur verschlüsselt unterwegs ist – etwa, wenn Sie ihm das Betriebssystem Tails (https://tails.net/) aufspielen. Wer beruflich viel und auch Heikles recherchiert, sollte diese Möglichkeiten nutzen. Er macht es denjenigen, die ihn ausspionieren wollen, auf alle Fälle schwerer.

Gibt es hundertprozentigen Schutz? Wir wissen seit den Snowden-Enthüllungen, dass Geheimdienste flächendeckend den gesamten Internetverkehr scannen und die gewonnenen Informationen speichern. Sie müssen davon ausgehen, dass alles, was Sie im Web machen, zumindest hinterher von einem Nachrichtendienst nachvollzogen und gegen Sie und Ihre Informanten verwendet werden kann. Kann man sich dagegen wirklich effektiv schützen?

Der russische Geheimdienst glaubt das nicht und hat Pressemeldungen zufolge im Zuge der Snowden-Affäre eine Tranche neuer Schreibmaschinen angeschafft. Denn was auf keinem Rechner ist und nie im Internet war, kann auch darin nicht ausspioniert werden. Und Informationen, die man sich bei einem lauschigen Spaziergang im Park erzählt, sind auf alle Fälle schwerer abzuhören als die, die man übers Handy mitteilt.

▶   Die Tipps in diesem Buch sind zum „Reinschnuppern". Wenn anonyme Recherche, verschlüsselte Kommunikation und Informantenschutz für Sie ein wichtiges Thema sind, sollten Sie auf alle Fälle technische und juristische Expert:innen zu Rate ziehen. Zusätzlich empfiehlt sich Spezialliteratur, um selbst „schlauer" auf dem Gebiet zu werden. Wenn die berufliche Zukunft von Menschen oder gar deren körperliche Unversehrtheit auf dem Spiel steht, wäre jedes Dilettieren in Bezug auf Computertechnik unverantwortlich. Ebenso wenn Sie – wie einige Medienhäuser und Redaktionen – daran gehen, Menschen zu animieren, Ihnen als Whistleblower zu dienen und Informationen zukommen zu lassen, etwa über eine eigene Leaks-Plattform.

11.7   Verifizierung von Inhalten (und Profilen) aus dem Netz

Wann immer ein:e Journalist:in wissen will, was gerade irgendwo in der Welt passiert ist – z. B: im Breaking News Fall – kann er/sie zum Beispiel auf X nach aktuellen Posts suchen. Dort erhält man häufig minutenaktuell Infos und Fotos von Medien oder Beteiligten. Und wenn es Videos von Augenzeugen irgendwo auf der Welt gibt, dann liegen die oft auf YouTube. Zudem gibt es jede Menge weiterer Plattformen und Soziale Netzwerke, die als Quelle, Recherche-Pool, Info-Archiv dienen können. Nur: Stimmt das alles? Jeder kann einen Post absetzen, jeder ein Video manipulieren und auf YouTube stellen, mit falschen Daten und falscher Absenderangabe. Und dies geschieht auch, aus den verschiedensten Gründen und Motiven heraus. Tipp: Einen Überblick über die Motive und die Typen von Fakenews gibt das Projekt „Media Literacy for Citizenship" (https://eavi.eu/beyond-fake-news-10-types-misleading-info). Doch wie kann ich als Journalist:in herausfinden, wem ich trauen kann?

Ein Post, ein Video, ein Foto, alle Informationen, die man im Netz findet, sind nicht das Ergebnis einer Recherche, sondern erst der Anfang. Es muss verifiziert werden, und wenn das nicht geht, zumindest einer nachhaltigen Plausibilitätsprüfung unterzogen werden. Die Newsrooms der internationalen Medien haben dafür Kriterien entwickelt, ein System der Verifizierung, das mehrere Schritte umfasst. Die Verifikation ist dabei technisch gesehen der Versuch, das Bild zu falsifizieren, also Indizien zu finden, die nicht zur Geschichte passen, die das Bild angeblich erzählt.

Grundsätzlich gilt dabei: Im Zweifel muss immer versucht werden, den Urheber oder Uploader, also die Quelle des Videos, direkt zu kontaktieren. Das ist über Soziale Netzwerke meist technisch möglich – allerdings kann die Kontaktaufnahme dauern und das Ergebnis hängt davon ab, ob sich die Person zurückmeldet. Und dann kann man immer noch auf einen gezielten Betrug hereinfallen, wenn man nicht auf der Hut ist. Auf der Hut zu sein, bedeutet hier zu erkennen, wie vertrauenswürdig ein Absender und wie plausibel das Material und seine vorgebliche Entstehungsgeschichte ist.

▶ **Auf blaue Häkchen achten** Die großen Sozialen Netzwerke verifizieren Stars und Medienmarken ab einer gewissen Bedeutung und versehen deren Accounts/Profile mit einem „Häkchen" – bei Instagram Facebook und X ist dieses auffällig blau. Angebliche Accounts/Seiten von Stars, die kein solches Häkchen aufweisen, sind wahrscheinlich falsch. Andererseits können Sie meist auf die Echtheit verifizierter Absender vertrauen – mit einer Ausnahme: Bei X erhält jeder, der zahlt, auch Satireaccounts, solche Häkchen…).

▶ **Die Who-is-Abfrage – leider nicht mehr praktikabel** Die Who-is-Abfrage war lange eine der wichtigsten Standardrecherchen im Web. Sie gibt Auskunft über den technischen Betreiber und den Eigner einer Web-Adresse. Für .de-Webadressen (deutsche Internetseiten) kann man diese Abfrage auf der Webseite denic.de durchführen, Leider bekommt man nach neueren Datenschutzbestimmungen nur noch den Provider angezeigt. Für darüber hinaus gehende Auskunftsansprüche muss man ein berechtigtes Interesse nachweisen.

Die Prüfung von Inhalten kann folgende Phasen/Stufen beinhalten, die aufeinander aufbauen.

Fragen an den Inhalt (das Video, Foto etc.)

Identifizierung und Plausibilitätsprüfung des Inhalts (am Beispiel eines Videos)

- Was behauptet die Beschreibung/Beschriftung?
- Was zeigt das Video? Ist das die richtige Stadt? Sprechen die Menschen den richtigen Dialekt?
- Wer ist zu sehen?
- Gegenrecherche: Stimmt der Inhalt des Bildes mit weiteren Quellen überein, das Video mit anderen Posts etc.?
- Wann wurde das Video online gestellt; kann das zeitlich stimmen?
- Gibt es technische Daten zum Foto, Video etc. Zum Beispiel bei zugeschickten Dateien die Exif-Daten aus einer Kamera, die mit diesen Angaben abgeglichen werden können?
- Was sind die genauen Upload/Publikationsdaten eines mit dem Video verbundenen Posts auf X, Facebook oder YouTube
- Hat schon jemand das Bild früher gepostet?

Tools und Techniken, die Sie kenne müssen:

- Geben Sie das Bild in die rückwärtige Bildersuche von Google und Yandex ein – um herauszufinden, ob das Bild nicht schon früher irgendwo veröffentlicht worden war. Regelmäßig posten Trolle alte Bilder von Katastrophen und geben sie im Fall einer Breaking-News-Situation als aktuell aus.
- Klicken Sie auf die Datumsangabe im Post, dann erhalten Sie meist auch die Uhrzeit des Uploads – checken Sie, ob das plausibel ist mit dem vorgeblichen Inhalt des Posts.
- Mit der Suchmaschine Wolfram Alpha https://www.wolframalpha.com/ können Sie auch zurückliegende Wetterdaten herausfinden (um zu prüfen, ob das Bild die richtigen, zugehörigen Wetterbedingungen zeigt).
- Checken Sie mit Google Street View bzw. Google Maps die Location. Mit Uhrzeit und Perspektive des Bildes können Sie auch Details wie Sonnenstand (Schattenwurf) etc. abchecken.

Journalist:innen stehen für diese Verifikationsaufgaben Tools zur Verfügung, die man ohne weitere Kosten nutzen kann: Mithilfe der Browser-Extension INVID (https://www.invid-project.eu/) können Sie mit einem Klick unter anderem exakte Metadaten oder Standbilder aus Social-Media-Material/Posts erhalten und bekommen Schritt-für-Schritt-Anleitungen zur Verifikation.

Leider werden die Plattformen immer strenger, was den Zugriff von solchen Tools über die API der Plattformen angeht, deshalb kann sie die Funktionalität laufend verändern. Auch ist die Finanzierung von Projekten wie INVID aus diversen Fördertöpfen offenbar nicht dauerhaft gesichert. Weitere Infos und mehr Wissen über die Verifikation von Material aus Social Media erhalten Sie auch auf den Websites https://de.firstdraftnews.org/ (ein bereits abgeschlossenes Projekt mit immer noch nützlichen Infos) und https://www.veraai.eu/.

Neben dem Material selbst sollten Sie vor allem auch die Quelle prüfen, die das Material veröffentlicht hat.

Fragen an die Quelle

- Wer hat das Video online gestellt; ist der Einstellende bekannt (Journalistin, Blogger, gibt es Social Accounts?)
- Hat die Quelle schon öfter aus der Region, über das Thema etwas publiziert, gewittert, gepostet?
- Wie sehen deren anderen Webauftritte aus?
- Ist die Person auf X oder auch LinkedIn oder in anderen Netzwerken gut vernetzt (bekannte Leute aus der Szene, die ihr folgen)?
- Gibt es ein „blaues Häkchen" für die Verifikation?
- Grundsätzlich gilt: Recht neuen Accounts ist mit Misstrauen zu begegnen.
- Betreibt die Quelle auch eine Webseite (die sind oft aus Social-Network-Auftritten heraus verlinkt)? Gibt es dort ein Impressum?

Kontaktieren Sie, wenn irgend möglich, den Urheber – sei es auf Facebook, Instagram, X oder YouTube und bieten Sie ihm eine direkte Dialogmöglichkeit an! Meist zuerst per Mail und dann nach Austausch der Nummer per Telefon.

Stellen Sie der Quelle Fragen zu folgenden Aspekten:
*   Persönlicher Hintergrund (um die Person einschätzen zu können)
*   Die Umstände, unter denen das Video/Foto entstanden ist (Was, wann, exakter Ort, wie)
*   Technische Ausrüstung (Kamera, Objektiv etc.)
*   Prüfen Sie, ob die technischen Angaben zu dem Video und ggf. Exif-Daten passen. Kann man mit der genannten Kamera/dem Handy so ein Video drehen?, stimmt der Ort?, stimmt der Blickwinkel/die Perspektive? Beraten Sie sich ggf. mit einem Fotografen oder einer Videoexpertin unter Ihren Kollegen.
*   Bei der Gelegenheit gleich die Veröffentlichungserlaubnis schriftlich – per Mail – einholen!

Experten einschalten
Bei Videos aus dem fremdsprachigen Ausland schalten Sie – wenn möglich – Expert:innen ein und klären Sie Folgendes:

*   Passen die geografischen Angaben (Gegend, Dialekt der Personen im Video, Architektur, Straßenbild, Landschaft/Bewuchs)?
*   Klingen die Sachverhalte plausibel?
*   Passen die gezeigten Gegenstände (z. B. Waffen, Militärfahrzeuge)

Expert:innen können sich übrigens auch in Ihrer Community, unter den Fachkollegen und Fachleuten, denen Sie auf X folgen, befinden. Um diese Community, die sich in der Regel mit denselben Themen beschäftigt, zu nutzen, muss man sie allerdings erst einmal aufgebaut und gepflegt haben – wie im wirklichen Leben, wo man gelegentlich auch Fachleute aus dem persönlichen Bekanntenkreis um Einschätzungen bittet.

Spezialisten mit entsprechenden Computerprogrammen und Erfahrung sind in der Lage, Fälschungen und Montagen in Bildern, Videos und Audios zu erkennen, selbst wenn sie von Profis der Geheimdienste mittels KI gemacht werden. Dieser Weg der Verifizierung ist sehr zeit- und ressourcenaufwändig, sodass man oft lieber auf die Veröffentlichung von Material verzichtet, wenn Zweifel an der Echtheit auch nach all den Vorprüfungen bleiben.

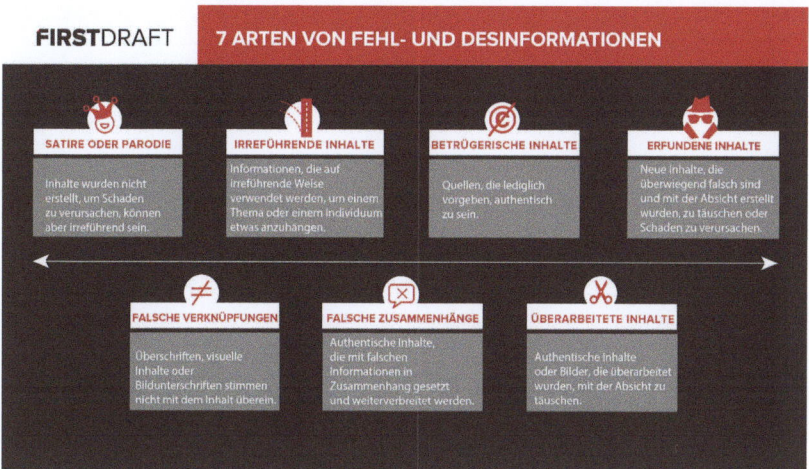

Abb. 11.1 Die Matrix von Desinformation im Netz geht auf Motive und Erscheinungsformen ein, zusammengestellt von Claudia Wardle der (mittlerweile ruhenden) Firstdraft-Initiative. Mehr Infos: https://firstdraftnews.org/articles/fake-news-es-ist-kompliziert/. Credit: Claire Wardle, (CC BY 4.0). https://creativecommons.org/licenses/by/4.0/

Bei Material von großer Bedeutung (man denke an das Video von der Tötung Osama Bin Ladens oder Beweisvideos bei internationalen Konflikten) sind solche forensischen Prüfungen allerdings unabdingbar (Abb. 11.1).

▶ Grundsätzlich gilt: Eine absolute Sicherheit ist nicht immer zu erreichen, es wird in manchen Fällen bei der Plausibilitätsprüfung bleiben müssen. Deshalb sollte man – wenn man schon nicht auf das Material verzichten kann – immer die Restunsicherheit kommunizieren und ggf. die Recherchewege offenlegen.

Kuratieren – alle sind „Blattmacher" 12

Zusammenfassung

Die Arbeit in Social Media besteht nicht nur darin, Inhalte zu produzieren, sondern für die Nutzenden die besten, nützlichsten, relevantesten Informationen aus der Vielfalt des Internets (inkl. Social Media) auszuwählen. Doch wie präsentiert man die Inhalte aus verschiedenen Quellen in einem sinnvollen Zusammenhang, sodass mehr daraus wird als nur ein Linkhaufen? Eine Handvoll sinnvoller Werkzeuge und ein paar Regeln helfen dabei.

Schlüsselwörter

Social Media · Storytile · Tickaroo · Kuratieren · Kurator · Edieren · Curator · Recherche · Echtzeit

12.1 Kompetenz durch Auswahl der Inhalte zeigen

Kuratieren ist ein relativ neuer journalistischer Fachbegriff für eine Reihe von journalistischen Formaten bzw. publizistischen Leistungen. Der Begriff leitet sich vom Begriff „Kurator" für Ausstellungsmacher:in ab, und mit dieser Analogie ist schon der Kern von „Kuratieren" beschrieben. Eine Person (Kurator) wählt Inhalte aus dem Internet aus und präsentiert sie seinen Lesern/Abonnenten. Die journalistische Leistung besteht also nicht darin, etwas selbst zu produzieren, sondern in der Auswahl und Zusammenstellung von Inhalten, die andere produziert haben – so wie der Ausstellungsmacher Bilder oder andere Exponate für eine Schau auswählt, zusammenstellt und präsentiert.

Das ist nicht völlig neu: Ein klassisches journalistisches Kuratierformat, längst entstanden vor dem Begriff, ist die Presseschau. Doch Blogs und Soziale Netzwerke bringen ganz neue Qualitäten in diesen Vorgang. Und nicht zuletzt: Auch bei den Startseiten/Feeds der Sozialen Netzwerke handelt es sich um eine kuratierte Zusammenstellung – nur dass dort der Kurator kein Mensch, sondern eine Maschine, ein Algorithmus ist.

- Weil mit Bloggern, Augenzeugen, Sozialen Netzwerken, Wissenschaftlern und Institutionen, Promis etc. die möglichen Quellen sich quantitativ ins theoretisch Unendliche erhöht haben, ist derjenige, der Orientierung ins Chaos bringt, der einzelne Inhalte bewertet und empfiehlt, umso wichtiger. Tatsächlich gibt es Influencer und Expertinnen, die vor allem deshalb abonniert werden, weil sie uns auf wichtige News oder Blogeinträge anderer zu einem bestimmten Thema hinweisen (und nicht, weil sie selbst viel Kluges schreiben würden).
- Die Sozialen Netzwerke ermöglichen es jedermann, zu einem Kurator für die eigenen Follower und Abonnenten zu werden. Wir kuratieren gewissermaßen für unser soziales oder berufliches Umfeld – einfach, indem wir Links und Inhalte empfehlen. Wenn wir das bevorzugt zu bestimmten Themen, unseren Hobbys, Fachgebieten etc., machen, hat dieses Kuratieren für die Freunde schon journalistische Qualitäten. Wer hat nicht in seinem persönlichen Umfeld jemanden, der besonders bewandert beispielsweise in aktuellen Musiktrends ist, und dessen Tipps er achtet, oder andere, die ihn regelmäßig auf neue Technik-Gadgets hinweisen etc.? Oder die Kollegin, die aus einem bestimmten Land stammt und Neuigkeiten über die politische Entwicklung dort teilt?…

12.2   Kuratier-Formate

Die technischen Möglichkeiten des Aggregierens, Embeddens, Repostens und Teilens sowie Syndizierens, die moderne Plattformen bieten, machen eine ganze Reihe neuer Kuratier-Formate möglich.

Die (kuratierte) Social-Media-Wall. Während der Dauer von Kongressen werden gelegentlich Social-Media-Posts zur Veranstaltung vor Ort an eine Wand projiziert. Anfangs waren das vor allem Tweets, daher hat sich der Begriff „Twitterwall" eingebürgert. Mittlerweile kann aus allen Sozialen Netzwerken kuratiert werden – und die Sammlungen werden in der Regel im Web selbst gezeigt. Dabei werden werden live Posts zu einem bestimmten Ereignis, Breaking News Fall, Event (z. B. Oskar-Verleihung) auf einer Webseite angezeigt.

Die Auswahl kann automatisch erfolgen, etwa indem man alle Posts mit einem bestimmten Hashtag wiedergibt – davon ist allerdings abzuraten. Besser ist es, vorher die Absender festzulegen (z. B. Kollegen und Kolleginnen, prominente Teilnehmende) oder die Posts einzeln händisch zu kuratieren. Social Walls und ähnliche Formate sind Echtzeit-Formate, das heißt, es laufen die gerade publizierten/freigegebenen Posts in eine Timeline ein.

Im Journalismus werden solche „Walls" auch jenseits von Veranstaltungen als Begleitung von Aktionen und Kampagnen eingesetzt und auf einer Webseite dargestellt. Häufig wird dazu von der Redaktion ein Hashtag ausgegeben, der dann als ein erster Filter für die Wall dient.

Die Netzschau. Stellt man nach einem oder während eines Ereignisses die besten Tweets oder andere Inhalte auf Sozialen Netzwerken zusammen, spricht man von einer Netzschau oder (im speziellen) von einer Social-Media-Schau. Dieses Format wird sehr häufig gewählt und ähnelt der Presseschau. „Die besten Posts zur Oscarverleihung", „wie sich die Menschen über x/y lustig machen" oder ein Überblick über die besten Posts zu einem Mem – das alles sind typische Anwendungsfälle. Im TV wird eine Social-Media-Schau oft wiedergegeben als Zitatensammlung zur „Stimmung im Netz". Der Unterschied zur Social Wall besteht darin, dass nur sehr wenige und prominente Inhalte ausgewählt werden – und der Bezug zu einer automatisierten Wand vor Ort fehlt.

Die Collage. Sie vermischt Inhalte aus dem Netz, die direkt eingebunden werden, mit eigenen Bewertungen/Einschätzungen zu einem neuen Inhalt. Die Grenze zwischen Netzschau und Collage ist fließend.

Die Playlist(e). Musikjournalist:innen kuratieren Musik-Playlisten beispielsweise auf Streamingdiensten wie Spotify oder YouTube-Music; YouTube-Playlisten sammeln Videos zu Themen oder Ereignissen etc.

Der Kurator-Account/Fachblog. Fach-Blogger/Influencerinnen machen sich oft auch als Kurator:innen für ihr Fachgebiet einen Namen, indem sie nicht nur eigene Inhalt vertwittern/posten, sondern auch die ihrer Fachkollegen, oft mit einer Einschätzung bzw. einem Kommentar versehen.

Social-TV. Darunter verstehe ich an dieser Stelle lediglich das Einblenden von Posts in Bauchbinden (oder auch zuschaltbare) Teletextseiten („Teletwittern") mit beim Fernsehen. Allerdings bedeutet Social-TV oft eine weitergehende Integration. **Kuratieren in Sozialen Netzwerken.** Kuratieren können Sie natürlich auch in den jeweiligen Sozialen Netzwerken selbst, am einfachsten natürlich durch konsequentes Teilen/Retweeten/Reposten der Meldungen, die Sie weiterverbreiten wollen. YouTube-Videos aus unterschiedlichen Quellen sammeln Sie bei YouTube in einer Playlist. Wenn Sie sich sehr berufsspezifisch (also über Journalismus als Branche) austauschen wollen, bietet sich LinkedIn an, wo Sie interessante Posts zum Fach teilen können.

12.3 Liveblogs

Ein Liveblog erzählt ein Ereignis in Echtzeit mittels Sachstandmeldungen, die der Reihe nach in einer Timeline einlaufen (neueste Meldung oben). Es kann zeitgleich von mehreren Autoren produziert werden, die an unterschiedlichen Orten eingesetzt sind. Außerdem kann ein Liveblog mit Leserkommentaren und Fremdinhalten aus Sozialen Netzwerken angereichert werden. Das ist der Grund, warum dieses Format hier in diesem Kapitel betrachtet wird: Die eingestreuten Social Posts sind eine Form des Live-Kuratierens. Im News-Bereich oft von der Plattform X stammend, bringen sie unterschiedliche Perspektiven, authentische Zitate, Emotionen und aktuelle Bilder auf die Webseite.

In Bezug auf Aktualisierungstempo und -rhythmus liegt das Liveblog zwischen Blog/Tagebuch und klassischem Liveticker. Während beim Ticker, wie wir ihn aus dem Sport kennen, die meist sehr kurzen Sachstands-Meldungen im Sekunden- bis Minutentakt einlaufen, verträgt ein Liveblog auch längere Sendepausen. Zudem sind die Statusmeldungen anders als beim Ticker nicht auf den Telegrammstil beschränkt, sondern können subjektiv und reportageartig sowie multimedial sein, also Foto, Audio, Video und weitere Elemente (etwa Infografiken oder Karten) enthalten.

Ein klassisches Blog ist auf längere Dauer angelegt, während das Liveblog exakt ein Ereignis abbildet, das in der Regel nicht länger als einen, maximal drei Tage (Soll-Wert) dauert. Gelegentlich werden Liveblogs auch für länger dauerndes Ereignisse (zum Beispiel ein Prozess, eine Katastrophe oder ähnliches) eingesetzt. Liveblog-Einträge haben meist keine Überschrift, sondern den Zeitstempel (die Gesamt-Liveblog-Überschrift gibt ja das Thema an). Das Liveblog ist schneller als das normale Blog. Statusmeldungen im Abstand von wenigen Minuten oder halben Stunden, ggf. auch mal mehreren Stunden bei einem mehrtägigen Ereignis sind die Regel (Abb. 12.1).

Verurteilung hat", sagt Thunert.

06.11.2024, 10:55 Uhr   <

Scholz: Zusammenarbeit mit USA fortsetzen

"Zum Wohle unserer Bürgerinnen und Bürger" will Bundeskanzler Olaf Scholz weiter
"erfolgreich" mit der USA zusammenarbeiten, "um Wohlstand und Freiheit auf beiden
Seiten des Atlantiks zu fördern". Der SPD-Politiker gratuliert Trump zu seiner Wahl.

06.11.2024, 10:47 Uhr   <

Was ein Trump-Sieg für die Ampel bedeuten könnte

Im Kanzlermat sitzt Olaf Scholz aktuell mit Christian Lindner und Robert Habeck

Abb. 12.1 Die Integration von Tweets und anderen Social Posts steigert die gefühlte
Authentizität und erzeugt ein „Live-Gefühl" beim Lesen. Screenshot aus dem Liveblog des
ZDF zur US-Wahlnacht. (Quelle: Screenshot. https://www.zdf.de/nachrichten/politik/aus-
land/kamala-harris-donald-trump-praesident-usa-wahl-liveticker-130.html)

Ein Liveblog sollte (nur) dann als Form gewählt werden, wenn es schneller
und besser informieren kann als ein klassischer, immer wieder zu aktualisierender
Artikel. Typisches Einsatzgebiet sind aktuelle Ereignisse von großem Live-
Interesse mit einer nicht vorhersehbaren Entwicklung. Ein weiteres Argument für
den Liveblog kann sein, dass man Tweets und andere Echtzeit-Äußerungen aus Social Networks bei der Geschichte mit einbeziehen möchte, sei es als Illustration
(Fotos) oder weil man die Informationen, die auf X etc. (ebenfalls in Echtzeit) ge-
meldet werden, benötigt. Das können Katastrophen und Naturereignisse (Flut,
Bombenfund) ebenso sein wie die Entwicklung am Wahlabend oder die

Jahresversammlung des FC Bayern München. Auch internationale Großereignisse wie die US-Wahlnacht werden häufig mit einem Liveblog gecovert.

Typische Sub-Formate eines Liveblogs

- Liveblog zur News: Ein Nachrichtenjournalist bloggt die Agenturlage in Echtzeit und reichert diese mit weiteren Infos aus Sekundärquellen (auf Twitter) an.
- Multi-Reporter-Liveblog: Neben dem Redakteur am Newsdesk sind vor Ort Live-Online-Reporter eingesetzt, die Bilder, Texte und Videos in den Liveblog einbringen. Beispiel: Große Events wie Kirchentage, Festivals oder auch Hochwasser-Ereignisse oder Ähnliches.
- Foto-Liveblog: Bei bildstarken Ereignissen kann ein Liveblog mit Fotos die Stimmung transportieren. Ein Beispiel wäre das Oktoberfest-Start-wochenende mit Trachtenumzug und ersten Eindrücken vom Fest.
- der kuratierte Liveblog aus Fremdmaterial: Aktuelle Inhalte aus X, Insta-gram, YouTube etc. werden live gesichtet und zu einer Echtzeit-Social-Media-Schau verwertet, ggf. noch eingeordnet und kommentiert. Bei-spiel: Fotos von einer aktuellen Sonnenfinsternis.
- Format-im-Format-Liveblog. Legen Sie beispielsweise fest, dass der Li-veblogger von einer Messe sich auf eine Zusammenfassung pro Neuheit beschränkt. Oder auf Eine-Frage-eine-Antwort-Interviews mit Repräsen-tanten. Die Möglichkeiten sind sehr vielfältig. Durch die „Durch-formatierung" können Sie Liveblogs auch zu Nicht-Katastrophen-Lagen interessant gestalten. Wichtig ist die formale Konsequenz innerhalb eines Formats – ein „Durcheinander" will keiner lesen, auch wenn es mit der scheinbaren Dringlichkeit eines Liveblogs daherkommt.

Tipps:

- Legen Sie vor dem Erstellen des Liveblogs fest, inwieweit/wann Sie Nutzer-Kommentare zulassen wollen. Bei einer unvorhergesehenen Katastrophe, bei der sich die Ereignisse einerseits überschlagen, andererseits die Lage unsicher bleibt (Beispiel: Atomreaktorunfall in Fukushima), bietet es sich an, die Kommentare zunächst auszuschalten und sie erst dann zuzulassen, wenn sich die Nachrichtenlage stabilisiert hat. Sonst besteht die Gefahr, dass neue informationshungrige User wesentliche Informationen nicht mehr wahrnehmen – vor lauter Kommentaren (einen Rückkanal/Kommentarmöglichkeit können Sie auch an anderer Stelle Ihres Webangebots aufmachen).

- Halten Sie Ihr Format so klar wie möglich. Je mehr verschiedene Quellen, Soziale Netzwerke etc. Sie nutzen, desto unübersichtlicher wird in der Regel das Format. Im Liveeinsatz reicht es fast immer, X zu den eigenen Meldungen hinzuzunehmen, für einen bilddominierten Liveblog vielleicht noch Instagram (Achtung: rechtlich problematisch).
- Da der Liveblog Echtzeit-Meldungen fordert, achten Sie auf das „Alter" der zukuratierten Posts. Ein stundenalter Tweet ist schnell gefunden – und verdirbt das ganze Format, weil für den Nutzer die zeitliche Abfolge der Statusmeldungen nicht mehr ersichtlich ist.
- Ein Liveblog zu einem wichtigen Ereignis ist nicht nebenbei zu stemmen. Mindestens eine Person muss dafür sorgen, dass permanent der Stand aktuell gehalten wird, zur Not mit der Agenturlage. Wenn ein Liveblog vorübergehend nicht betreut wird, sollten Sie das kommunizieren, damit keine Enttäuschung beim Nutzer produziert wird. Posten Sie zum Beispiel vor Schichtende: „Wir verabschieden uns jetzt hier und berichten morgen ab acht Uhr wieder von dem Ereignis ..."
- Legen Sie bei einem Multiautoren/Multireporter-Liveblog, der leicht unübersichtlich wird, eine Person fest, die den „roten Faden" in der Hand behält und wie eine Bildregie beim Fernsehen die unterschiedlichen Quellen zu einem sinnvollen Ganzen zusammenfügt.
- Achten Sie bei der Vorbereitung eines Liveblogs mit vielen Autoren auf eine genaue Aufteilung der Aufgaben. Wenn Ihre Reporter neben dem Online-Liveblog noch Ausspielwege (Radio, Zeitung, TV) versorgen müssen, legen Sie fest, was zuerst und mit höherer Priorität beliefert werden muss. Da der Liveblog nur in Echtzeit wirklich funktioniert, sollte er eine hohe Priorität haben.

Für Redaktionen, die Liveblogs einsetzen wollen, gibt es spezielle Live-Content-Management-Systeme, die folgende Spezifikationen aufweisen:

- Sofort-Publikation im Web innerhalb weniger Sekunden
- Mobil-App zum Befüllen von vor Ort
- Eigene Player für Video (zum Teil auch Audio)
- Anbindung an Soziale Netzwerke

Durch die Anbindung an Social Networks ist auch ein Setting machbar, bei dem die Live-Reporter nicht in den Liveblog selbst posten, sondern einfach live auf X oder Bluesky posten und diese Posts dann händisch (in der Redaktion) oder automatisch in den Liveblog als Statusmeldung übernommen werden. So kann man bei bestimmten Inhalten Doppelarbeit (Twittern und Livebloggen) vermeiden. Verbreitete Liveblog-Systeme sind Tickaroo oder Storytile.

12.4   Tools für Kuratier-Formate

Die meisten Sozialen Netzwerke bieten einen Embedding-Code an, der es anderen technisch ermöglicht, ihre Inhalte auf anderen Webseiten darzustellen. Damit kann man diese Inhalte in eigene Artikel einbetten, sei es in typischen Kuratierformaten, sei es als Zitat, Quelle, Beleg oder auch nur zur Illustration. Allerdings nur, wenn es das eigene Redaktionssystem zulässt. Das ist oft aus Gründen der technischen Stabilität der eigenen Seite nicht möglich und daher betriebsintern nicht vorgesehen, auch führt Embedden manchmal zu Fehlern in der Darstellung der Seiten. Deshalb bieten die meisten Redaktionssysteme integrierte Lösungen für das Embedden an. Bei diesen sind die Inhalte aus Datenschutzgründen zunächst hinter einer „2-Klick-Lösung" versteckt, Nutzende müssen die Inhalte erst zulassen (Abb. 12.2).

Kuratier-Tools, die plattformübergreifend auf Inhalte zugreifen können, erlauben ganz neue journalistische Formate. In Redaktionen im Einsatz sind oft die schon erwähnten Liveblogsysteme wie Storytile oder Tickaroo – beide aus Deutschland. Wegen der DSGVO-Anforderungen ziehen viele Verlagshäuser solche Anbieter aus Europa vor.

Diese Liveblog-Tools bieten Kuratieren sozusagen als „Neben-Funktion" an: Sie eignen sich für das fortwährende und zeitlich sortierte Sammeln von Social-Media-Posts, YouTube-Videos sowie selbst erstellten Texten und Files. Für „Hinterher-Formate" (die besten Posts zu …) bieten die Tools ebenso Lösungen an. Die Inhalte können als Timeline, Bilderwand oder Zeitstrahl dargestellt werden. Lassen Sie sich ggf. vom Anbieter, den Ihre Redaktion nutzt, beraten.

Darstellungsformen neben der klassischen Post-Timeline (Post-Reihe); sie bieten sich immer dann an, wenn etwas optisch Interessantes kuratiert wird und die Reihenfolge/Zeitabfolge keine Rolle spielt:

- Posts, Videos und Instagram-Bilder als Galerie/Diashow zum Durchklicken, ergänzt mit eigenen Bewertungen, Böte sich z. B. bei einem „Roter Teppich-Event" wie den Oskarverleihungen an.

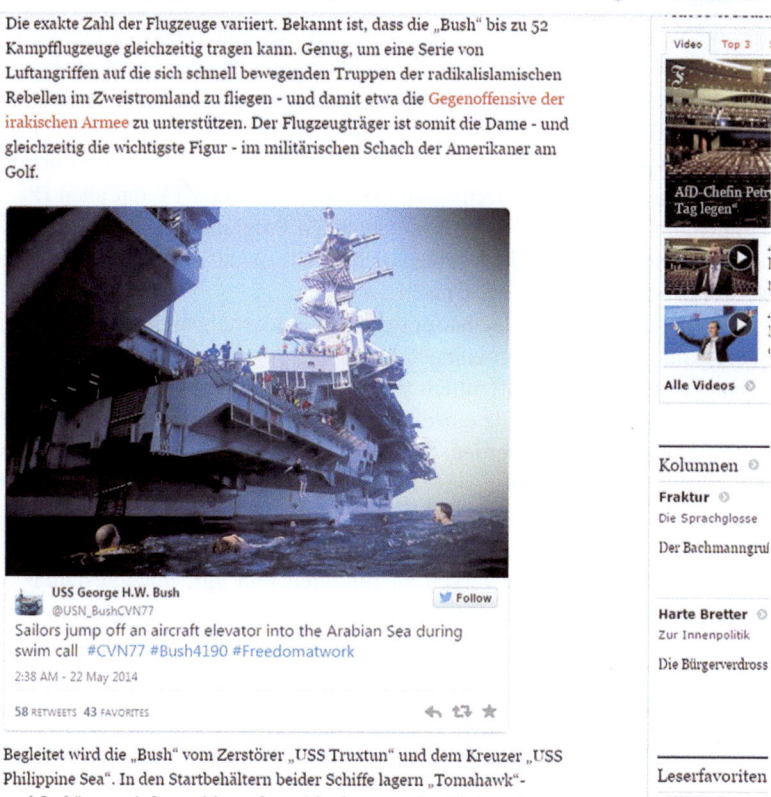

Abb. 12.2 Social-Media-Integration in einer Webseite: Der Original-Tweet mit Foto bereicherte den Online-Bericht von faz.net über einen in den Persischen Golf verlegten US-Flugzeugträger um eine ungewöhnliche Perspektive. (Quelle: Screenshot)

- Das „Grid", eine Art Kachel-Raster oder Bilderwand (vergleichbar mit Pinterest-Pinwänden), in dem die Social-Media-Inhalte und die eigenen Textinhalte auf der Bildschirmgesamtfläche angeordnet sind. Das Grid ist auch eine beliebte Form für die Social-Media-Wall.

12.5   Social TV

Social TV findet immer dann statt, wenn sich Zuschauer:innen online über eine laufende TV-Sendung unterhalten. Nach einer alten Metapher bildet der Fernseher das „Lagerfeuer", um das sich die Familie versammelt. Im Zeitalter der Singles und der Sozialen Netzwerke ist das Lager um das Feuer virtuell geworden, hat sich verlagert in die Sozialen Netzwerke. Obwohl man allein wohnt, schaut man nicht allein. Nach dieser recht allgemeinen Definition ist Social TV mit allen Diensten möglich, über die dieser Dialog zum laufenden Programm geführt werden kann: private Dialogmedien und Messengerdienste wie WhatsApp und E-Mail, Social Networks oder auch Apps wie Couchfunk.

Dieser allgemeine Dialog ist für den Medienjournalismus natürlich genauso interessant wie für Programmachende, die aus den Gesprächen der Zuschauenden – soweit sie öffentlich sind (zum Beispiel auf X) Rückschlüsse daraus ziehen können, wie die einzelnen Sendungen von den Nutzern der Sozialen Netzwerke rezipiert werden. So wird regelmäßig unter dem Hashtag #tatort auf X über die Sendung gesprochen, oder über Sportereignisse und -Übertragungen oder über politische Debatten im Fernsehen. Fernsehsender bieten ihrerseits häufig vorgegebene Hashtags an, um das Gespräch über ihre Sendungen in den Sozialen Netzwerken zu forcieren und ggf. mitzugestalten – bei Deutschland sucht den Superstar #dsds, oder Germanys next Top Model #gntm sind die zugehörigen Hashtags geradzu die Abkürzungen für den Sendungstitel geworden.

Für TV-Redaktionen besteht mit Social TV die Möglichkeit, sich selbst in diesen Dialog einzubringen und Äußerungen der User etwa in Livesendungen einbauen. Als Plattformen dafür bieten sich vor allem Facebook und X an, wo Text eine Rolle spielt. Außerdem bieten viele Fernsehprogramme eigene Plattformen und Apps an. Die Vorteile des eigenen Interfaces: Nutzer können sich auch am Dialog beteiligen, wenn sie nicht Mitglied in Sozialen Netzwerken sind.

Der Einbau von ausgewählten Tweets und anderen Nutzeräußerungen (Fernseh-Sprech: „Socials") in Sendungen erfolgt moderativ im Wort, als Bild oder als Bauchbinde. Man macht dies, um beispielsweise

- Fragen und Meinungen in eine Talkshow einzubringen. Dafür sollten nicht „irgendwelche" Posts ausgewählt werden, sondern repräsentative. Hier wird das Social Web zum „Rückkanal".

- Häufig werden Social-Web-Äußerungsn auch in Wahlsendungen (Townhall-Formate) eingebunden.
- Livereaktionen von Betroffenen zu zeigen, zum Beispiel Tweets von Fußballspielern nach dem Spiel.
- ein Stimmungsbild der Zuschauer wiederzugeben, zum Beispiel bei der Übertragung von Festivals, Live-Casting-Shows wie Germanys Next Topmodel oder Spieleshows wie Quizduell.

Wann immer man Social TV in dieser Form erwägt, sollte man zuvor abwägen, ob die Fernsehsendung wirklich vom Einblenden von Socials profitiert, und ob man dem Nutzenden über Social TV tatsächlich eine echte Beteiligungsmöglichkeit an der Sendung bietet. Wenn nicht – eher sein lassen!

Das Einbeziehen des Publikums in Entscheidungen – etwa durch Abstimmungen – ist auch möglich. Diese Funktion sollte allerdings mit Voting-Tools auf eigenen Plattformen und Apps erfolgen, denn die Auswertungsmöglichkeiten der Sozialen Netzwerke via API sind in den vergangenen Jahren massiv zurückgegangen. Abstimmungen via Hashtag oder sogenannte Social-Media-Barometer, die in Echtzeit den „Social Buzz" auswerteten, gibt es kaum mehr.

Beachten Sie bei Abstimmungen über Social TV, dass diese niemals repräsentativ sind und dass einzelne Soziale Netzwerke systematische Verzerrungen der Realität aufweisen aufgrund ihrer ganz spezifischen Nutzerstruktur und Diskussionskultur.

Allerdings wird Social TV immer weniger forciert, und das hat mehrere Gründe: Liefert eine TV-Sendung ausreichend Social Traffic, ist dieser in der Regel so gewaltig, dass er kaum mehr moderierbar ist. Wer will aus Zehntausenden von Posts/Chatnachrichten in Echtzeit (oft hunderte pro Minute) die relevantesten herausfinden? Zweitens: Selbst wenn technische, KI-basierte Lösungen hier Abhilfe schaffen könnten, bleibt die Frage, ob die Sendung damit tatsächlich besser wird in ihrem Storytelling. Das ist nur in den wenigsten Fällen der Fall. Und drittens werden immer mehr Sendungen zeitversetzt gesehen – z. B. in den Mediatheken und Streaming-Apps. Social TV macht aber als integrativer Bestandteil einer Sendung nur für eine Livesituation Sinn. Nicht zuletzt ist das Senderexperiment Joyz, ein Jugendsender, der ganz auf Interaktion gesetzt hatte, Mitte der 2010er-Jahre gescheitert.

Sind Livestreams auf Social Networks die Nachfolger von Social TV? Es zeigte sich auch, dass die Livestream-Möglichkeiten der Social Networks – allen voran das auf Livestream spezialisierte Twitch sowie YouTube – besser geeignet sind für dieses „parasoziale" Lagerfeuer eines gemeinsamen Mediengenusses. Einer der Gründe dafür: Die Chats zum Livestream sind hier besser zu moderieren dank aufwändiger technischer Tools und kollaborativer Moderation.

Crowdsourcing mit der Community

13

Zusammenfassung

Gemeinsam sind wir stärker – doch wie bringen wir unsere Community dazu, uns zu helfen beim Recherchieren, Themen Finden, Daten sammeln, Bildmaterial einholen, Fotografieren, Schreiben, Informieren, Werben? Die wichtigsten Tipps: Das Crowdsourcing-Projekt muss a) sinnfällig sein, die Nutzenden müssen b) etwas davon haben, dass sie helfen, c) die Aufgabe muss klar sein und d) der Aufwand minimal. Und Spaß soll es auch noch machen. Nutzen Sie Ihre Community, aber nutzen Sie sie nicht aus, das funktioniert nicht. Bereichern Sie sie. Lassen Sie den Leuten, die ihnen helfen, den Ruhm, den sie verdient haben! Denken Sie dran: Wenn jemand an einer guten Sache mitwirkt, dann rühmt er sich gerne dieser in den Sozialen Netzwerken (Identitätsmanagement) und macht parallel Werbung für Sie.

Schlüsselwörter

Social Media · Crowd · Crowdsourcing · Nutzerbeteiligung · User-generierter-Content · UgC · YouTube · Wikipedia

„Crowdsourcing bezeichnet die Auslagerung traditionell interner Teilaufgaben an eine Gruppe freiwilliger User, zum Beispiel über das Internet", definiert die Wikipedia. Und weil die Menge freiwilliger Helfer potenziell riesig ist, kommen grandiose Inhalte dabei heraus. Sagt man. Lassen wir all die Versuche aus Industrie und Handel, Produkte, Designs, Dienstleistungen crowdzusourcen mal außen vor und konzentrieren wir uns auf Crowdsourcing in den Medien, in dessen Rahmen kein Geld an die Teilnehmenden fließt.

Der Erfolg z. B. der Wikipedia zeigt: Die Crowd kann manchmal Produkte schaffen, die uns Profis (seien es Redaktionen der großen Lexikonverlage und die Autoren von Ratgeberbüchern) alt aussehen lassen. Andererseits sind große Recherchen zusammen mit der Crowd oft so aufwändig, dass solche Leuchtturmprojekte eine Seltenheit geblieben sind – und die Beispiele aus der ersten Auflage dieses Buches immer noch mit zum Besten gehören, was es in dem Bereich gibt und gab.

Crowdsourcing hat dabei nicht zwingend mit Social Networks zu tun, mit Social Media schon mehr. Jedenfalls werden Sie sich leichter tun mit einem Crowdsourcing-Projekt, wenn Sie schon eine gewachsene „Crowd" haben, an die Sie sich mit Ihrem Anliegen wenden können: die eigene Community. Auch hier allerdings wieder ein Disclaimer: Crowdsourcing ist ein vielfältiges Gebiet, das von der Fotoaktion bis zum Leserreporter, von Themengewinnung und Abstimmungen über die Gestaltung der Reihenfolge der Artikel auf einer Homepage bis hin zu Whistleblowing reicht. Hier kann es nur um die Grundlagen gehen – und um die Dinge, die speziell mit Social Media zu tun haben.

13.1 Gründe, warum viele Crowdsourcing-Projekte scheitern

Viel länger allerdings als die Liste der gelungenen Crowdsourcing-Projekte ist die der angefangenen und nie fertig gewordenen, der gescheiterten Projekte – vor allem im Journalismus. Nur: Von denen hört man nichts mehr, sie verschwinden in der Versenkung, werden intern als Erfahrung verbucht, das wars … Leider sind danach die Redaktionen oft frustriert und versuchen erst gar nicht zu ergründen, woran es lag und wie man es besser machen kann. Dabei sind die Fehler, die gemacht werden, meistens dieselben, unterschätzten Kleinigkeiten und Versäumnisse in der Vorbereitung. Zeit für eine Liste:

Die häufigsten Gründe, warum Crowdsourcing-Projekte scheitern.

1. Es fehlt die schlüssige Motivation für die Crowd, sich zu beteiligen. Warum sollte Leute auch (umsonst) für ein Unternehmen arbeiten?
2. Die Crowd wird zahlenmäßig und Engagement-mäßig überschätzt. Selbst wenn Sie regelmäßig eine Community von 100.000 Leuten erreichen,

haben Sie nach der 90-9-1-Regel potenziell nur 1000 Leute, die aktiv mitmachen werden.

3. Die Aufgabe an die Crowd ist nicht einfach genug formuliert (ein Hauptsatz, was zu tun ist).

4. Die Aufgabe ist zu aufwändig (Videos drehen ist schon meist zu viel verlangt)

5. Es wird den Leuten das Teilnehmen nicht leichtestmöglich gemacht. Usability ist bei Crowdsourcing fast alles. Faustregel: Bei jedem Klick, bei jedem Schritt, den Ihre User machen müssen, springen Ihnen bis zu 80 % der potenziell Teilnehmenden ab.

6. Die Redaktion ist von der Aktion überfordert, weil sie nicht bedacht hat, dass die meisten Crowdsourcing-Aktionen nicht Arbeit abnehmen, sondern Arbeit verursachen – wegen der nötigen Betreuung der Crowd. Der Vorteil liegt in Informationen, an die Sie ohne Crowd nicht kämen.

▶ **Die 90-9-1-Regel (Ein-Prozent-Regel)** *„Unter der Ein-Prozent-Regel (…) versteht man in der Netzkultur die Faustregel, wonach die große Mehrheit der Benutzer von Online-Communitys keine eigenen Inhalte beiträgt, sondern nur still mitliest (englisch to lurk, herumlauern, lauschen). Zugespitzt formuliert, geht man in Wikis, Webforen und sozialen Netzwerken von nur etwa einem Prozent aktiver Beiträger aus", definiert die Wikipedia. Differenzierter ist auch von der 90-9-1-Regel die Rede. Demnach lesen 90 % mit, neun Prozent schreiben gelegentlich Kommentare, und nur einer von Hundert ist auch bereit, wirklich Content zu liefern.*

13.2 Mediales Crowdsourcing: Von der Fotoaktion zum Leserreporter!

Die simpelste Form, in der Medien Crowdsourcing einsetzen, ist die allseits beliebte Aufforderung im Web: Senden Sie uns Bilder ein. An dieser Kleinstform schon zeigt sich, wie komplex das Thema zum einen rechtlich ist. Und wenn Sie es ausprobieren, werden Sie sehen, dass es gar nicht so leicht ist, Menschen zu motivieren, ausgerechnet Ihnen etwas gratis zu überlassen (Warum auch?). Hier also für die Fotoaktion ein paar Tipps, damit Sie rechtlich auf der sicheren Seite sind.

Wickeln Sie die Aktion über ein Fotoupload-Formular ab, sodass Sie zu den Einsendungen einige Fragen stellen können. Folgendes sollten Sie sich beim Upload zusichern lassen.

- Der/die Uploadende hat das Foto selbst gemacht.
- Er/sie überträgt Ihnen alle (nichtexklusiven) Rechte, die Sie brauchen.
- Er/sie ist mit einer Veröffentlichung des Bildes einverstanden (geben Sie dabei an, ob Sie die Bilder auch in Sozialen Netzwerken veröffentlichen wollen. Sie wollen!)
- Er/sie nennt seinen Namen für den Credit (Urheberrechtsvermerk) und eine Kontaktmöglichkeit, zum Beispiel seine E-Mail-Adresse, für Nachfragen.
- Lassen Sie sich zusichern, dass Sie ggf. die Originaldateien brauchen. Wenn Sie keine manipulierten Fotos (bei einem Reportage-Fotowettbewerb) prämieren wollen, brauchen Sie z. B. die Raw- oder Original-Datei aus der Kamera bzw. Handy mit den Metadaten.

Inhaltlich bekommen Sie immer dann ein Problem, wenn Sie Fotos einwerben, die Personen darstellen. Denn dann muss nicht nur der Fotograf einverstanden sein, dass Sie diese Fotos verwenden. Auch die die Dargestellten müssen einer Veröffentlichung zustimmen. Das können Sie in der Regel nicht überprüfen. Viele Fotoaktionen dieser Art beziehen sich deshalb häufig nur auf Naturaufnahmen oder Selbstporträts (Selfies). Dass Sie diese Fotos nur im angegebenen Rahmen verwenden und sich Ihrerseits an die Gepflogenheiten halten, versteht sich von selbst.

So haben Sie die formalen Voraussetzungen geschaffen, Bilder aus der Crowd annehmen und verwenden zu können. Was jetzt noch fehlt: Sie müssen die Leute dazu bringen, dass Sie Ihnen Bilder schicken. Dazu sind drei Dinge zu beachten.

1. Schaffen Sie Anreize. Attraktive Gewinne bei einer Fotoaktion oder Geld für veröffentlichte Fotos können die simpelsten Anreize sein. Bedenken Sie: Schreiben Sie Gewinne aus, müssen Sie die Regeln für Gewinnspiele einhalten (klare Teilnahmebedingungen, Einsendeschluss, Transparenz bei der Gewinnermittlung).
2. Überlassen Sie den Nutzern den „Fame", den Ruhm für die Aktion. Geben Sie ihnen eine Bühne.

3. Geben Sie klare Anweisungen, welche Art von Bildern Sie wollen. Publizieren Sie Beispiele, machen Sie eine Selfie-Anleitung (Video) etc. Als multimedialer Smartphone-Junkie überschätzt man gerne die Versiertheit „normaler" Medienkonsumenten im Umgang mit dem Smartphone – besonders dann, wenn eben ein bestimmter Inhalt gesucht ist.

Es ist also gar nicht so leicht, eine ordentliche Fotoaktion erfolgreich zu launchen. Wenn Sie Interaktionsmöglichkeiten planen, die in Richtung „Leserreporter" gehen, kommt noch weit mehr Vorbereitung auf Sie zu. Rechtlich, berufsethisch, technisch (App-Entwicklung). Und der Aufwand im redaktionellen Backend steigt weiter, denn das Usermaterial muss gesichtet, vielfach geprüft und dann in die Redaktion eingebracht werden. Grundsätzlich gilt: Je komplexer die Aufgabe für die Crowd, desto höher das Risiko eines Scheiterns und desto höher der Aufwand für die Redaktion.

Die schönsten Beispiele für Crowdsourcing im Journalismus sind diejenigen, die nicht nur auf das bloße Einsammeln von Material aus sind, sondern solche, die die Kompetenz des Users nutzen – als jemand, der Erfahrungen macht und Daten liefern kann. Oder als jemand, der ein ganz spezielle Expertise liefern kann …

13.3 Das Beispiel „ZDFcheck"

Nehmen wir das Beispiel Faktencheck – nach wie vor eines der gelungenen Groß-Beispiele. Dabei sollten Aussagen von Politikern in TV-Talk-Shows auf ihren Wahrheitsgehalt geprüft werden. Das erreicht man nicht, indem man einfach wahllos viele Menschen darüber diskutieren oder abstimmen lässt. Alle geprüften Fakten müssen belegt sein. Schnell ist klar: Ein einfacher Faktencheck ist ganz sicher mit weniger Aufwand von Redakteuren oder Dokumentarinnen zu erledigen, die selbst recherchieren und/oder bei einer der üblichen „Auskunftsstellen" (Behörde, Verband) anrufen, als mithilfe einer Crowd. Noch dazu, wenn diese nicht nur die Fakten checken soll, sondern auch noch die Fragen stellt – viele Fragen lassen sich nicht einfach so beantworten. Wenn es also nur um die Prüfung von genannten Zahlen etc. geht – da ist die Redaktion schneller, ein klassisches schnelles Nachrecherchieren effektiver (Abb. 13.1).

Was ein Projekt wie ZDFcheck aber auszeichnet und zum Erfolg machte, ist, dass der gemeinschaftliche Faktencheck andere Fragen generiert als es Journalist:innen tun. Dass andere Expertinnen zu Wort kommen als die üblichen Ver-

Abb. 13.1 ZDFcheck war eines der Crowdsourcing-Vorzeigeprojekte, die von Medien angeschoben wurden. Es startete mit dem Bundestagswahlkampf 2013. Dennoch kam es – wohl wegen des Aufwandes – nicht zu einer Fortsetzung. (Quelle: Screenshot)

dächtigen. Und dass der öffentliche Rechercheprozess nachvollziehbar wird. Denn jeder gemeinsam mit den Nutzern getane Recherescheschritt wurde dokumentiert. Experten aus der Crowd meldeten sich, Steuerberater zum Beispiel, die sich im Steuerrecht auskannten und eigene Berechnungen beisteuerten. So kamen Fragen und Antworten heraus, die anders waren als die üblichen, die nachvollziehbar waren, und die mehr waren, als das Nachplappern der üblichen Fachleute mit ihrem Einerseits-Andererseits. Freilich: Das Design des Projekts ließ auch Teilwahrheiten zu, es gab nicht nur richtig oder falsch, es gab „prozentualen Wahrheitsgehalt"; und mancher Check dauerte viele Tage. Dass dies funktionierte, dafür waren eine aufwändige eigene Software, ein Design, ja eine Neudefinition des Faktenchecks notwendig, die über Äußerlichkeiten hinausreichte. Und nicht zuletzt: Den journalistischen Profis des ZDF halfen Profis der Wikimedia (Wikipedia-Betreiber), die viel Erfahrung mit dem gemeinschaftlichen Sichern von Wissen haben, dem Auseinanderhalten von Meinungen und Tatsachen in Debatten und dem Umgang mit einer Crowd. Erst all diese Faktoren machten die Aktion rund.

Dass die nach wie vor beispielhafte Aktion kaum Nachahmung fand und Fact-checking nun als neue Spielart journalistischer Spezialisierung gilt (s. Kapitel zur Verifikation), zeigt aber auch die Grenzen usergenerierter Recherche. Im Kampf gegen Propaganda und Hetze kommt es – neben der Sorgfalt – z. B. auch auf Geschwindigkeit an. Denn die Fakenews müssen so schnell wie möglich widerlegt werden, um ihre schädliche Wirkung einzudämmen. Ein Verfahren, das hauptsächlich auf die Community baut, wäre dafür wegen der Abstimmungsprozesse zu langsam und möglicherweise auch anfällig für Manipulationen. Das ist auch der Nachteil der – nach dem Beispiel von X/Twitter – von den Plattformen forcierten „Community-Notes" (s. unten).

Vergleichbare Projekte gibt es vor allem im angelsächsischen Raum. Ein Vorläufer des ZDFcheck ist das US-amerikanische Projekt Politifact. Und als eines der absoluten Vorzeigeprojekte im Bereich Crowdsourcing gilt das Spesen-Recherche-Projekt des „Guardian" in Großbritannien. Nach etlichen Skandalen über Spesenmissbrauch unter britischen Abgeordneten hatte das Parlament die Abrechnungen offengelegt. Statt Journalisten die 700.000 Dokumente auf Verdächtiges durchsuchen zu lassen, engagierte der Guardian Programmierer, die halfen, die Akten der Öffentlichkeit zu erschließen – auf dass sich die Nutzer selbst als Rechercheure betätigen konnten und melden konnten, was ihnen auffällig erschien (Abb. 13.2):

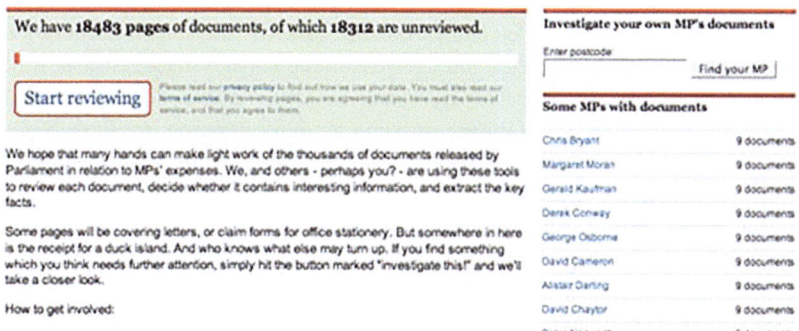

Abb. 13.2 Herausragendes Datenjournalistischen Projekt von guardian.co.uk. Die Leser:innen konnten selber in den Spesenbelegen von ihren Abgeordneten recherchieren. (Quelle: Screenshot)

Wem gehören die Wohnungen in Augsburg, München und Würzburg? Wo
fließt die Miete hin und wer profitiert von den steigenden Preisen? BR und
Correctiv haben die Bürgerinnnen und Bürger in drei bayerischen Städten
dazu aufgerufen, Informationen zu Ihrer Wohnsituation zu spenden, um den
Wohnungsmarkt transparenter zu machen.

Abb. 13.3 Startseite zur Bürgerrecherche „Wem gehört die Stadt" des BR mit dem Aufruf
an die Bürger:innen, sich daran zu beteiligen. Die investigative Recherche erbrachte eine
Reihe von Erkenntnissen mit Nachrichtenwert, die auf einer Webseite präsentiert wurden.
(Quelle: Screenshots BR https://interaktiv.br.de/wem-gehoert-die-stadt/)

Wem gehört die Stadt?

In Deutschland hat sich in den letzten Jahren Correctiv (https://correctiv.org/) als
Recherchekollektiv für Projekte mit Crowdsourcing einen Namen gemacht. Eines
der bekanntesten Crowd-Rechercheprojekte ist „Wem gehört die Stadt". Dabei
wurden Bürgerinnnen und Bürger aufgerufen, Informationen zu Ihrer Wohnsituation einzusenden, um den Wohnungsmarkt transparenter zu machen. Eine
Recherche für den Überblick und eine Fundgrube für Geschichten.

Etliche Redaktionen führten diese Recherche in Kooperationen mit correctiv
durch – bei dessen Team die Learnings gesammelt und weitergegeben wurden. So
entstand eine Symbiose aus Ortskunde bei der Redaktion und dem Erfahrungs-
schatz von Correctiv aus einer Fülle ähnlicher Aktionen (Abb. 13.3).

13.4 Community-Notes

Die Community Notes von X (ehemals „Birdwatch") sind ein kollaboratives Faktenprüfungsprogramm, bei dem Nutzer zur Verbesserung der Qualität von Informationen auf der Plattform beitragen können. Seit 2025 arbeiteten nach diesem Beispiel auch die Meta-Plattformen (Instagram und Facebook) mit Community Notes. Das Ziel ist, dass unter zweifelhaften Posts Korrekturen oder Ergänzungen stehen, die Falschbehauptungen widerlegen und oder auf irreführende Formulierungen aufmerksam machen.

Registrierte Nutzer können sich freiwillig für das Programm anmelden und erklärende Anmerkungen zu bestimmten Posts schreiben. Diese Anmerkungen sollten neutral und faktisch sein. Andere Teilnehmeende bewerten die Nützlichkeit der Anmerkungen (oder auch die „Schädlichkeit"). Gefragt wird beispielsweise auch, warum eine Anmerkung nützlich ist, ob sie sachlich formuliert ist oder „streitlustig", ob sie eine Widerlegung ist, oder nur einen Kontext liefert. Eine Note wird nur öffentlich angezeigt, wenn sie von einer breiten und ideologisch vielfältigen Gruppe als hilfreich bewertet wurde.

X (so das Versprechen) verwendet dabei Algorithmen, um sicherzustellen, dass Bewertungen aus verschiedenen Perspektiven stammen, um Verzerrungen zu minimieren. Es gibt strikte Richtlinien, die sicherstellen, dass Anmerkungen relevant, respektvoll und faktenbasiert bleiben.

Allerdings gilt auch für Community-Notes: Wenn das Publikum, das abstimmt, voreingenommen/parteiisch ist, werden es auch die Community-Notes sein. Außerdem braucht das Verfahren – wie oben schon erwähnt – Zeit, bis eine Anmerkung „angenommen" ist. Bis zur veröffentlichten Korrektur haben sich Fakenews längst verbreitet. Eine gleichwertige Alternative für Faktenchecks von Profis sind sie also nicht – auch wenn das System auch seine guten Seiten hat und gut durchdacht scheint (Abb. 13.4).

Abb. 13.4 Eine Community-Note in X korrigiert eine Falschmeldung über den angeblichen Tod von King Charles. Die Community-Note kann vom Publikum bewertet werden. Screenshot aus X

13.5   Weitere Beispiele

Eine gute Chance auf Erfolg haben Crowdsourcing-Projekte dann, wenn der Nutzen für alle Teilnehmer und für die Allgemeinheit offensichtlich, der Aufwand aber gering ist; oder wenn Sie an ein ohnehin vorhandenes Hobby der anvisierten Teilnehmer anknüpfen. Hier ein paar Beispiele aus der Praxis der vergangenen Jahre.

BR-Wettermelder. Meteorologisch interessierte Bayern sind als BR-Wettermelder unterwegs und melden regelmäßig die aktuelle Wetterlage an ihrem Ort über eine App (die übrigens von einem der Wettermelder programmiert wurde). Das Ergebnis ist eine bessere und detailliertere Wetterkarte. Selbstverständlich bekommen die Wettermelder auch einen Anteil am „Fame" ab und werden namentlich erwähnt.

Ähnlich automatisch funktionieren crowdgesourcte Verkehrsinformationen in Navigationssystemen und -Apps. Die Basis für Ist-Daten und Vorhersagen sind Daten von Fahrzeugen, die laufend per Mobilfunk übertragen werden (Fahrgeschwindigkeit, Verkehrsaufkommen etc.).

Ein interessantes Projekt waren die „Funklochjäger" des Portals infranken. de (Fränkischer Tag). Hier suchte eine Redaktion Hinweise auf fehlende Netzabdeckung – ein im ländlichen Raum teils immer noch drängendes Problem. Die Idee (oder eine sehr ähnliche) wird mittlerweile von der Bundesnetzagentur selbst mithilfe einer App umgesetzt.

Aus den USA kennen wir die Schlaglochmelder. Diverse Institutionen sammeln Informationen über Verkehrsinfrastrukturschäden. Meist ist der Übermittlungsweg eine klassische Mail-Adresse oder er läuft über eine App, die die Geodaten erfasst, aber nicht die Meldung selbst. Ausgefeilter ist/war die App StreetBump, die Schlaglöcher automatisch beim Fahren erfasst (über den Beschleunigungssensor und den GPS-Sensor des Smartphones) und an die Verkehrsbehörden meldet (ein Projekt aus den USA). Diese automatische Erfassung von Daten zu einem crowdgesourcten Gesamtprojekt ohne Aufwand (außer dem Installieren von Apps) ist beispielhaft dafür, wie Crowdsourcing besser funktionieren kann. Solche Sensor- und Daten-getriebene Projekte können natürlich auch Teil von journalistischen Geschichten und Recherchen sein (Abb. 13.5).

Wichtig ist aber, dass sich an solchen datengetriebenen Crowdsourcing-Projekten sehr viele Menschen beteiligen müssen, denn nur so können Fehler und Falschmeldungen (etwa einen auf der Fahrbahn liegenden Gegenstand oder plötzliches Bremsen, was vielleicht eine ähnliche Meldung auslöst) durch die kritische Masse der eingehenden Daten ausgeglichen werden.

▶ **#followerpower** Wer „nur mal schnell etwas wissen" will oder Hilfe braucht, kann seine Follower auf X (etc.) oder LinkedIn unter dem Hashtag #followerpower aktivieren. Damit ist klar, dass man sich für eine Frage wie z. B. „kennt jemand einen Betroffenen in Sache X" Antworten aus der Community, von den Followern erhofft. Probieren Sie mal diesen Hashtag als Hilferuf an Ihre Follower aus!

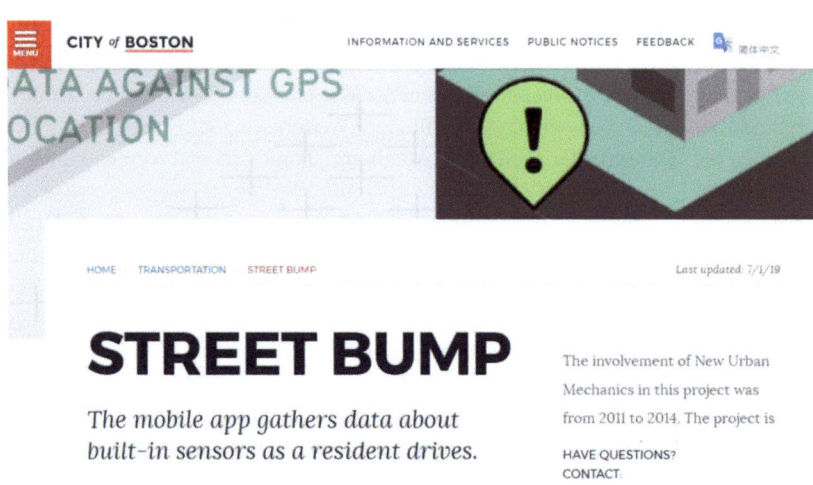

Abb. 13.5 Website des Schlaglochmelder-Projekts, an dem sich auch die Stadt Boston beteiligte. (Quelle: Screenshot https://www.boston.gov/transportation/street-bump)

Rechtliche Fallstricke

14

Zusammenfassung

Urheberrecht, Presserecht, Datenschutz, Persönlichkeitsrechte und das weite Feld der AGB – Social Media und Social Networks schufen – beispielsweise durch das Embedden – eigene Konfliktfelder und warfen Fragen auf, die es in der traditionellen Medienwelt kaum gab. Wer als Journalist – das heißt als Profi – auf diesem Feld arbeitet, sollte die wichtigsten Fallstricke kennen und wissen, wo die Risiken liegen.

Schlüsselwörter

Social Media · Persönlichkeitsrecht · Urheberrecht · Embedden · Creative Commons · CC · Datenschutz · Privacy · Leistungsschutzrecht · AGB · DSA · DSGVO · Content-ID · Uploadfilter

Grundsätzlich gelten in den Sozialen Netzwerken und im Bereich Social Media keine anderen Rechte und ethischen Verhaltensregeln als sonst im Journalismus: Presserecht, Urheberrecht, Persönlichkeitsrecht, Datenschutzrecht (Datenschutzgrundverordnung), Pressekodex, Netzwerkdurchsetzungsgesetz. Die früher viel zitierten Grauzonen gibt es praktisch kaum (allenfalls in Grenzbereichen wie dem Embedden oder bei CC-Lizenzen und der Frage, was kommerzielle Nutzung ist).

Doch erstens verleiten Soziale Netzwerke an vielen Stellen dazu, möglicherweise unbewusst und jedenfalls ohne Absicht Rechte zu verletzen; insofern sollte man eher von (mehr oder weniger überschaubaren) Risiken als von Grauzonen

sprechen. Zweitens ist ggf. der Schaden unter Umständen größer und schwerer einzugrenzen, wenn etwa ein Bild, das eine Persönlichkeitsverletzung darstellt, durch
vielfaches Teilen verbreitet und kaum mehr zu löschen ist.

Deshalb lohnt sich ein Blick auf häufige Fehler, die im Hinblick auf Social
Media und Recht begangen werden. Ein Disclaimer vorweg: Dieses Kapitel kann
Sie nicht umfänglich über alle rechtlichen Fragen betreffend Sozialer Netzwerke
und Drittplattformen aufklären. Dazu ist die Materie zu komplex, die AGB der
Plattformen zu unterschiedlich, die Rechtslage zu kompliziert, und außerdem der
Autor – das sei eingestanden – kein Jurist. Zudem sind die juristischen Grundlagen
in den letzten Jahren mehrfach verändert worden (Datenschutzgrundverordnung,
DSA, Netzwerkdurchsetzungsgesetz, Urheberrechtsreform etc.).

Im Zweifel fragen Sie also einen Juristen, ziehen auch entsprechende Fachlite-
ratur zu Rate und besuchen Kurse/Fortbildungen. Allerdings sollen Ihnen in diesem Kapitel einige grundsätzliche rechtliche Probleme und Fragestellungen auf-
gezeigt werden, die immer wieder im alltäglichen Umgang mit Social Media auftreten. Dabei geht es immer wieder um drei häufig gegebene Grundeigenschaften:
Die Inhalte liegen auf Drittplattformen, sie sind teilbar und sie sind embeddbar.
Das bedeutet: Die Einsteller haben nach der Veröffentlichung nur noch teilweise
die Kontrolle über die Weiterverbreitung. Und sie erlauben anderen, etwas mit dem
von ihnen publizierten Material zu machen. Ein zweites Feld liegt im Bereich des
Äußerungsrechts – jenseits der Content-Seite (was dürfen wir schreiben/sagen) betrifft das vor allem das Community-Management (was dürfen meine User bei mir
sagen/schreiben).

Literaturtipps und weitere Informationen: Es lohnt sich auf alle Fälle, sich
in das Thema Social Media und Recht einzuarbeiten. Empfehlenswerte Bücher sind:

- Thomas Schwenke, Social Media Marketing und Recht (Köln: O'Reilly) – achten Sie auf die jeweils neueste Auflage
- Carsten UIbricht, Praxishandbuch Social Media und Recht (Freiburg: Haufe) –
  auch hier auf neueste Auflage achten
- Martin Schirmbacher, Online-Marketing- und Social-Media-Recht (Fre-
  chen: mipt)

Daneben gibt es eine Reihe von Expert:innen, die ihr Wissen in Blogs der Allgemeinheit zur Verfügung stellen oder regelmäßig auf Web-Kongressen wie der
re:publica auftreten. So veranstalten die Rechtsanwälte Henning Krieg und Thors-
ten Feldmann seit 2009 jährlich Workshops zu rechtlichen Aspekten des Online-
Journalismus und von Social Media. Die Videos mit ihren Vorträgen sind auf You-

Tube abrufbar und lohnen vor allem wegen der vielen Beispiele und Musterfälle aus der Praxis. Social-Media-Content zu Social-Media-Recht bietet auch die Rechtsanwälte Christian Solmecke in YouTube-Kanal „Kanzlei WBS" https://www.youtube.com/KanzleiWBS sowie der Würzburger Anwalt Chan-jo Jun https://www.youtube.com/@AnwaltJun. Ein interessantes Blog zum Thema betreibt auch einer der obengenannten Verfasser: http://rechtsanwalt-schwenke.de.

14.1 Urheberrecht

Das Urheberrecht erlaubt dem Urheber eines Werkes, zu bestimmen, was mit den von ihm produzierten Werken passiert, wer sie verwenden, ggf. vervielfältigen und verkaufen darf. Es gilt auch für die Werke verstorbener Urheber, und für die Überarbeitung von Werken. Erst nach gesetzlich festgelegten Schutzfristen (70 Jahre nach dem Todesjahr eines Urhebers in Deutschland) wird ein Werk gemeinfrei.

In der Regel wird es so sein, dass Sie mit Material – beispielsweise Fotos – in Sozialen Netzwerken arbeiten, das Sie selbst oder Ihre Redaktion erstellt hat. Dieses Material können Sie, wenn Sie es legal erstellt haben, in der Regel zumindest aus urheberrechtlicher Sicht relativ unproblematisch verwenden, da Sie der Urheber sind,

Hinzu kommt Material, das Kolleg:innen in Ihrem Auftrag oder Ihres Verlages/Ihrer Redaktion erstellt haben. Hierbei ist ebenfalls die Vertragslage zu beachten. Selbst bei Festangestellten ist es nicht unbedingt unproblematisch, das Material, das diese erstellen, beispielsweise unter eine CC-Lizenz zu stellen. Denn gelegentlich enthalten Arbeitsverträge oder Tarifverträge Ausführungen über die Honorierung und die Tantiemen bei Sublizenzierung.

Dann gibt es lizenziertes Material, für das Ihre Redaktion oder Sie selbst eine Lizenz erworben haben. Dabei müssen Sie beachten, was in den Verträgen mit den Urhebern/Lizenzgebern steht. Ein Hochladen/Posten beispielsweise von Agenturbildern ist in vielen, aber nicht allen Verträgen automatisch enthalten, sondern sollte eigens aufgeführt sein.

Material aus Sozialen Netzwerken: Umgekehrt kann es natürlich sein, dass Sie für Kuratierformate, Ihre Social-Network-Auftritte oder Ihre Webseite Material verwenden wollen, das Sie in Sozialen Netzwerken finden und von „normalen Usern" oder anderen Profis stammt. Dabei gilt: Wird innerhalb des Netzwerkes vom Urheber das „Teilen" oder Embedden technisch ermöglicht, können Sie normalerweise davon ausgehen, dass Sie auch auf dem Netzwerk selbst wieder teilen dürfen.

Allerdings sollten Sie darauf achten, dass derjenige, dessen Werk Sie teilen, auch derjenige ist, der die Rechte daran hält. Was Sie nicht dürfen ist: downloaden und wieder hochladen und das Werk als eigenes bzw. auf eigenen Servern verwenden. Auch eine Quellenangabe schützt Sie in dem Fall nicht vor Strafe in Form einer Abmahnung.

Wenn Sie also ein Werk selbst posten wollen – und dafür kann es Gründe geben – stellen Sie den Urheber fest und lassen Sie sich die Erlaubnis dazu erteilen. Das geht meist schnell mithilfe einer Mail oder einer Messenger-Nachricht. Viele Urheber geben sich generös und sind einverstanden, wenn man im selben Netzwerk bleibt und die Quelle verlinkt. Das häufig als „Entschuldigung" herangezogene Zitatrecht für Auszüge aus Werken hilft einem nur in wenigen Fällen – nämlich genau dann, wenn man das zitierte Werk zum Thema macht und nicht mehr zitiert, als für das eigene Argument unbedingt nötig ist.

14.2   Rechte-Management für Inhalte

Das Urheberrecht bzw. Leistungsschutzrecht wird bei den großen Plattformen auch technisch geschützt, durch die Content-ID („Uploadfilter"), die verhindert, dass Raubkopien dort publiziert werden können. Für Streitfälle haben die Plattformen – mit YouTube als Vorbild – Verfahrensregeln mit Einspruchsmöglichkeiten und -Fristen vorgesehen sowie eine Methode zum Umgang mit lizenziertem Material. Wer beispielsweise rechtmäßig Material der Fußball-Bundesliga auf Plattformen posten will und eine entsprechende Lizenzvereinbarung mit den Rechteinhabern hat, muss sich zusätzlich vom Rechteinhaber whitelisten lassen. Die whitegelisteten Accounts werden dann von der Überprüfung ausgenommen.

Der whitegelistete Facebook- oder Instagram-Account kann dann das Material verwenden, ohne dass es Ärger wegen der Content-ID gibt. Leider löschen Uploadfilter auch gelegentlich Inhalte, die rechtmäßig erstellt und publiziert wurden bzw. verhindern deren Verbreitung (ein legitimer Fall wäre, wenn das Zitatrecht beachtet wurde).

Wollen Sie eigene Inhalte schützen, gibt es dafür in der Regel zwei Möglichkeiten. Erstens: Sie nutzen selbst die Content ID, laden z. B. ein Video auf YouTube hoch und claimen die Rechte daran. Sie legen damit fest, dass Kopien dieses Materials niemand anders auf YouTube verwenden kann. Das Video muss dabei nur hochgeladen, nicht veröffentlicht sein. Die Möglichkeiten bei YouTube sind übrigens sehr ausgefeilt: Sie können z. B. auch Raubkopien erlauben und an den Werbeeinnahmen der Kopien mitverdienen, oder Ausschnitte von ein paar Minuten dulden etc. …

Zweitens: Wenn Sie Raubkopien Ihres Materials auf den Plattformen finden, legen Sie eine Beschwerde ein. Sie müssen sich dabei über ein Onlineformular mit

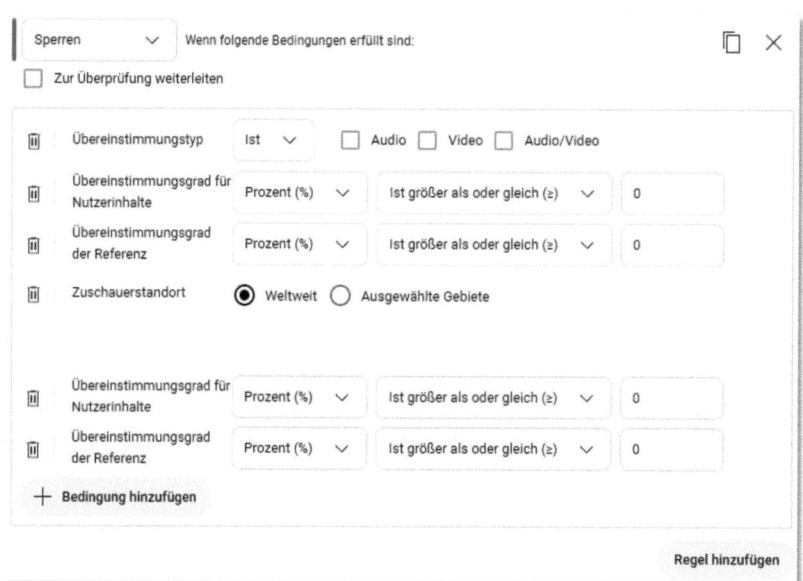

Abb. 14.1 Rights-Management innerhalb von YouTube. Man kann exakt festlegen, unter welchen Bedingungen und ab welcher Länge der Übernahme Videos geblockt oder gesperrt oder monetarisiert werden, die eigenes Videomaterial verwenden. (Quelle: Screenshot aus dem YouTube-Contentmanager)

Namen und Dokumenten als Rechteinhaber ausweisen. In der Praxis funktioniert das aber ziemlich gut. Wie genau der Verfahrensweg geht, entnehmen Sie am besten den Hilfeseiten der Plattformen. Nachteil der nachträglichen Rechtesicherung: Der Raubkopierer hat unter Umständen schon an Ihrem Content Geld verdient, ehe das Video wieder gelöscht wird. Außerdem muss ihnen eine Raubkopie erst einmal auffallen, ehe sie dagegen vorgehen können. Die Content-ID-Verfahren finden und sperren Raubkopien dagegen automatisch (Abb. 14.1).

14.3 Persönlichkeitsrecht

Als Medienprofi sind Sie auch im gewöhnlichen Arbeitsablauf daran gewohnt, die Persönlichkeitsrechte von Bürgern zu beachten: Sie müssen zum Beispiel Menschen um Erlaubnis fragen, wenn Sie Bilder von ihnen veröffentlichen. Sie dürfen (von prominenten Ausnahmen abgesehen) keine Namen von Verdächtigen nennen.

Verurteilte Verbrecher haben ein Recht auf Vergessen und dürfen – selbst in prominenten Fällen – nach einer Weile nicht mehr genannt werden. Und: Sie müssen bei
Kindern und Jugendlichen besonders sensibel sein, für Fotos zusätzlich beide El-
tern um Erlaubnis fragen und sich diese schriftlich bestätigen lassen. Ebenso wichtig ist der Opferschutz, den auch der Pressekodex (neue Richtlinie 8.2) betont: „Die
Identität von Opfern ist besonders zu schützen. (…) Name und Foto eines Opfers
können veröffentlicht werden, wenn das Opfer bzw. Angehörige oder sonstige be-
fugte Personen zugestimmt haben, oder wenn es sich bei dem Opfer um eine Person des öffentlichen Lebens handelt."

Mit der Erlaubnis des Abgebildeten, Fotos für Ihr Medium zu machen, ist die
Erlaubnis, diese in Soziale Netzwerke einzustellen, noch nicht unbedingt gegeben.
Diese Nutzung sollte eigens nachgefragt werden. Das hat seinen Grund: Die
Teilungsmechanismen führen dazu, dass ein Foto in einem Kontext wahrgenommen
werden kann, der für den Betroffenen nicht vorherzusehen ist. Außerdem sind
Fotos in Sozialen Netzwerken kommentierbar; nicht jeder Abgebildete möchte sich
dem ausgesetzt sehen. Lassen Sie sich also immer die Publikationserlaubnis für die
Sozialen Netzwerke extra erteilen, wenn Sie Fotos dort posten wollen.

Wenn Sie mit Fotos/Videos von Usern arbeiten, spielt der Persönlichkeits-
schutz eine noch größere Rolle. Denn Sie als veröffentlichendes oder verbreitendes
Medium haben keine Gewissheit darüber, wie und unter welchen Umständen/Ein-
verständniserklärungen die Fotos entstanden sind. Nehmen wir als Beispiel das
Oktoberfest und eine hypothetische Aktion: „Schicken Sie uns Ihre besten Wiesn-
Fotos". Im Grunde können Sie eine solche Aktion (alle Rechte der Oktoberfest-
Hausherren mal außen vor) nur dann machen, wenn Sie auf die Abbildung von Personen verzichten. Denn Laien werden die originellsten Menschen fotografieren;
aber die Fotografierten haben ein Recht, nicht öffentlich vorgeführt zu werden, und
schon gar nicht in betrunkenem oder sonstigem Ausnahmezustand.

Dürfen Sie Hater öffentlich bloßstellen? Eine umstrittene Frage ist, inwieweit
es legitim oder auch legal ist, Trolle, also Leute, die unangemessene Kommentare
(mit Klarnamen) posten, öffentlich bloßzustellen („Facebook-Pranger"). Das Format „Mean-Tweets", bei dem prominente Personen Beleidigungen, die auf sie
selbst zielten, vorlesen, ist vor allem in den USA sehr beliebt. Andererseits hat der
Bundesgerichtshof einen „Facebook-Pranger" der Bild-Zeitung verboten, der ausländerfeindliche Posts (mit Namen und Profilbildern) zeigte (AZ: 6 ZR 149/18).
Zuvor hatte der Presserat daran nichts auszusetzen gehabt. Besser als ein Pranger
ist in jedem Fall, Hetz-Kommentare ggf. anzuzeigen und den Plattformen zu melden (Netzwerkdurchsetzungsgesetz).

14.4   Presserecht und Pressekodex

Der Pressekodex gilt auch für journalistische Angebote in Sozialen Netzwerken. Was zunächst fast selbstverständlich und für den Profi unproblematisch klingt, ist gar nicht so ohne. Denn das heißt:

1. Sie sind (mit-)verantwortlich für alle Kommentare auf Ihren Facebook-Seiten und können unter Umständen haftbar gemacht werden, wenn Sie beispielsweise Beleidigungen oder falsche Tatsachenbehauptungen nicht entfernen.
2. Sie müssen Werbung und redaktionelle Inhalte auseinanderhalten. Oft teilen Social-Media-Auftritte von Medienmarken relativ unkommentiert Internet-Hypes, beliebte Videos etc. Dabei fällt häufig unter den Tisch, dass viele dieser Videos nicht einfach Zufallsprodukte aus den Weiten des Webs von Privatleuten sind, sondern einen PR- oder Werbehintergrund haben. Seien Sie also auf die Frage vorbereitet: Warum posten Sie dieses Video, wer hat es erstellt, was steckt dahinter? Können Sie publizistisch diese Fragen nicht beantworten, sollten Sie es vielleicht lieber nicht teilen oder embedden.
3. Sie müssen als Bloggerin/Influencer auch selbst zwischen Redaktion und Werbung unterscheiden. Markieren Sie ggf. Advertorials oder gesponserte Blog-Posts, und zwar deutlich. Weisen Sie darauf hin, wenn Sie beispielsweise Artikel besprechen und gleichzeitig Links auf Amazon (oder Ähnliches) setzen, die Ihnen Provision einbringen, falls Ihr Publikum dort kauft. Und weisen Sie darauf hin, wenn Sie zu Veranstaltungen eingeladen wurden oder Testgeräte nicht nur für kurze Zeit zur Ansicht geliehen, sondern geschenkt bekommen haben.

14.5   Ein Blick in die AGBs

Haben Sie die AGBs, die Allgemeinen Geschäftsbedingungen, wirklich gelesen, als Sie X, Facebook etc. beigetreten sind? Wenn nicht, bewegen Sie sich zwar nicht in guter, aber doch in Gesellschaft der meisten Deutschen. Wussten Sie, dass laut AGBs Ihre Posts in anderen Medien, anderen Zusammenhängen veröffentlicht werden können? Legal? Zum Beispiel Ihre Fotos? Ebenso sind die Posts natürlich häufig Lehrmaterial für die KI.

Hier beispielhaft ein Blick in die AGB von X und Facebook (Abb. 14.2 und 14.3):

1. Wer die Dienste nutzen kann

2. Datenschutz

3. Im Rahmen der Dienste bereitgestellte Inhalte

4. Nutzung der Dienste

5. Haftungsausschluss und Haftungsbeschränkungen

6. Allgemein

Durch Übermittlung, Veröffentlichung oder Anzeige von Inhalten auf oder über die Dienste gewähren Sie uns eine weltweite, nicht ausschließliche, unentgeltliche Lizenz (mit dem Recht zur Unterlizenzierung), diese Inhalte zu jeglichen Zwecken, in sämtlichen Medien und über sämtliche Verbreitungswege, die gegenwärtig bekannt sind oder in Zukunft entwickelt werden, zu verwenden, zu vervielfältigen, zu reproduzieren, zu verarbeiten, anzupassen, abzuändern, zu veröffentlichen, zu übertragen, anzuzeigen, hochzuladen, herunterzuladen und zu verbreiten. Zur Klarstellung: Zu diesen Rechten gehören beispielsweise das Kuratieren, Umwandeln und Übersetzen. Mit dieser Lizenz erteilen Sie uns die Erlaubnis, Ihre Inhalte weltweit verfügbar zu machen und dies auch Dritten zu ermöglichen. Sie erklären sich damit einverstanden, dass diese Lizenz uns das Recht einräumt, (i) von Ihnen bereitgestellte Texte und andere Informationen zu analysieren und die Dienste anderweitig bereitzustellen, zu fördern und zu verbessern, einschließlich z. B. zur Verwendung in unseren Modelle für maschinelles Lernen und künstliche Intelligenz, ob generativ oder anderer Art, sowie zu ihrem Training; und (ii) an die Dienste oder über die Dienste übermittelte Inhalte anderen Unternehmen, Organisationen oder Personen zur Verfügung zu stellen, einschließlich beispielsweise zur Verbesserung der Dienste und Syndizierung, Sendung, Verteilung, Reposten, Sponsern oder Veröffentlichung solcher Inhalte auf anderen Medien und Diensten, vorbehaltlich unserer Geschäftsbedingungen für die Verwendung solcher Inhalte. Die von Ihnen im Rahmen der Dienste übermittelten, veröffentlichten, übertragenen oder anderweitig bereitgestellten Inhalte werden von uns oder anderen Unternehmen, Organisationen oder Einzelpersonen zusätzlich verwendet, ohne dass Ihnen hierfür eine Vergütung gezahlt wird, da die Nutzung der Dienste durch Sie hiermit als ausreichende Vergütung für die Inhalte und die Einräumung von Rechten hierin vereinbart wird.

2. Berechtigung zur Verwendung der von dir erstellten und geteilten Inhalte:
Insbesondere wenn du Inhalte, die durch geistige Eigentumsrechte geschützt sind (wie Fotos oder Videos), auf oder in Verbindung mit unseren Produkten teilst, postest oder hochlädst, räumst du uns eine nicht-ausschließliche, übertragbare, unterlizenzierbare und weltweite Lizenz ein, deine Inhalte (gemäß deinen Privatsphäre- und App-Einstellungen) zu hosten, zu verwenden, zu verbreiten, zu modifizieren, auszuführen, zu kopieren, öffentlich vorzuführen oder anzuzeigen, zu übersetzen und abgeleitete Werke davon zu erstellen. Diese Lizenz dient nur dem Zweck, dir unsere Produkte bereitzustellen. Das bedeutet beispielsweise, dass du uns, wenn du ein Foto auf Facebook teilst, die Berechtigung erteilst, es zu speichern, zu kopieren und mit anderen zu teilen (wiederum im Einklang mit deinen Einstellungen). Dies können z. B. Meta-Produkte oder Dienstleister sein, die diese von dir genutzten Produkte und Dienste unterstützen.

Abb. 14.2 und 14.3 Ausschnitte aus den AGB von X und Facebook. (Quelle: Screenshot https://x.com/de/tos, https://www.facebook.com/legal/terms. Stand: 26.04.2025)

Nun streiten sich Juristen ob einzelne Bestandteile von diesen und anderen AGBs überhaupt gültig sind, welche Äußerungen überhaupt eine Schöpfungshöhe erreichen, die einen urheberrechtlichen Anspruch rechtfertigen etc. Dennoch sind es zunächst einmal die Regeln, die Sie ausweislich Ihres Häkchens/Klicks beim Anmelden ihres Accounts zur Kenntnis genommen haben. Rechnen Sie also grundsätzlich damit, dass Sie gewisse Rechte an Inhalten, die Sie in einem Netzwerk posten, an dieses Netzwerk sublizenzieren.

Das Problem dabei Um dies zu können, müssen Sie das Recht erst einmal erworben haben. In den meisten Verträgen mit Bildagenturen sind diese Rechte mittlerweile miteingeschlossen – aber nicht in allen. Bedenken Sie auch: Wenn Sie als Fotograf beispielsweise von einer Veranstaltung oder einer Demonstration Bilder auf X posten, ist es jedermann erlaubt, diese Bilder nach Maßgabe der X-AGBs in seine Webseiten einzubinden/embedden. Sie können sich nicht dagegen wehren oder eine Vergütung verlangen. Sie können nicht einmal sicher sein, dass der Inhalt, wenn Sie ihn löschen, auch von den Seiten derer verschwindet, die beispielsweise per API zugegriffen haben. Damit verlieren Sie teilweise die Kontrolle über Ihre eigenen Inhalte. **Ein besonderer Fall sind die Musikrechte.** Plattformen wie TikTok oder Instagram bieten zum Teil eine umfassende Musikbibliothek mit internationalen Titeln an, die die Nutzenden für ihre Reels oder Toks verwenden dürfen – als Hintergrundmusik oder auch für Lip-Sync-Formate. Wer aber professionell als Business-Account unterwegs ist, wie Medienmarken, darf diese Musiken anders als Privatleute nicht unbedingt nutzen, selbst wenn sie angeboten werden! Machen Sie sich also über die besondere Rechtelage des Netzwerks kundig, auf dem Sie posten – oder verwenden Sie am besten sowieso nur Musiken, die sie sauber lizenziert haben. Passen Sie nicht auf, kassieren Sie womöglich eine Abmahnung eines Labels, die Kosten für einen Verstoß können dabei in die Tausende Euro gehen.

14.6   Embedden und Teilen – darf ich das?

Syndizieren, Kuratieren, Remixen – Embedding ist eine der Methoden, von anderen produzierte Inhalte auf den eigenen Seiten zu präsentieren, zusammenzustellen oder ggf. auch einfach zu nutzen. Die Inhalte-basierten Plattformen wie TikTok, Instagram, Facebook Flickr, YouTube, Soundcloud, Vimeo, oder auch die Präsentationen-Plattformen Scribd oder Slideshare bieten entsprechende Embed-Codes an für die Inhalte.

Embedden ist also eine der wichtigsten Errungenschaften des Internets und aus dieser Perspektive ein gewaltiger Fortschritt. Der Vorgang bringt aber sowohl für den, der embedded, als auch für den, der embedden lässt, also die Inhalte anbietet, Schwierigkeiten mit sich.

Wer Fotos oder Videos zum Embedden anbietet, sollte sich folgende Fragen stellen:

- Habe ich alle Rechte an dem Material?
- Sind in dem Material (Fotos, Videos, Audios) Rechte von Dritten betroffen, zum Beispiel von den Abgebildeten?
- Möchte ich überhaupt, dass mein Material von (allen) anderen embeddet werden kann? Überwiegen die Vorteile die Risiken?
- Sind ggf. Abgebildete einverstanden, dass Sie in einem anderen Zusammenhang gezeigt werden (beispielsweise in einem Blog, der ggf. ein Foto embedded)?

Bedenken Sie: Wenn Sie Material zum Embedden anbieten (zum Beispiel durch Posten auf X oder YouTube, oder öffentliche Posts auf Facebook oder Instagram) gehen andere davon aus, dass das Embedden auch erlaubt ist …

Worin bestehen die Risiken?
- Ein Beispiel für einen gefährlichen Kontext: Ein journalistischer Bericht über Rechtsradikale kann potenziellen Zeugen/Betroffene durchaus in Schwierigkeiten bringen – wenn nämlich Rechtsradikale diese Videos auf ihren Seiten embedden und dort gegen diese „Kronzeugen" hetzen.
- Vergrößerung eines möglichen Schadens: Wenn Sie eine Persönlichkeitsrechtsverletzung begehen, beispielsweise durch Veröffentlichung eines Bildes einer Person, die verpixelt hätte werden müssen, dann kann der Schaden ggf. größer sein, wenn das Bild auf vielen Seiten verbreitet wurde.
- Wenn Sie eine Aktion mit User-Fotos machen, sind diese oft einverstanden, dass die Bilder auf Ihrer – seriösen – Medienseite gezeigt werden – nicht aber auf allen möglichen anderen Webseiten.

Wenn Sie auf ihrer Webseite Posts embedden wollen, gilt ähnliches: Wenn der originale Post schon in irgendeiner Weise gegen den Pressekodex verstieß, machen Sie diesen Verstoß durch Ihre Reichweite noch schlimmer. Zum Beispiel wenn Leute gezeigt werden, deren Persönlichkeitsrechte verletzt werden. So gab es z. B. Urteile gegen die Veröffentlichung eines Partyvideos auf Sylt, wo unverpixelt junge Leute gezeigt wurden, die ein rechtsradikales Lied grölten (und die damit auch keine Straftat begingen).

Bedenken Sie also: Sie tragen auch eine Verantwortung für Inhalte, auch wenn Sie diese nur weiterverbreiten. Ein zweiter Punkt ist, dass durch das Embedding von Inhalten aus Drittplattformen Nutzungsdaten an diese Plattformen fließen. Sie sollten das sowohl in ihrer Datenschutzerklärung angeben als auch durch eine Zwei-Klick-Lösung ermöglichen, diesen Embeddings ausgeblendet zu lassen. Das machen mittlerweile allerdings auch nahezu alle professionellen Webangebote.

Auf keinen Fall dürfen Sie Ihrerseits Inhalte embedden
die offensichtlich rechtswidrig im Netz angeboten werden, zum Beispiel aktuelle Kinofilme auf einem Videoportal. Auch Embedden in einer Form, die nicht aktiv von der Quelle angeboten wird, ist in der Regel nicht zulässig. Nutzen Sie also die angebotenen Embedding-Codes und „framen" Sie nicht selbst. Auch Inhalte anderer, die normalerweise hinter einer Paywall stehen, dürfen Sie nicht durch Embedden zugänglich machen.

Ebenso dürfen Sie keine Werbung mit embedded Inhalten verknüpfen. Mehr zum aktuellen Stand in Sachen Embedding (und wie komplex die Materie ist) können Sie u. a. im Blog von Rechtsanwalt Schwenke nachlesen: https://drschwenke.de/beitragshinweis-adieu-freies-internet-faq-zur-verschaerften-linkhaftung/

14.7 Creative Commons – Material nutzen?

Creative Commons (CC) ist ein vordefinierter Lizenzbaukasten für kreative Werke – sprich: Inhalte, wie sie auch eine Redaktion erzeugt oder erzeugen lässt. Das Besondere daran: Creative Commons nutzt man, um Inhalte gewissermaßen zu verschenken, und zwar im Rahmen bestimmter, kontrollierter Bedingungen. Möglich sind folgende Bedingungenn:

Du darfst diesen Inhalt nutzen

- wenn Du den Urheber/die Quelle nennst (und zwar so, wie der Urheber das wünscht). Kürzel: CC-BY.
- wenn Du den Inhalt nicht-kommerziell nutzt: CC-NC (non-commercial).
- wenn Du den Inhalt dabei nicht bearbeitest: CC-ND (no derivates).
- wenn Du den Inhalt – auch wenn Du ihn veränderst – danach wieder unter einer Creative-Commons-Lizenz zur Verfügung stellst: CC-SA (Share alike).

Diese Bedingungen können miteinander kombiniert werden (außer den letztgenannten, die schließen sich gegenseitig aus). Die exakten Bedingungen werden immer wieder aktualisiert – Details gibt es hier: https://creativecommons.org/share-your-work/cclicenses/

„Hüter" der Creative-Commons-Lizenzen ist eine gleichnamige Non-Profit-Organisation, die sich um die Normierung und Fortentwicklung der Lizenzen kümmert. Die offiziellen, aktuellen Lizenztexte findet man auf creativecommons.org. Die CC-Organisation ist selbst aber in keiner Weise Vermittler oder Vertragspartner. Es geht ihr um Rechtsklarheit und den Lizenztext.

Creative Commons reagiert mit diesen weltweiten Lizenzen auf die Herausforderungen, die das Internet mit seinen Möglichkeiten an das Urheberrecht stellt. Denn im Internet sind viele Formen der Nutzung mit einer eigentlich lizenzpflichtigen Kopie verbunden, und plötzlich kann jedermann, auch eine Privatperson, zum Urheberrechtsverletzer werden. Creative Commons macht es möglich, eine solche Nutzung in einem bestimmten Rahmen zu erlauben. Damit unterscheidet CC sich beispielsweise von „Public-Domain"-Inhalten (gemeinfreien Inhalten), die völlig frei von urheberrechtlichen Einschränkungen sind (oft aber nur in einem bestimmten Land, was fürs Internet schon mal schlecht ist).

Die Anfänge der CC-Bewegung reichen bis zur Jahrtausendwende zurück. Damals machte es einerseits das Internet möglich, allen, also auch Laien, im Web bequem zu publizieren. Andererseits gab es in den USA einen Gesetzgebungsprozess, infolgedessen Schutzfristen für rechtlich geschützte Inhalte, zum Beispiel die Mickey Mouse-Figur, verlängert wurden.

Bekannteste Internet-Anwendung, die ohne Creative Commons nicht denkbar wäre, ist die internationale Online-Enzyklopädie Wikipedia. CC definiert für die Autoren der Wikipedia, aber auch für die Nutzer, was mit den Texten, Bildern, Grafiken passiert – und wie man diese nutzen kann. So dürfte jederzeit ein Verlag die gesamte Wikipedia als Enzyklopädie gedruckt anbieten, was auch geschah (allerdings wäre angesichts der vielen Quellenangaben allein für diese Quellen wohl ein Sonderband nötig).

Absolute Rechtssicherheit bringt die Nutzung von CC freilich nicht. Relativ unklar ist in „Randgebieten" beispielsweise, was eine kommerzielle Nutzung ist. Eine Faustregel sagt: Kommerz ist, wo (normalerweise) Geld fließt. Ist damit schon der Blogger gemeint, der auf seinem Blog Google- und Amazon-Anzeigen platziert? Wie ist es mit dem öffentlich-rechtlichen Rundfunk? Ist der nun kommerziell oder nicht? Oder variiert das je nach Bereich? Oder Schulen, Universitäten und Museen?

So kommt diese Einschränkung „nicht-kommerziell" zwar vielen Urhebern entgegen, die nicht die Geschäftsgrundlage von Fotografen und Kreativen unterlaufen wollen. Andererseits ist diese Bedingung eben auch kompliziert und schließt möglicherweise Nutzungen aus, die man sehr wohl erlauben möchte. Das ist einer der

Gründe, warum beispielsweise die Wikipedia und die mit ihr verbundenen Bilddatenbanken für Inhalte, die man dort einstellt, eine CC erfordert, die die kommerzielle Nutzung erlaubt.

Wichtig ist zudem eine weitere Dimension, die in der Debatte im Web oft eine
Rolle spielt: Wer selbst CC-Inhalte verwendet, sollte auch Inhalte unter CC zur
Verfügung stellen, denn sonst wird er gerne als Ausnützer wahrgenommen, der
sich aus diesem Allgemeingut-Pool parasitär bereichert, ohne etwas beizutragen.

Nun könnte man natürlich auch selbst einen Lizenztext entwerfen und die
Nutzungsbedingungen festlegen, wenn man Inhalte der Allgemeinheit zur Verfügung stellen möchte. Nur: Man hätte wahrscheinlich ähnliche Abgrenzungs-
probleme, was nicht-kommerzielle Nutzung angeht, und würde die beiden wichtigsten Vorteile von CC aufgeben:

- Man muss nicht selbst einen Lizenztext erarbeiten und verfassen.
- Das Lizenzmodell etabliert einen weltweiten Standard mit international bekannten Bedingungen und Kennzeichnungen, sodass Nutzer aus aller Welt
etwas damit anfangen können.

Für Medien gibt es zwei Möglichkeiten, mit CC zu arbeiten: Man kann Inhalte,
die man selbst geschaffen hat, unter CC lizenzieren. Und man kann Inhalte anderer,
die unter CC stehen, unter bestimmten Bedingungen verwenden.

Creative Commons kann ein Weg für Journalisten sein, Inhalte für persönliche
Webseiten oder im Job für den Arbeitgeber zu nutzen. Nur: Welche Inhalte gibt es
und wie komme ich an solche Inhalte? Welche CC-Lizenz erlaubt mir die berufliche Nutzung, welche verbietet es mir? Und: Was muss ich bei der Verwendung
beachten?

Vor allem aber beachten Sie ggf. die Lizenz genau! Denn zuallererst sollte
man sich im Klaren sein, dass CC gerade nicht „public domain" (gemeinfrei) bedeutet; und dass man unbedingt die Lizenzbestimmungen einhalten muss, inklusive der in der Regel geforderten ordentlichen Namens- und Quellennennungen.
Gerade jemand, der CC verwendet, um seine Werke der Webgemeinde gratis zur
Verfügung zu stellen, tut das bewusst und reagiert zu Recht allergisch auf Ver-
letzungen der Lizenz. Regel Nummer eins lautet also: Setzen Sie sich etwas intensiver mit Creative Commons und den einzelnen Lizenzen sowie mit der korrekten
Creditangabe (Quellenangabe) auseinander. Lesen Sie die aktuellen Infos auf der
oben genannten Seite von Creative-Commons durch.

Eine Warnung noch zu Lizenzen mit der Forderung Share Alike (CC-SA). Wenn
Sie diese Inhalte in andere Projekte einarbeiten, kann es sein, dass erwartet wird,
dass Sie das gesamte Projekt (z. B: einen Film, in dem eine Grafik vorkommt) wieder unter einer CC-Lizenz veröffentlichen. Am wenigsten Risiko werden Sie

haben, wenn Sie nur Material mit einer Lizenz verwenden, das sowohl die kommerzielle Nutzung als auch die Bearbeitung zulässt und auf den Zusatz Share Alike verzichtet. Mehr zu rechtlichen Aspekten aus einer deutschen Perspektive können Sie auf dem Portal Netzpolitik nachlesen: https://irights.info/artikel/creative-commons-lizenzmodule-richtig-kombinieren-besonderheiten-des-nc-moduls-non-commercial/31062

Sie sind kommerziell! Wer auch immer beruflich oder als Journalist für seine persönliche Webseite, die immerhin auch ein berufliches Portfolio darstellen wird, CC verwendet, sollte sich als kommerziell einstufen. Wir sind Profis, und wer eine Nicht-kommerziell-Einschränkung setzt, meint oft einfach: Amateure für ihren persönlichen Bedarf. Nutzen Sie also nur Werke, die kommerzielle Nutzung erlauben! Im Zweifel, falls Sie ein gewisses Foto unbedingt brauchen: Fragen Sie den Urheber um Erlaubnis/Lizenz.

Nutzen Sie nur seriöse Quellen für CC-Inhalte! Fotos suchen Sie am besten in größeren Bildportalen, die differenzierte Lizenzangaben vorhalten, zum Beispiel bei Flickr. Dort können Sie in der Suchmaschine gezielt nach CC-Bildern suchen und die Lizenz einsehen. Außerdem können Sie bei Flickr den Urheber des Bildes kontaktieren, nämlich über dessen Flickr-Profil.

Das wird nötig sein, wenn Sie genauere Angaben zu einem Bild brauchen als angegeben. Ein weiterer gewaltiger Fundus an CC-Material, auch Infografiken, Landkarten und weitere Medienformate steht in den Datenbanken der Wikimedia zur Verfügung. Dort sind die Werke fast immer für die kommerzielle Nutzung freigegeben. Weitere Quellen sind Openverse.org und die Google Bildersuche (hier kann man als Suchfilter verschiedene Lizenzmodelle auswählen).

Was Audios und Videos angeht, können Sie etwa auf dem Portal Soundcloud gezielt nach CC-Audios suchen. Als Quelle für Videos kennt YouTube zwar ebenfalls CC; bei Drucklegung war auf YouTube allerdings nur die Lizenz ohne Einschränkung (CC-BY – Namensnennung) auswählbar.

Darüber hinaus gibt es Spezialportale für CC-Musik oder themenzentrierte Portale und Anbieter. Beispielsweise stellt die Deutsche Gesellschaft für Luft- und Raumfahrt (DLR) Pressematerialen – darunter eine veritable Fotosammlung zum Thema Raumfahrt und Kosmos – unter CC zur Verfügung (die NASA freilich stellt ihr Material zum Großteil gar als „public domain", also „gemeinfrei", ins Netz).

Ein Restrisiko bleibt allerdings immer. Denn niemand wird sich schützend vor Sie stellen, wenn ein Urheber Sie abmahnt wegen eines CC-Inhalts. Es kann ja sein, dass derjenige, der das Material unter einer CC veröffentlicht hat, gar nicht die Rechte daran hatte? Dass er das Material raubkopiert, illegal fotografiert (Kunst) hat oder es irrtümlich für gemeinfrei hielt. Dieses Restriksiko wird Ihnen also bleiben.

14.8   Creative Commons – Material zur Verfügung stellen?

Seien Sie fair! Versuchen Sie, dem CC-Gedanken Rechnung zu tragen, und überlegen Sie, ob auch Sie Inhalte unter CC stellen können, wenn Sie CC-Material benutzen. Das können Texte, zum Beispiel Blogeinträge, sein, Fotos oder Infografiken, die Sie selbst erstellt haben. Allerdings sollten Sie – sofern Sie für ein Medienhaus agieren und es sich um Inhalte aus Redaktionen handelt, die Sie unter CC veröffentlichen wollen, besonders aufpassen und die Rechtsabteilung Ihres Medienhauses konsultieren.

Doch sollten Medien überhaupt Inhalte unter CC verschenken? Und wenn ja, warum? Welche? Und auf welche Weise? Gründe dafür können sein:

- Sie verstehen/positionieren sich als Teil der kreativen Internetgemeinde und möchten deshalb der Allgemeinheit etwas „schenken".
- Sie starten ein Projekt, das stark auf die freiwillige Mitarbeit von Usern setzt und erhoffen sich von CC eine höhere Bereitschaft. Der User arbeitet vielleicht nicht gratis für Sie, aber möglicherweise für die Allgemeinheit (Beispiel wäre etwas wie die Wikipedia).
- Sie wünschen und erhoffen sich eine weite Verbreitung Ihrer Inhalte um diese und damit auch sich bekannter zu machen.
- Sie nutzen selbst CC-Inhalte und wollen in der Netzgemeinde nicht als Ausnutzer gelten bzw. müssen sogar Inhalte unter CC stellen, weil sie Material mit der Forderung „Zurverfügungstellen unter gleichen Bedingungen" benutzt haben.

Die Frage „Welche Inhalte?" ist schon viel schwieriger zu beantworten, rechtlich und konzeptionell. Denn Sie können nur etwas verschenken, was Ihnen gehört. Es kommen also nur Werke in Frage, die Sie/Ihr Medienhaus selbst erstellt haben oder so lizenziert haben, dass sie diese weltweit weitergeben können. Bei Texten und Fotos mag das noch einfach sein. Bei Videos und Audios wird es schon schwieriger. Zum Beispiel können Sie keine Werke, die GEMA und GVL-Musik enthalten, unter CC stellen. Auch Regelungen in Tarifverträgen können einer CC-Lizenzierung entgegenstehen.

Was man einmal unter CC-Lizenz verschenkt hat, kann man nicht mehr zurückholen. Jeder kann die Inhalte immer wieder im Rahmen der Lizenz veröffentlichen. Das schließt zum Beispiel alle Beiträge aus, bei denen die Persönlichkeitsrechte der Dargestellten zum Problem werden können (beispielsweise Passanten, Prozessbeteiligte etc.).

Bei Ihren eigenen Texten, Fotos, Filmen im eigenen Blog mag das einfach zu klären sein. Wenn Sie aber immer wieder Inhalte unter CC anbieten wollen, die Sie nicht wirklich selbst erstellt haben, oder das Thema CC in einem Medienhaus oder einer Redaktion etablieren wollen, lassen Sie sich beraten und erstellen Sie ein CC-Konzept. Es sollte mindestens folgende Punkte enthalten:

- die tatsächliche Lizenz mit den Bedingungen
- den inhaltlichen Rahmen
- die Form des Angebots (Gibt es eine eigene Webseite dafür? Wie erklären wir dem User, was er mit dem Material darf?)
- das Branding (Wie will ich namentlich genannt werden? Kommt ein Logo auf die Bilder?).
- eine rechtliche Risikobewertung

Bei der Frage nach der Lizenz werden viele Medienhäuser zur strengsten Regelung greifen wollen, die jede Veränderung des Materials verbietet und eine kommerzielle Nutzung untersagt. Das liest sich zwar zunächst gut, bringt aber ebenfalls Probleme mit sich, weil nicht klar ist, was und wer als kommerziell gilt. Mit dem Verbot der kommerziellen Nutzung verbieten Sie unter Umständen auch allen Bloggern, die Werbung auf ihren Blogs einsetzen, vielleicht auch Museen und Schulen und nicht zuletzt der Wikipedia die Nutzung (denn sie erlaubt die kommerzielle Nutzung). Auch auf Facebook dürfte solches Material möglicherweise nicht gepostet werden.

Möglicherweise wollen Sie aber genau diese Form der Nutzung mit CC erreichen. Im Zweifel fragen die Leute dann doch bei Ihnen, ob sie das Material nun nutzen dürfen oder nicht – das führt zu Anrufen und Mails, die Sie nicht beantworten wollen. Wenn Sie es also irgendwie vertreten können, erlauben Sie die kommerzielle Nutzung. Ebenso kann es sinnvoll sein, eine Veränderung zuzulassen. Lernen Sie, loszulassen …

Berufsbilder – Social Media als Job 15

Zusammenfassung

Aufgaben im Bereich Social-Media reichen vom Erstellen von Inhalten über das Betreuen von Kunden/Usern bis hin zur Planung von Kampagnen und dem Entwickeln von Strategien für PR und Werbung. Entsprechend vielfältig sind die Berufsbezeichnungen für Social-Media-Spezialisten in Medienhäusern: Community-Manager, Social-Media-Managerin, Social-Media-Readakteur, Head of Social-Media. Wie unterscheiden sich die Berufsbilder und Tätigkeitsfelder – und ist der Weg aus der Redaktion in ein selbstständiges Influencer:innen-Dasein eine realistische Option?

Schlüsselwörter

Social-Media-Redakteur · Social-Media-Manager · Community-Manager · Berufsbild · Influencer · Streamer · Multiplikator · Creator · Journalismus · Ausbildung · Aufgabenprofil · Stellenausschreibung

15.1 Berufsbilder in der Redaktion

Im Kapitel über das redaktionelle Grundsetting wurden bereits Rollen definiert für ein Team, das Social-Media-Accounts erstellt und betreut. Die einzelnen Rollen können dabei auch als Grundlage für eigenständige Berufsbilder gelten – und es gibt sie nicht nur in klassischen Redaktionen, sondern auch in den Kommunikations-Abteilungen von Unternehmen, Lobbyverbänden sowie in Agenturen:

Der/die Social-Media-Redakteur:in bewegt sich „als Profi" gewandt durch „alle möglichen Netzwerke […]". Er erstellt Profile, schreibt Beiträge, betreut die Communitys und entwickelt eine Social-Media-Strategie für sein Unternehmen. Social-Media-Redakteur:innen arbeiten in Redaktionen, aber Agenturen und Pressestellen von Unternehmen heißt es in dem Buch „Berufe in den Medien" von Sarah Becker und Markus Kaiser. Als Aufgaben definieren die Autoren: Recherche, Contenterstellung, regelmäßige Aktualisierung, Reporting, Monitoring. Man spricht mittlerweile auch häufig von „Social-Media-Strategen" oder „Head of Social Media".

Der Head of Social Media arbeitet aber engstens mit Kollegen aus den anderen Sparten (Marketing, PR, Service) zusammen, sodass er mit seiner Strategie und seinen Workflows die Bedürfnisse und Anforderungen aus allen Bereichen abdeckt. Der/die Head of Social ist auch mit zuständig für die Antwortstrategie im Krisenkommunikationsfall (ggf. in Absprache mit einer Pressestelle, Chefredaktion und/oder Hausjuristen).

Demgegenüber soll der Social-Media-Manager „redaktionelle und/oder werbliche Inhalte in unterschiedlichen Kanälen des Social Media gestalten und verbreiten." Ziel ist es, über Facebook, Xing, Blogs, X, YouTube und Co das Image und die Bekanntheit des Unternehmens zu optimieren. In einer Redaktion ist dies ein typischer Redakteur vom Dienst oder redaktionelles Team-Mitglied des Social-Media-Teams im Tagesgeschäft. In kleinen Teams kümmert sich diese Rolle in Personalunion auch um das Community-Management.

Doch der/die Community-Manager:in ist ein eigenes Berufsbild – und in dieser Spezialisierung kommt diese Rolle (und das Berufsbild) dort zum Einsatz, wo arbeitsteilig gearbeitet wird. Der/die Community-Manager:in ist die Person für die Kommentare und den Input von den Usern, so könnte man vereinfacht sagen. In der Praxis werden die Community-Manager:innen meist von Werkstudierenden, angelernten Kräften oder weniger erfahrenen Redakteur:innen unterstützt, für die sie dann wiederum die erste Ansprechperson sind.

Allerdings ist diese klare Aufteilung in der Praxis nur selten vorzufinden: „In kleineren Unternehmen fallen die Aufgaben der drei Berufsbilder zusammen. In Stellenausschreibungen werden diese häufig nicht trennscharf aufgeführt." In großen Redaktionen hingegen gibt es oft sogar noch eine weitere Ausdifferenzierung: von Service-Mitarbeitern, die ursprünglich aus dem Callcenter kommen und nun Kundenbetreuung in Sozialen Netzwerken leisten, bis hin zu Spezialistinnen für virale Webvideos.

Fassen wir also für den journalistischen Bereich zusammen: In den meisten Redaktionen produzieren Social-Media-erfahrene Text, Bild- und Videoredakteur:innen, unterstützt von Mediengestalter:innen, die Inhalte und posten diese in den Sozialen Netzwerken. Community-Manager:innen, die nicht unbedingt Redakteursstatus haben, kümmern sich um die Kommentare und den Input der User. Der/die Social-Media-Redaktionsleiter/Managerin/Teamlead/Head of Social Media erarbeitet die Strategie, legt die Tonalität und die passenden Zielgruppenansprache fest. Meist agiert er auch als eine Art Social-Media-Chef (oder CvD). Eine wichtige Beobachtung aus der Praxis ist dabei, dass das Geschick im Dialog mit der Community eine andere (eigene!) Qualifikation/Talent voraussetzt als das kreative Erstellen von Inhalten – deshalb ist die Qualifikation Community-Management als eigenes Berufsbild nicht zu unterschätzen.

Grundsätzlich gibt es neben diesen klassischen sehr plattformspezifischen Rollen quasi alle herkömmlichen Journalisten-Rollen auch für den Content, der speziell für die Plattformen produziert wird: Der/die Reporter:in berichtet live in einem YouTube-/Facebook/Insta-Livestream. Fachredakteur innen erstellen Fach-Inhalte, Moderatoren moderieren Live-Diskussionen. Die spezifische, zusätzliche Social-Media-Qualifikation besteht dabei – etwa als Fachredakteur – darin, auch die Stilformen und Mediengattungen der Plattformen mitdenken, mit konzipieren und herstellen zu können und dabei die Interaktivität und Dialog-Offenheit von Social Media mitzudenken.

15.2 Lokalblogs – ein Erfolgsmodell?

In den ersten Kapiteln des Buches wird ausgeführt, wie Social Media die Pressefreiheit zu einer allgemeinen Freiheit machte und nicht nur zur „Freiheit von zweihundert reichen Leuten, ihre Meinung zu verbreiten", wie es in einem berühmten Zitat des Publizisten Paul Sethe (1901–1967) heißt, und der damit die Zeitungsverleger in der Vor-Internet-Ära meinte. Zeitungen sind zu einem großen Teil Lokalzeitungen – ihr Pendant in Social Media sind Lokalblogs. Sie setzen auf die lokale Berichterstattung und sind eine Möglichkeit, sich als Medienschaffender selbstständig zu machen. Sie bilden entweder eine Gegenöffentlichkeit zur oft monopolisierten Lokalpresse oder beleuchten Strukturen publizistisch, die von der Lokalpresse nicht (mehr) abgebildet werden. Auch Hyperlokalblogs mit Berichterstattung auf Stadtteilebene gibt es einige.

Die erfolgreichsten Angebote dieser Art entwickeln sich weg von klassischen Blogs hin zu einem alternativen Online-Lokalmagazin, das sich wie die Zeitung aus örtlichen Anzeigen und ähnlichen Quellen finanziert. Vergleichbare Entwicklungen gibt es für das Spezialgebiet regionaler Sport. Finanziell tragfähig sind allerdings bis dato nur wenige Vorzeigeprojekte aus dem Bereich Lokalblogs.

Linkliste zu Lokal- und Hyperlokalblogs
1. Ein Beispiel für ein Lokalblog, das eine Gegenöffentlichkeit im Raum Passau schafft: Hubert Denk und sein „Bürgerblick", http://www.buergerblick.de/
2. Ein typisches Hyperlokalblog (neuerdings auf Abo-Basis) ist Prenzlauer Berg Nachrichten http://www.prenzlauerberg-nachrichten.de/
3. Typische Online-Lokalmagazine sind „Tegernseer Stimme" http://www.tegernseerstimme.de/ oder das Bayerwald-Magazin „Da Hogn": https://www.hogn.de/

Auch für Lokalblogs sind wiederum Auftritte in Facebook oder Instagram wichtig, um Reichweite innerhalb der regionalen Community auf ihre eigenen Seiten zu bringen.

15.3   Bezahlmodelle für Newsletter und Blogs

Unten wird auf die US-Plattform Substack sowie die „Mitgliedschaften/Subscriptions" auf YouTube oder Twitch noch näher eingegangen. Viele Creators bieten aber auch einen Paypal-Donate-Button an für Spenden oder eine Patreon-Mitgliedschaft. Letzteres ist eine Art plattformunabhängiges Bezahlmodell für Extra-Content oder -Services. Der Dienst Steady bietet sich ebenfalls für Newsletter oder auch kostenpflichtige Podcasts an.

Crowdfunding und genossenschaftlicher Journalismus: Andere Journalisten versuchen, sich einzelne Projekte und Rechercheaufgaben von der Crowd vorfinanzieren zu lassen und sie davon zu überzeugen, dass sie ihm Reisekosten und Kosten für den Lebensunterhalt bezahlt (crowdspondent.de). In eine ähnliche Richtung geht das Geschäftsmodell der Krautreporter, die genossenschaftlich ein Onlineportal betreiben, das ihre Recherchen und Berichte veröffentlicht (krautreporter.de).

15.4   Von Social Media „unabhängig" als Creator leben?

Mit Text auf der eigenen Webseite – sprich: einem Blog – in Social Media zu leben, ohne Verlag im Rücken, ist in Deutschland mit journalistischem Content so gut wie nicht möglich. Im Ökosystem der Sozialen Medien ist das anders: Creators und Influencerinnen können hier gutes Geld verdienen. Sofern es ihnen gelingt, ihr Publikum zu finden. Vermarktung und Vertrieb übernehmen ja zu einem guten Teil die Sozialen Netzwerke (YouTube, Instagram, Twitch, TikTok). **Was verdient man da?** Die Einnahmensarten und -Möglichkeiten unterscheiden sich von Plattform zu Plattform ein wenig. Aber nehmen wir YouTube als Beispiel.

- Hier ist allein durch die Werbung, die YouTube selbst im Umfeld der Videos schaltet, von Einnahmen zwischen einem und zehn Euro pro 1000 Views auszugehen – je nachdem, ob die eigenen Videos vermarktbar sind – es also Werbeclip-Bedarf für die erreichte Zielgruppe gibt. Das ist schon mal nicht zu vernachlässigen und auch eine mit journalistischen Standards vereinbare Werbeform.
- Dazu kommen bei Influencer:innen häufig bezahlte Kooperationen mit Firmen (z. B. Produktvorstellungen). Videos dieser Kategorie müssen als Werbung gekennzeichnet werden. Die Einnahmen dafür schwanken naturgemäß extrem.
- Dazu kommen – z. B. auch bei unbezahlten Produkttests – Provisionen von z. B. Amazon (und anderen Online-Shops). Denn viele Youtuber, die Produkte erwähnen, geben in der Videobeschreibung einen Amazon-Link an; kaufen Leute dann diese Produkte über diesen Link, fließt Provision.
- Weitere Einnahmequellen, die direkt mit der Plattform zu tun haben, sind sogenannte „Mitgliedschaften", auch „Subs" (für Subscriptions) genannt. So eine Mitgliedschaft kostet z. B. fünf Euro im Monat (von denen ein Großteil an den Creator geht). Im Gegenzug bekommen die Mitglieder exklusiven Content oder exklusiven Zugang zum Creator.
- Als weitere Einnahmequelle sei „Merch" erwähnt – also Merchandising-Produkte (meist T-Shirts, Tassen) mit exklusiven Motiven (z. B. Logos) des Creators, die als Fanartikel über einen Webshop verkauft werden und Einnahmen bringen.

Hier zeigt sich schon eine Herausforderung: Wer keine Produkte erwähnt und keine Werbung machen möchte, für den fallen schon ein paar potenzielle Einnahmequellen weg. Deshalb gibt es so gut wie keine Social-Media-Ich-AGs im Bereich des seriösen, aktuellen Nachrichtenjournalismus. Anders sieht es im Bereich Sach- und Ratgeberjournalismus aus – zumindest dann, wenn wir den Journalismusbegriff weit auslegen. **Beispiele von Medienschaffenden,** die dank Social ihre eigenen Chefs wurden: Der ehemalige Schach-/Sportjournalist Georgios Souleidis, der früher für Fachzeitschriften und -Portale von Schach-Turnieren berichtete, bezeichnet sich in diesem Sinne heute als „Creator, Youtuber, Streamer", und sagt von sich, „ich verdiene gut". Er ist unter dem Pseudonym „The Big Greek" der reichweitenstärkste deutschsprachige Schach-Youtuber. Und ein Beispiel dafür, dass es in kleineren Nischen vielleicht sogar leichter ist, sich als Creator selbstständig zu machen: Weil die Konkurrenz kleiner, das spezifische Interesse aber groß ist. Allerdings gibt es in nahezu allen Hobby-Bereichen professionelle Contentcreators, die ihr eigener Chef sind – auch der Garten-Youtuber „Rigotti" war einst Journalist (allerdings nicht bei einer Gartenzeitschrift, sondern IT-Journalist).

Oft werden auch Social-Media und (Video-)Podcast kombiniert. In den USA haben 2024 Podcaster mit dieser Kombination den Wahlkampf stark aufgemischt, weil ihre Interviews mit Trump und Harris zum Teil mehr Leute erreichten als die traditionellen TV-Stationen (z. B. Joe Rogan).

Eine recht typische Kombination ist die zwischen Social Media und Newsletter – vor allem für Journalistinnen und Journalisten, die sich an ein spezifisches Fachpublikum wenden. So hat Martin Fehrensen den „Social-Media-Watchblog" gegründet, dessen Zielgruppe Social-Media-Experten und Journalistinnen sind. Der zugehörige gleichnamige Newsletter wird im Abo über die Plattform Steady vertrieben – auch das ist ein offenbar nachhaltiges Geschäftsmodell, in dem Fall mit Bezahlinhalten. Weiter vorangetrieben ist diese Entwicklung in den USA und generell im englischsprachigen Markt. Dort gelang etlichen prominenten Autorinnen und Autorinnen, die aus ihren Redaktionen schieden, mithilfe der Newsletter-Plattform Substack ein neuer Anfang.

Ein sicheres Standbein wird häufig den Weg in die Selbstständigkeit erleichtern. Es reicht bei vielen Creators von einer Teilzeitanstellung bis zu einem ergänzenden Geschäftsmodell. Viele nutzen die Social-Accounts dann als Plattform, um ihre Expertise zu zeigen, Reichweite und Reputation aufzubauen – und arbeiten daneben als Berater oder Coaches (z. B. auch für Journalismusseminare), halten Vorträge, diskutieren auf Podien und schreiben Bücher. Der Social Account (häufig auf LinkedIn) oder das Blog sind dann auch oder vor allem ein Marketing-Tool in eigener Sache, für die Akquise und für die Promotion von Auftritten und Büchern etc.

15.5   Die Nachteile der Selbstständigkeit

Es hat auch Nachteile, wenn man sein eigener Verleger ist. Ab einem gewissen Professionalisierungsgrad entstehen auch beim Bloggen Kosten: Programmier-kosten, Hostingkosten, Produktionsmittel (Rechner, Server). Da vom Bloggen aber ohnehin kaum einer leben kann, ist man auf Video angewiesen, und es wird noch aufwändiger: Kameras, Objektive, Leuchten, ein zumindest rudimentäres Aufnahmesetup im Büro – das geht richtig ins Geld.

Und wenn man richtig professionell unterwegs ist, braucht man meist auch noch Hilfe: Jemanden, der einem beim Videoschneiden und in der Grafik (z. B. für Thumbnails) hilft, beim Community-Management, vielleicht auch bei der Ideenfindung und Recherche. Da kommen erhebliche, auch laufende Kosten zusammen – umso dringender ist man auf die Klicks, die Views, den Erfolg angewiesen. Weil es die Algorithmen der Plattformen erfordern, muss man produzieren und produzieren – in steter Regelmäßigkeit. Und damit das richtig brummt, wird man viel tun, um das Ergebnis zu optimieren: polarisierende Thesen, übertriebener Clickbait, und billige Nachmache, nur um schnell zu viel Content zu kommen; und als monetäre Versuchung winken Kooperationen, die jeder Compliance-Regel spotten.

Außerdem hat man keine Kolleg:innen, mit denen man regelmäßig fachlichen und sozialen Austausch pflegt. Und keinen Tag frei, denn die Community schläft nicht. So manche Creators verlieren da schon die Kreativität und bringen sich an den Rand des Burnouts. Man sollte schon genau wissen, ob einem dieses völlig selbstständige Arbeiten liegt. Es kann die absolute Befreiung sein, wenn ja – aber die Hölle, wenn nicht.

Die Community hat übrigens ihre eigene Dynamik. Denn sie gibt nicht nur viel Zuspruch, Selbstvertrauen, Lob – und am Ende sichert sie auch das Einkommen. **Eine Community fordert auch.** Sie fordert Content. Sie fordert Authentizität und Professionalität zugleich. Und sie will nicht enttäuscht werden. Zur Illustration des Dilemmas die leicht verfremdete Geschichte eines Journalisten, der seinen großen Durchbruch als Blogger während der Corona-Epidemie hatte. Mit polemisch-kritischen Beiträgen zur Corona-Politik hatte er sich eine gewaltige Community aufgebaut. Seine Berichte und auch sein inquisitorischer Fragestil machten ihn in der Branche zum enfant terrible – aber die Community, die das goutierte, sicherte offenbar ein Auskommen über das Blog (zusammen mit anderen Sozialen Medien wie YouTube).

Nun der Plot-Twist: Viele seiner scheinbar eingeschworenen, treuen Fans wandten ihm nach der Pandemie den Rücken zu. Nicht nur, weil sein Thema (Corona) an Bedeutung verlor. Er hätte ja ein anderes Thema gehabt. Schließlich war er ehedem Moskau-Korrespondent eines angesehenen Nachrichtenmagazins gewesen und eigentlich geradezu prädestiniert, zu einem bloggenden Experten über den Krieg Russlands gegen die Ukraine zu werden. Doch er war stets ein sehr kritischer Beobachter von Putin gewesen, hatte ihn früh als Diktator gesehen und prangerte nun dessen Kriegsverbrechen in der Ukraine an. Doch viele seiner Fans aus der Corona-Zeit schätzten seine konsequent kritische Haltung gegenüber Putin nun gar nicht so – und wandten sich deshalb von ihm ab …

Ähnlich kann es Menschen gehen, die grundsätzliche Haltungen verändern. Wer sich vom Beef-Buddy zum Veganer (oder umgekehrt) bekehrt oder von der Reise-Influencerin zur Klima-Aktivistin, wird es schwer haben, seine Community auf dieser persönlichen Reise der Überzeugungen mitzunehmen.

Wer sich von Verlagen und Medienhäusern emanzipiert, muss sich im Klaren sein: Man wird zwar frei von den Zwängen des Redaktionsgeschäfts, geht aber neue Abhängigkeiten ein, Abhängigkeiten von Plattformen, Sponsoren, Werbepartnerinnen und am Ende auch eine Abhängigkeit von der eigenen Community.

Glossar

Folgendes Glossar erklärt Fachbegriffe und Bezeichnungen aus dem Branchenslang, die Ihnen im Gespräch oder beim Lesen über Social Media begegnen können. Das Glossar ist auch über die Webseite www.gelbe-reihe.de online einsehbar und wird dort laufend ergänzt.

Affiliate-Link Speziallink für Partnerprogramme von Online-Plattformen wie Amazon. Nutzerkäufe bringen dem Linkersteller eine Provision. Häufig in Blogs oder YouTube genutzt.

Aggregator Software oder ein (Internet-)Dienstleister, der Inhalte nach bestimmten Kategorien oder Kriterien sammelt/kuratiert, aufbereitet und eventuell auch kategorisiert (Definition nach Wikipedia) oder auswertet. Das Sammeln von Inhalten geschieht oftmals anhand von RSS-Feeds oder über Dienste wie X oder Facebook.

AMA Ask me anything. Livevideo-Format, meist auf Twitch oder YouTube. Das Publikum stellt Fragen, die live beantwortet werden.

Augmented Reality Anreichern der Wirklichkeit mit genau passenden Informationen aus dem Internet. In rudimentärer Form bereits umgesetzt, beispielsweise als Stauwarner im Navigationsgerät, als Reiseführer-App, die erkennt, welche Sehenswürdigkeiten man mit dem Smartphone anvisiert und Informationen dazu liefert.

© Der/die Herausgeber bzw. der/die Autor(en), exklusiv lizenziert an Springer Fachmedien Wiesbaden GmbH, ein Teil von Springer Nature 2025
S. Primbs, *Social Media im Journalismus*, Journalistische Praxis,
https://doi.org/10.1007/978-3-658-48485-9

Badges Vorgefertigte Logos, Embleme, Spruchbänder, Flaggen oder Ähnliches, die in Profilbilder von Personen in Sozialen Netzwerken eingefügt werden. Sie stellen ein Bekenntnis zu Werten dar oder dokumentieren Aktionen (an denen man teilnimmt) oder sollen für eine Sache werben, die die Person gut findet. Siehe auch Virtue Signalling

Bannen Auch Blocken. Kommentierende von der Möglichkeit ausschließen, weiterhin Kommentare unter Posts/Videos abgeben zu dürfen. Schutzmaßnahme gegen Trolle und andere, die immer wieder gegen die Netiquette verstoßen.

Beef Länger anhaltender (Klein)krieg zwischen zwei Influencer:innen, die sich öffentlich niedermachen.

Benchmark Messwert, mit dem man sich an der Konkurrenz misst. Zahl, ab der man ein Ziel erreicht hat. Wenn der KPI (s. unten) Reichweite ist, wäre ein Benchmark z. B. eine Reichweite von 100.000 pro Post.

Blacklist Liste gesperrter Nutzer, Accounts, Websites oder Inhalte. Gegenteil von Whitelist. Im Community-Management auch Liste von Tabu-Wörtern. Kommentare, die diese enthalten, werden nicht vor einer Prüfung freigeschaltet.

Blaues Häkchen Verifizierungssymbol auf Social-Media-Plattformen. Zeigt an, dass ein Konto offiziell bestätigt wurde. Es wird oft für Prominente und Marken genutzt. Auf X auch käuflich zu erwerben.

Blocken siehe Bannen

Call to Action/CTA Call to action – Konkrete Aufforderung ans Publikum eines Posts, etwas zu tun. Meist: den Post zu liken, zu teilen, den Kanal zu abonnieren oder zu kommentieren.

Candystorm Flut von liebevollen und ermunternden Kommentaren und Emojis in Sozialen Netzwerken. Gegenteil von Shitstorm.

CAPSLOCK Durchgehende Verwendung von Großbuchstaben. Wird in Kommentaren als Schreien gelesen. Gilt als unhöflich.

Chatbot Virtueller Chatpartner, der automatisch generierte oder vorprogrammierte Antworten auf Fragen ausgibt und/oder sich mit festgelegten (oder KI-generierten) Beiträgen in Kommentarspalten einbringt (wie der Nightbot auf Twitch).

Chronik Profil eines Nutzers bei Facebook.

Clickbait(ing) extreme Form des Teasertextens, die erreichen will, dass der User auf einen bestimmten Link klickt. Dabei wird auf Neugierde und persönliche Ansprache gesetzt und es werden Techniken wie der Cliffhanger ebenso eingesetzt wie das Stilmittel der Übertreibung. Typische Phrasen: „Es sieht aus, als ob, aber … ihr werden nicht glauben, was dann geschah". Oder. „Was ich dann sah, rührte mich zu Tränen."

Community 1. Nicht klar begrenzte Gemeinschaft von Usern, die durch die gleichen Interessen, Vorlieben und/oder die gleiche Weltanschauung vereint, sich in Sozialen Netzwerken auf bestimmten Seiten und Foren immer wieder zusammenfindet und austauscht. Die Pflege und Begleitung/Betreuung dieser Community als Betreiber einer solchen Seite oder eines solchen Forums bezeichnet man als Community-Management. 2. Alternativer Begriff für Soziales Netzwerk bzw. Social-Media-Plattform. 3. Bezeichnung der Mitglieder einer solchen Plattform.

Confirmation Bias Bestätigungsfehler beim Wahrnehmen von Informationen. Menschen suchen gezielt nach Belegen für ihre Überzeugungen. Verhindert objektive Meinungsbildung.

Containerformat Technisch Dateiformat zur Bündelung verschiedener Medieninhalte. Im digitalen Journalismus ein Format mit extrem streng vorgegebener Dramaturgie und Gestaltung. Inhalte werden in ein Containerformat gefüllt.

Contrarian Person, die bewusst der Mehrheitsmeinung widerspricht. Sucht Debatten oder provoziert aus Prinzip. Sonderform des Trolls.

Conversion Umwandlung eines Nutzenden in einen Kunden. Conversion kann das Ziel sein, aus Social-Media-Nutzenden App-Nutzende, Abonnenten oder Webseiten-Nutzende zu machen.

Coposting Ein Post, der mit der gemeinsamen Absenderschaft von zwei verschiedenen Accounts (Co-Autoren) in einem Sozialen Netzwerk verbreitet wird (technisch möglich z. B. auf Instagram). Erreicht die Reichweite beider Accounts.

Counterspeech Gegenrede zu Hass oder Falschinformationen. Zielt darauf ab, extremen Aussagen mit Fakten zu begegnen. Wird in sozialen Medien aktiv genutzt. Alternative zum Löschen.

Crossposten Das parallele wortgleiche Veröffentlichen derselben Inhalte in mehreren Sozialen Netzwerken oder Accounts.

Dark Social Social Media Aktivitäten und Diskurse, die in geschlossenen Gruppen oder Chaträumen von Messengern stattfinden und von außen nicht einsehbar, also nicht-öffentlich sind.

Dashboard Tool, das Inhalte und Auswertungen aus mehreren Quellen auf einer Bildschirmseite anzeigt. Zum Beispiel bieten Hootsuite, oder Falcon Social Dashboards an, mit denen man parallel mehrere Facebook- bzw. X-Accounts beobachten und auswerten kann.

Datenschutzgrundverordnung Eine zunächst europäische Vorgabe, die in deutsches Recht umgesetzt wurde zum Thema Datenschutz. Sie selbst und die Drittanbieter, die sie nutzen (z. B. Social-Media-Tools) müssen der DSGVO entsprechen.

Derailing Kapern oder Vermeiden von Diskussionen durch Themaverfehlung. In Online-Debatten wird häufig ein sehr loser Zusammenhang hergestellt zwischen dem Diskussionsgegenstand, um dann zu einem anderen Thema überzugehen.

Design Thinking Kreativer Problemlösungsansatz. Setzt auf Nutzerzentrierung, Prototypen und Iterationen. Wird in Innovation und Formatentwicklung genutzt.

Dogwhistling Codierte Sprache für eine bestimmte Zielgruppe. Dient zur Verbreitung von Botschaften oder Häme unter Gleichgesinnten innerhalb von Kommentarspalten. Man macht sich öffentlich über andere lustig oder hetzt, ohne dass es sofort auffällt.

Drittplattformen Web-Plattformen oder Apps, die Inhalte öffentlich anderen Usern präsentieren und nicht dem Ersteller der Inhalte oder deren Medienhaus gehören. Die großen Sozialen Netzwerke sind Drittplattformen.

Drukos „Drunterkommentare" unter Tweets auf X.

DSGVO s. Datenschutzgrundverordnung.

Earned Media Aufmerksamkeit durch Berichterstattung oder Mundpropaganda. Kostenlos und organisch. Beispiele sind virale Inhalte und natürliche, gewachsene Reichweite in Sozialen Netzwerken.

Embedden Einbinden von Fremdinhalten in die eigene Webseite, sodass der Fremdinhalt dort selbst sichtbar und bei Audios oder Videos auch dort abspielbar ist. Anders als bei einer klassischen Verlinkung muss dafür die Webseite nicht verlassen werden.

Emojis Bildsymbole zur visuellen Kommunikation. Verleihen Textnachrichten Emotionen und Nuancen. Werden weltweit in Chats und sozialen Medien als Ausdruck einer emotionalen Reaktion genutzt.

Engagement Bait Inhalt, der zu Interaktionen verleiten soll. Typische Methoden sind Umfragen oder „Like, wenn du zustimmst!". Dient zur Steigerung der Reichweite.

Ephemeral Messaging Chat- und andere multimediale Benachrichtigungsdienste, deren Inhalte sich nach einer kurzen Zeit bzw. nach dem Öffnen/Anschauen selbst löschen. Stories oder Inhalte von BeReal oder Snapchat sind in diesem Sinne Ephemeral Messaging.

Fake News Falsche oder irreführende Nachrichten. Werden absichtlich zur Manipulation oder Desinformation verbreitet. Häufig in sozialen Medien viral. In den USA wird Fake News auch für den Kampfbegriff „Lügenpresse" verwendet.

Fan Nutzer, die für eine Facebook-Seite „gefällt mir" geklickt haben. Der Begriff „Fan" wird mittlerweile von Facebook selbst nicht mehr verwendet. Fans brauchen – wie Abonnenten oder -> Follower – nicht bestätigt zu werden. Nicht zu verwechseln mit dem Fanboy (siehe: Troll).

Fandom Gemeinschaft von Fans um eine Marke, Serie oder Künstler. Engagiert sich kreativ und vernetzt. Kann starke Identität entwickeln.

FAQ Liste häufig gestellter (oder vorhersehbarer) Fragen in den Kommentaren und die Antworten dazu. Wichtiges Instrument im Community-Management, um schnell vorgefertigte Anworten oder Textbausteine parat zu haben und um auf heikle Fragen einheitlich und korrekt zu antworten.

Follower Abonnent von Inhalten eines Social Media Accounts. Auf Twitch werden Follower allerdings von Abonnenten (Subscribers) unterschieden. Ein „Sub" ist im Gegensatz zur Followerschaft kostenpflichtig.

For-You-Page Automatisiert personalisierter Feed auf Plattformen wie TikTok oder X, im Sprachgebrauch auch auf Instagram. Basierend auf Algorithmen und Nutzerverhalten und wird einem mit Starten der App angezeigt.

Framing Sprachliche Rahmung von Informationen aus einer bestimmten Perspektive, die deren Wahrnehmung beeinflusst. Wird in Politik und Medien gezielt eingesetzt. Ob ein Glas als halb voll oder halb leer gesehen wird, ist Folge von Framing.

Freund Facebook-Nutzer:in, dessen Freundschaftsanfrage man auf Facebook bestätigt hat. Beide „Freunde" nehmen sich dadurch gegenseitig in den Verteilerkreis auf. Bessere Bezeichnung wäre: Bekannte oder Kontakte.

Glocke Symbol für Benachrichtigungen auf Social-Media-Plattformen. Ermöglicht es Nutzern, Updates von bevorzugten Kanälen zu erhalten.

Godwins Law Internetregel, die besagt, dass eine Diskussion irgendwann auf Hitler/Nazis kommt. Zeigt oft den Eskalationsgrad eines Streits. Wird oft humoristisch genutzt.

Handle Eindeutiger Benutzername in sozialen Medien. Wird für Identifikation und Branding sowie für das Markieren (s. dort) von Accounts genutzt. Form: @username.

Hate Bait Inhalt, der absichtlich Hass und Wut provoziert. Ziel ist maximale Aufmerksamkeit und Interaktion. Wird oft für polarisierende Zwecke genutzt.

Hatespeech Vager, schlecht definierter (und aus diesem Grund) umstrittener Begriff. Er umfasst im engeren Sinne Hass-Kriminalität, in einem weiteren Sinne aber auch das Vertreten zulässiger politischer Positionen, die von anderen als diskriminierend angesehen werden.

Hero Content Premium-Inhalt innerhalb des Content-Mixes eines Social-Media-Accounts mit hoher Reichweite. Oft aufwendig produziert und strategisch platziert. Ziel ist Markenaufbau und Viralität.

Highlighting Hervorheben von Storys zum Beispiel auf Instagram, sodass sie dauerhaft angezeigt bzw. abrufbar sind und sich nicht nach einer bestimmten Zeit löschen.

Hook Mitreißende Startsequenz eines (Social-)Videos. Entscheidend für den Erfolg. Soll zum unbedingten Dranbleiben animieren.

Intermediäre Vermittler zwischen Nutzern und Inhalten. Beispiele sind Suchmaschinen oder (Social-Media)-Plattformen. Bestimmen oft, welche Inhalte sichtbar sind.

Iteration Wiederholte Verbesserung eines (journalistischen) Produkts im Rahmen einer Formatentwicklung nach dem Design-Thinking-Prozess ...

IRL In Real Life. Format auf Livestreaming-Plattformen wie Twitch oder YouTube. Die Kamera läuft mehr oder weniger bei „echtem Leben" bzw. einem Abenteuer mit, das (anders als das Gaming) nicht auf dem Bildschirm stattfindet.

Just Chatting Twitch-Kategorie für nicht-gaming-bezogene Streams. Der Fokus liegt dabei auf Interaktion mit Zuschauern, die live kommentieren, Fragen stellen etc.

Kachel Auch Text-Bild-Tafel. Grafisches Element für Content-Darstellung. Nutzt Bilder und Text für einfache Erfassung. Häufig in Social Media oder News-Apps genutzt. Typisch sind News- oder Zitatkacheln.

Karussell/Carousel Galerie-Post. Bilddateien werden wie in einer Bildergalerie als ein Post publiziert, erzählen oft eine Geschichte mit Text/Bild-Kacheln, die wie in einer Slideshow nacheinander abgespielt werden.

KPI „Key Performance Indicator", ein Kennwert zur Erfolgsmessung. Hilft, Ziele zu setzen und zu analysieren. Siehe auch Benchmark.

Kulturkampf Ein gesellschaftlicher Konflikt zwischen verschiedenen Wertvorstellungen. Oft politisch oder religiös motiviert. Kann ganze Gesellschaften oder Communitys spalten. Oft Hintergrund von Gefechten im Community-Management und von Shitstorms.

Kuratieren Auswählen und Wiederveröffentlichen bzw. kommentiertes Weiterverbreiten von Inhalten aus dem Web nach bestimmten inhaltlichen und journalistischen Kriterien.

Netzwerkdurchsetzungsgesetz Es legt fest, dass und wie Anbieter sozialer Netzwerke mit Nutzer-Beschwerden über Hasskriminalität umgehen sollen. Es gibt Überschneidungen mit den Regeln, die die Netzwerke ihren Nutzern selbst auferlegen. Das Netzwerkdurchsetzungsgesetz geht aber nur von Verstößen aus, die tatsächlich justiziabel sind.

Linkhurerei Das Posten von inhaltlich gehaltlosen Kommentaren auf anderen Blogs mit dem offensichtlichen Ziel, dadurch Rück-Links auf das eigene Blog/die eigene Webseite, den eigenen Account zu setzen (um Leser zu gewinnen und SEO zu betreiben).

Linkschleuder Abwertende Bezeichnung für Accounts, die sich darauf beschränken, (oft automatisch) Links auf die eigene Webseite zu promoten.

Lip-Sync Video mit Lippensynchronisation zu einer vorgegebenen Musik- oder Sprach-Tonspur. Häufig bei TikTok. Unterhaltsame Form der Parodie.

Litigation PR Offensive Öffentlichkeitsarbeit von Anwälten im Umfeld von Anschuldigungen und Prozessen, die hohe mediale Aufmerksamkeit erlangen; Mittel bei der Verteidigung von Menschen, die (wegen dieser Anschuldigungen) im Zentrum eines Shitstorms stehen.

Markieren Erwähnen eines anderen Social-Media-Accounts in Posts oder Kommentaren durch Verwendung der Handle (s. oben). Durch Markieren entsteht eine Verlinkung zu dem Account, und der markierte Account erhält eine Benachrichtigung. Auch Vertaggen genannt.

Mem Internet-Phänomen, das eine umfassende virale Verbreitung unter großen Teilen eines Sozialen Netzwerks (und darüber hinaus) erfährt. Oft verbunden mit kreativen Nachschöpfungen und Parodien.

Merch Merchandising-Produkte. Oft bedruckte T-Shirts oder Tassen, die Social-Media-Creators über einen Shop verkaufen. Der Verkauf ist Teil des Geschäftsmodells von Influencern/Streamerinnen.

Microblog Plattform für kurze Beiträge oder Gedanken, die zeitlich sortiert ist. Beispiele sind Mastodon oder Bluesky, kann auch bei X eingestellt werden. Erlaubt schnelle Kommunikation und Diskussion.

News-Tafel S. Kachel

Overblocking Übermäßiges Sperren oder Löschen von Inhalten auf Sozialen Netzwerken. Kann durch automatische Filter geschehen. Problematisch für Meinungsfreiheit.

Owned Media Eigene Kommunikationskanäle einer Marke. Beispiele sind Websites, Blogs, Abo-Reichweite in Social Media oder Newsletter. Ermöglicht vollständige Kontrolle über Inhalte. Siehe Earned Media, Paid Media.

Paid Media Bezahlte Werbung zur Reichweitensteigerung. Beispiele sind Anzeigen oder gesponserte Inhalte. Ergänzt Earned und Owned Media.

Persona Fiktive Figur aus dem Kern der Zielgruppe, die ein Social-Media-Angebot erreichen will. Sie hat einen konkreten Lebenslauf, konkrete Ziele und Wünsche, eine konkrete Familien- und Berufssituation. Sie dient behelfsweise als Repräsentanz der Zielgruppe beim Produzieren von Content und im Community-Management.

Post oder Posting Blog-Eintrag oder Einzelveröffentlichung/Meldung in Sozialen Netzwerken.

POV „Point of View", also Blickwinkel oder Perspektive. Extreme Ich-Perspektive. Meint in Social-Media-Filmen den Blick durch die Augen des Filmenden. Häufig als Stilmittel für immersive Inhalte.

Profil Die für andere Mitglieder eines Sozialen Netzwerks angezeigte Seite einer Nutzer:in in einem Sozialen Netzwerk. Das Profil enthält Grunddaten, meist ein Profilbild und einen Überblick über die veröffentlichten Inhalte der User:in.

Rage Bait Inhalt, der absichtlich Empörung provoziert. Ziel ist hohe Interaktion durch Wut. Wird oft für Klicks oder Polarisierung genutzt. Siehe auch Hate Bait, Engagement Bait.

Raid Auf Twitch Weiterleitung des eigenen Publikums an eine/n andere/n Creator:in zum Ende eines Livestreams. Es handelt sich dabei um einen technischen Vorgang, der das Publikum automatisch in den anderen Livestream führt.

Reel Kurzes Vertical Video auf den Plattformen von Meta, Instagram und Facebook. Ähnlich Tok, Short.

Referrer Messwert. Zeigt, woher Nutzer einer Webseite kommen. Wichtig für Webanalyse und Marketing. Social-Media-Referrer zeigen auf, wie viele Nutzende (bzw. Visits) von einem Social Network (z. B. durch einen Linkpost) auf eine Webseite wechselten.

Reposten Teilen, Sharen (vgl. Retweeten, Rebloggen).

Retention Rate Prozentsatz der Nutzer, die langfristig aktiv bleiben. Bei YouTube-Videos die prozentuale Verweildauer im Video.

Retweeten Wortgleiches Weiterverbreiten des Tweets eines anderen Absenders.

RSS-Feed Ein Web-Format zur einfachen Verbreitung von Inhalten. Nutzer abonnieren Feeds, um Updates zu erhalten. Erspart den direkten Besuch von Webseiten.

Safe Zone Schutzraum für marginalisierte Gruppen. Erlaubt Diskussion ohne Angst vor Anfeindungen. Bezeichnung für ein Community-Management, das einen besonders achtsamen Umgang der Mitglieder miteinander gewährleistet.

Selfie Selbstporträt, typischerweise mit dem Smartphone an der ausgestreckten Hand produziert. Das Selfie vor einem attraktiven Hintergrund, zum Beispiel einer Sehenswürdigkeit, oder während eines Events gehört zu den beliebtesten Fotogenres in Sozialen Netzwerken.

Shadowban Intransparentes, scheinbar willkürliches oder politisch motiviertes Einschränken der Reichweite von bestimmten Inhalten durch die Betreiber von Sozialen Netzwerken. Auch das Verbergen (statt Löschen) von Kommentaren kann als Shadowban bezeichnet werden.

Sharen Siehe Teilen

Shelf Virtuelles Regal in Online-Shops oder Medienplattformen. YouTube nennt die Videoreihen Shelves. So gibt es in YouTube Shelves für News-Inhalte oder für Shorts.

Shitstorm Länger andauernde heftige Empörungswelle in Sozialen Netzwerken, mit immer wieder wiederholter und zum Teil maßloser Schmähkritik gegen eine Person, Firma oder Institution.

Short Kurzes Vertical Video auf der Plattform YouTube. Ähnlich Tok, Reel.

Shoutout Lobende Empfehlung für einen anderen Social-Media-Account oder Creator.

Simulcast Gleichzeitige Übertragung eines Programms auf mehreren Kanälen. Erlaubt parallelen Zugriff auf Inhalte. Zum Beispiel können TV-Streams in Twitch, Facebook oder YouTube gesimulcastet werden. Weitersendung.

Skeet Post auf Bluesky, analog zu Tweet.

Slap-Klage Klage, die Kritiker einschüchtern und Kritik unterbinden soll. Oft in Verbindung mit Litigation PR (s. oben). Gegenreaktion auf (berechtigte?) Shitstorms.

Sockenpuppe Wenn eine Person oder Organisation mit mehreren Accounts/ Identitäten kommentiert, bezeichnet man diese Accounts als Sockenpuppen. Sockenpuppen werden genutzt, um eine Mehrheit vorzutäuschen oder den Diskurs zu dominieren oder eine Sperre zu umgehen.

Social Login Einloggen oder Anmelden über den Account eines Sozialen Netzwerks. Auf vielen Foren, Kommentarbereichen von Medienportalen, Firmenseiten, Apps etc. kann man sich über seinen Facebook- oder Google-Account anmelden. Nutzer müssen nicht mehr aufwändig Namen und weitere Daten angeben. Aus Gründen des Datenschutzes ist das Social Login problematisch.

Social Wall Digitale Pinnwand mit kuratierten Social-Media-Inhalten. Zeigt Posts in Echtzeit. Wird für Events oder Kampagnen genutzt.

Spammer (Kommentarspammer) Menschen, die die gleichen (oder sogar dieselben) Inhalte immer wieder in die Kommentare posten. Manchmal auch Anhänger einer „missionarischen" Gruppe, die versucht, jeden einzelnen Kommentierenden anderer Meinungen persönlich zu überzeugen.

Sprint Design Sprint. Methode innerhalb des Design Thinking, um binnen weniger Tage (Format-) Ideen zu entwickeln und zu testen.

Story Content-Typ in Sozialen Netzwerken und Messengern ähnlich einer hochformatigen Slideshow mit Bild- und Videoelementen. Meist nur für eine bestimmte Zeit sichtbar. Ideal für Einblicke in den aktuellen Alltag.

Streisand-Effekt Der Versuch, Informationen zu unterdrücken, macht sie häufig populärer oder bekannter. Benannt nach Barbra Streisand. Tritt oft bei zensierten oder gelöschten Inhalten auf.

Strohmann Ein Trick der Schwarzen Rhetorik, bei dem eine Gegenposition zunächst verzerrt oder übertrieben dargestellt wird – mit dem Ziel, dass die Gegenposition damit als lächerlich oder falsch erscheint.

Sub Kurzform von Subscriber oder Subscription auf Twitch. Anders als ein gewöhnlicher Follower (oder Abonnent in anderen Netzwerken) bezahlt der „Sub" einen monatlichen Beitrag für das Angebot z. B. auf Twitch. Dafür erhält er/sie Privilegien (exklusiven Content, Kommentarmöglichkeiten, persönliche Betreuung). Subs gibt es auf Twitch, Mitgliedschaften als Pendant dazu auf Youtube.

Syndizieren Unter Content-Syndication wird der Austausch oder die Mehrfachverwendung von Medieninhalten verstanden. Die Austauschschnittstelle im Web ist dabei oft der RSS-Feed. Siehe auch „Aggregator".

Targeting Auswahl der Merkmale einer Zielgruppe, die man für eine (Social Media)-Kampagne erreichen will. Die Sozialen Netzwerke lassen ein sehr genaues Targeting nach vielen Merkmalen zu (Alter, Geschlecht, Wohnort, Interessen uvm.).

Teilen Weiterverbreiten von (Medien-)Inhalten in Sozialen Netzwerken. Neudeutsch: Sharen.

Thumbnail Das Teaserbild eines Videos auf YouTube oder in anderen Netzwerken. Thumbnails sollen möglichst plakativ sein und zum Klicken anregen – indem Sie auf einen Blick die Frage beantworten: „Warum soll ich das anschauen?"

Tierlist Rangordnung von Dingen in verschiedene Kategorien. Format auf YouTube oder Twitch. Im Verlauf eines Videos werden Produkte, Stars, Marken etc. bewertet und nach bestimmten Kriterien gerankt.

Timeline Spalte mit abonnierten Meldungen, die zeitlich sortiert (das neueste oben) einlaufen. War früher die Startseite auf Facebook. Hat noch eine Bedeutung auf X und auf den anderen Microblogging-Diensten. Ansonsten weitgehend von der nach anderen Kriterien sortieren For-you-Page, siehe oben, abgelöst.

Tok, TikTok Kurzes Vertical Video in der Plattform TikTok. Tok oft als Bestandteil einer Wortzusammensetzung: Booktok für Buchbesprechungen, Edutok für Bildungsinhalte.

Tracking Verfahren zur Erfassung bzw. „Verfolgung" des Nutzerverhaltens online. Dient der Analyse und personalisierten Werbung. Nutzt Cookies, Pixel oder andere Technologien.

Tribe Wörtlich ein „Stamm". Online-Community mit gemeinsamen Interessen oder Werten. Stark vernetzt und oft emotional verbunden. Kann Fan-Kultur oder Bewegungen bilden.

Troll Der „Problembär" unter den Mitgliedern einer Community bzw. den Fans auf Facebook. Er provoziert mit seinen Kommentaren bewusst andere Fans, zettelt sinnlose Diskussionen an und treibt Debatten in die Eskalation. Die Grenze zwischen echtem Fanatismus, aufmerksamkeitsheischender Trollerei und (positivem) Aufmischen der Community ist fließend. Sonderformen sind der Fanboy (fanatischer Verteidiger und Gratis-Propagandist einer Marke/eines Stars) und sein Gegenteil, der Hater.

Tröt Ein Post auf Mastodon (analog zu Tweet).

User Journey Die gesamte Erfahrung eines Nutzenden in einem digitalen Produkt/Dienst und der Weg eines Nutzenden, der sich innerhalb eines Produkts bewegt. Conversion, s. oben, ist häufig auf eine User-Journey von einem Sozialen Netzwerk auf die eigene Plattform ausgerichtet.

Verifizierung Kennzeichnung der „Echtheit" eines Profils in einem Sozialen Netzwerk (s. Blaues Häkchen). Verifizierung oder Verification von Inhalten: Echtheitsprüfung von Content aus den Sozialen Netzwerken.

Virale Verbreitung Verbreitung eines Inhalts in Sozialen Netzwerken weit über die eigentliche Community bzw. Follower-/Fanschaft des Erstellers hinaus, und zwar durch vielfaches Teilen (Retweeten, Rebloggen, Reposten).

Virtue Signalling Das Werben für oder die Zurschaustellung von Tugenden, Werten, für die man eintritt. In Sozialen Netzwerken schafft Virtue Signaling einerseits Zugehörigkeit, grenzt aber auch ab. Teil des Identiätsmanagements.

Vlog Videoblog, meist persönlich und dokumentarisch. Wird auf Plattformen wie YouTube veröffentlicht. Themen reichen von Alltag bis Reisen.

Watchtime Sehdauer eines Videos.

Weitersendung Siehe Simulcast.

Whataboutism Ablenkungstaktik durch Vergleich mit anderen Problemen. Dient der Relativierung von Kritik. Besonders in politischen Diskussionen genutzt.

Whitelist Positivliste für erlaubte Inhalte oder Nutzer. Gegenteil von Blacklist. Wird genutzt, um z. B. auf YouTube Lizenznehmer von Content-Sperren auszuschließen, sodass „whitegelistete" Sportrechte-Inhaber z. B. Olympia-Clips zeigen dürfen, während alle anderen das nicht dürfen.

Xeet Post auf X – meist noch immer Tweet genannt.

Zielgruppe Die Menschen, die man mit einem Social-Media-Auftritt besonders erreichen will. Zielgruppen kann man nach rein formalen Kriterien (Alter, Geschlecht, Wohnort, Berufe) konstruieren. Differenzierter sind Marketing-Soziologische Modelle wie die Sinus-Milieus oder die Digital Media Types. Siehe das Kapitel zur Strategie.